W0180515

Julia Knop · Stefanie Schardien

Kirche, Christsein, Konfessionen

Julia Knop · Stefanie Schardien

Kirche, Christsein, Konfessionen

Evangelisch – Katholisch
Basiswissen Ökumene

Mit Geleitworten von
Präses Nikolaus Schneider,
Ratsvorsitzender der EKD,
und Erzbischof Dr. Robert Zollitsch,
Vorsitzender der Deutschen Bischofskonferenz

FREIBURG · BASEL · WIEN

www.herder.de

Die Bibelzitate in den Passagen von Julia Knop folgen der Einheitsübersetzung der Heiligen Schrift (© 1980 Katholische Bibelanstalt, Stuttgart), die Zitate in den Texten von Stefanie Schardien sind der Lutherbibel (revidierter Text 1984, durchgesehene Ausgabe in neuer Rechtschreibung, © 1999 Deutsche Bibelgesellschaft Stuttgart) entnommen.

Umschlaggestaltung:
Agentur R·M·E Roland Eschlbeck und Rosemarie Kreuzer
Umschlagfoto: © ts-grafik.de/photocase.com
Satz: Weiß-Freiburg GmbH – Graphik & Buchgestaltung

Herstellung: fgb · freiburger graphische betriebe
www.fgb.de

Gedruckt auf umweltfreundlichem, chlorfrei gebleichtem Papier
Printed in Germany

ISBN 978-3-451-33170-1

INHALT

GELEITWORTE

ÖKUMENE BEGEGNET UNS TÄGLICH. Manchmal offensichtlich und ausgestaltet, manchmal unscheinbar und wie selbstverständlich. Kirche – und besonders die Existenz der einen Kirche Christi in verschiedenen Konfessionen – prägt die deutsche Gesellschaft in vielfältiger Weise. Sich diese Ökumene bewusst zu machen, sie kennen und verstehen zu lernen ist deshalb eine Orientierungshilfe für den Alltag. Dazu bietet das vorliegende Buch vielfältige Anregungen.

Ökumene hat dabei zwei Dimensionen: Zum einen ist Ökumene immer schon. Sie muss nicht, ja sie kann nicht gemacht werden, weil sie eine Gabe des Heiligen Geistes ist. Christen sind über Unterschiede und Konfessionsgrenzen hinweg verbunden. Sie bilden eine Gemeinschaft, die von Gott zugesprochen wird.

Zugleich bleibt Ökumene aber auch ein Anspruch und eine Aufgabe: Diese Gemeinschaft in Vielfalt will auch gelebt und gestaltet sein, sie will realisiert und spürbar werden, indem wir das, was uns trennt, hinterfragen und das, was uns eint, betonen. Wir als Kirchen sollen und dürfen uns immer wieder neu ermutigen lassen, dort gemeinsam zu handeln, wo es möglich ist. Dabei ist die Ökumene eine Bereicherung. Die Vielfalt, in der Kirche existiert, stellt einen Reichtum an Formen und Möglichkeiten, an Glaube und Gedanken dar. Und manchmal ist es erst die Auseinandersetzung mit dem anderen, fremden Denken, die den Blick auf den eigenen Glauben, die Besonderheit – und vielleicht ja auch Schönheit – der eigenen Konfession schärft.

In diesem Sinn wünsche ich dem Buch viele neugierige Leserinnen und Leser – und Ihnen, den Leserinnen und Lesern, viel Freude, ja Lust an, mit und in der Ökumene!

Nikolaus Schneider

Präses Nikolaus Schneider,
Vorsitzender des Rates der Evangelischen Kirche in Deutschland

GEDULD UND UNGEDULD gehören zu unserem Leben und damit auch zum Bemühen um die Einheit der Christen. Viele werden ungeduldig, weil sie meinen, wir kämen in der Ökumene zu langsam voran. Solche Ungeduld kann zum Motor werden, damit wir nicht stehen bleiben. Doch wer wirklich vorankommen will, braucht den langen Atem und damit Geduld.

Es ist wie bei einer Wanderung auf einen Berggipfel. Standen wir vor einigen Jahrzehnten noch am Fuße eines gewaltigen Berges, so sind wir ganz klar eine deutliche Wegstrecke gemeinsam auf dem Weg zur Einheit voran gekommen. Vieles haben wir dabei gemeinsam erreicht. Manchmal ist uns dies gar nicht mehr bewusst. Die schnellen Wanderer unter uns wollen weiter nach oben, den Gipfel der Einheit so rasch als möglich erklimmen. Doch bei unserer Wanderung geht es nicht darum, den ersten Platz zu erringen, sondern gemeinsam anzukommen, das Volk Gottes mitzunehmen. Deshalb ist es auf diesem Weg immer auch notwendig, Rast zu machen, uns zu vergewissern, was wir schon gemeinsam an Weg gegangen sind. Es ist notwendig, dass wir uns an Wegkreuzen im gemeinsamen Gebet stärken, um das große Gipfelkreuz nicht aus dem Blick zu verlieren. Wir brauchen Geduld miteinander, wenn wir durch manches Seitental müssen, um dem Gipfel näher zu kommen. Schließlich benötigen wir auch Beharrlichkeit, uns und andere immer wieder zu motivieren, neu aufzubrechen und Jesu Auftrag, „dass alle eins seien" (vgl. Joh 17,21) nicht aus dem Blick zu verlieren. Dazu möge auch dieses Buch einen Beitrag leisten.

† Robert Zollitsch

Erzbischof Dr. Robert Zollitsch,
Vorsitzender der Deutschen Bischofskonferenz

EINLEITUNG

EINLEITUNG

Ökumene heute

Im deutschsprachigen Raum gehören viele Menschen dem Christentum an. Das ist an sich noch nichts Besonderes. Besonders ist indes, dass es in unseren Landen, in denen die Reformation ihren Ausgang nahm, ungefähr gleich viele katholische wie evangelische Christinnen und Christen gibt. Andere Länder und Regionen sind dagegen konfessionell recht homogen. Dadurch wird hierzulande deutlicher spürbar, dass es das Christentum nicht „neutral" gibt, sondern immer in Gestalt eines konkreten Bekenntnisses, einer konkreten kirchlichen Gemeinschaft.

Die „Konfession" – auf deutsch: Bekenntnis – beschreibt die jeweilige christliche Identität. Sie markiert damit auch Grenzen, die sich auf ganz unterschiedlichen Ebenen zeigen können. Die lebenspraktischen Grenzen zwischen den Angehörigen verschiedener Konfessionen sind heute weitgehend abgebaut. Das war allzu lang nicht so. Trotz eines zahlenmäßig ausgewogenen Mischungsverhältnisses der Konfessionen kamen Katholiken und Protestanten bis in die 1950er und 1960er Jahre kaum miteinander in Berührung. Jugendgruppen und Vereine, Schulen und oft auch Stadtteile waren entweder evangelisch oder katholisch – fließende Grenzen gab es ebenso wenig wie eine echte Kenntnis, geschweige denn Wertschätzung der anderen Konfession. Wer in dieser Zeit aufgewachsen ist, wird sich an ganz alltägliche Beispiele der Abgrenzung und gegenseitigen Verunglimpfung erinnern können: „Katholisches" Fensterputzen am Karfreitag und „evangelisches" Straßefegen an Fronleichnam sind da noch vergleichsweise harmlos. Weitaus leidvoller sind die Erfahrungen von Menschen verschiedener Konfessionen, die miteinander eine Ehe eingehen wollten. Was man heute „konfessionsverbindende Ehe" nennt, wurde noch vor wenigen Jahrzehnten von Seiten beider Konfessionen als „Mischehe" diffamiert und war oft mit familiären Tragödien verbunden. Vieles hat sich hier mittlerweile zum Guten gewendet. Katholische und evangelische Menschen kennen einander heute recht gut und nehmen die jeweilige Konfession eines Christen als konkrete Gestalt des gemeinsamen christlichen Glaubens wahr. In vielen Bereichen des Alltags hat die Konfessionalität der Kirchen und des Christseins ihre trennende Kraft weitgehend verloren. Ökumenischer Dialog findet heute – oft ganz unbemerkt – auf vielen Ebenen statt: in Familie, Freundeskreis und Nachbarschaft durch die gemeinsame Lebenswelt, in Gemeinden und Schulen durch gemeinsame Projekte und Aktionen, in Lehre und Forschung durch Kooperationen zwischen Theologinnen und Theologen der verschiedenen christlichen Konfessionen und kirchenamtlich als institutionalisierter Dialog zwischen den zuständigen Vertretern der Konfessionskirchen.

Ein wesentlicher Erfolg der „ökumenischen Bewegung" des 20. Jahrhunderts ist die Selbstverständlichkeit, mit der heutige Katholiken und Protestanten einander und den Menschen anderer Konfessionen wie z.B. den evangelischen Freikirchen, den orthodoxen und anglikanischen Kirchen begegnen. Nie gab es in der Geschichte der beiden großen westkirchlichen Konfessionen, die seit dem 16. Jahrhundert eigene Wege gehen, und auch in der weiteren ökumenischen Landschaft so viel

Gespräch, so viel Übereinstimmung, so viel Bewegung und so viel Alltäglichkeit wie in den vergangenen Jahrzehnten. Lebenswelten sind zusammengewachsen, Kirchenvertreterinnen und -vertreter der Konfessionen sprechen in bisher nicht dagewesenem Ausmaß miteinander und oftmals auch mit einer gemeinsamen Stimme in die Gesellschaft hinein. Evangelische und katholische Christinnen und Christen geben bereits oft gemeinsam Zeugnis von der Hoffnung, die sie erfüllt (1 Petr 3,15). An dieser Stelle sei dem Vorsitzenden der Deutschen Bischofskonferenz, Erzbischof Dr. Robert Zollitsch, sowie dem Ratsvorsitzenden der Evangelischen Kirche in Deutschland, Nikolaus Schneider, sehr herzlich für ihre Grußworte gedankt.

Die Ökumene der christlichen Kirchen ist im besten Sinn des Wortes selbstverständlich geworden – so sehr, dass viele Menschen unserer Tage, ob praktizierende Christen oder Männer und Frauen, die den Kirchen distanziert gegenüber stehen, die Trennung, ja schon die Unterscheidung der christlichen Konfessionen für ein Relikt vergangener Zeiten halten, das schnellstens abgeschafft werden sollte. Es herrscht Ungeduld in Sachen Ökumene – und das ist zunächst einmal eine gute Voraussetzung dafür, dass das Gespräch im Gang bleibt, dass alle Beteiligten – Gemeinden, Menschen aus Wissenschaft und Kirchenleitungen – spüren, dass sie in die Pflicht genommen sind: „Ökumene" lautet das Gebot der Stunde, und „Einheit der Kirchen" heißt das erhoffte Ziel.

An die Seite hoffnungsfroher Ungeduld gesellen sich bisweilen zwei unheilvolle Kameraden, die womöglich nur zwei Seiten ein und derselben Medaille sind: auf der einen Seite ein (mehr oder minder informierter) Aktionismus einzelner Gruppen, die vorpreschen, um „Fakten zu schaffen", und darauf bauen, dass die Geschichte diesen Fakten schon recht geben wird; auf der anderen Seite die Resignation derer, die angesichts des langen und schwierigen Weges zur Einheit der Christen das Handtuch werfen und sich verbittert oder (vielleicht schlimmer:) gelangweilt im konfessionellen Nebeneinander einrichten.

Jenseits von Aktionismus und Resignation aber geht das ökumenische Gespräch auf den verschiedenen Ebenen weiter, so mühsam, kurven- und umwegreich sich der Weg aufeinander zu auch bisweilen darstellt. Auf eine Phase ökumenischer Euphorie ist in Theologie und Kirche eine Phase der Ernüchterung gefolgt – eine „ökumenische Eiszeit" zu beschwören scheint gleichwohl wenig hilfreich zu sein. Die Kirchen sind bereits große Schritte in eine gemeinsame Richtung gegangen, haben gegenseitig Respekt und Vertrauen aufgebaut. Sie haben heute eine recht klare Vorstellung davon, in welchen Bereichen Gemeinsamkeit herrscht, wo Kompromisse möglich sind, in welchen Fragen sich beide Kirchen bewegen können und müssen. Deutlich wurde zudem: In manch kontroverser Frage zeigt sich auch die Bedeutung des geschichtlichen Ortes der Reformation an der Schwelle von Mittelalter und Neuzeit. Bisweilen gehen konfessionell unterschiedliche Positionen auch auf unterschiedliche Denkformen zurück: Mit der Reformation beginnt in der Theologie die Moderne, doch zugleich greifen Vertreter beider Konfessionen in der eigenen Profilbildung auf Paradigmen und Begriffe mittelalterlicher und antiker Theologie zurück. Die ökumenischen Dialogpartner heute wissen um diesen Umstand und argumentieren historisch sehr viel sensibler. Nicht zuletzt haben sie Orte gefunden und Gesprächsstrukturen entwickelt, an denen und mit deren Hilfe die offenen Fragen konstruktiv angegangen werden können. Deutlich wurde auch, dass die beiden Konfessionen auf ein großes gemeinsames Fundament aufbauen können und dass „Einheit der Kirchen" nicht zwingend Einheitlichkeit bedeutet. Die Basis muss stimmen und darf nicht zu klein bemessen sein – doch wenn sie stimmt, zeigt sich die konfessionelle Besonderheit in einem anderen Licht: im Licht gegenseitiger Wertschätzung. Im Letzten ist die Basis Jesus Christus, dessen Namen die Christinnen und Christen tragen – in ihm und auf ihn hin ist alles geschaffen (Kol 1,16).

Typisch katholisch – typisch evangelisch?

Typisch katholisch oder typisch evangelisch: Das lässt sich nicht selten über bestimmte Formen des Gottesdienstes, über manche Frömmigkeitsübungen und Rituale, Feste und Feiertage, Kirchenausstattungen sowie manche Begriffe und Denkmuster sagen. Auch in theologischen Texten und Büchern, nicht zuletzt im vorliegenden, zeigt sich bisweilen im Duktus, in der Themensetzung und der Auswahl von theologischen Zitaten eine konfessionelle Handschrift. Die Entdeckung von konfessionellen Profilen gehört sicherlich auch zur Aufgabe der Ökumene. Zum Glück erschöpft sie sich aber nicht darin, diese zu pflegen und zu schärfen. Sie dient letztlich dazu, *christliches* Profil zu gewinnen, um gemeinsam ein hoffnungsfrohes Zeugnis geben zu können. Ökumene braucht sachkundige Information, einen gegenseitigen Vertrauensvorschuss und das Bewusstsein, was und wie viel die katholische und evangelische Kirche verbindet. Dazu soll dieses Buch einen Beitrag leisten: Es beansprucht nicht, die Breite der ökumenischen Dialoge zwischen den zahlreichen Konfessionen samt ihrer „offiziellen" Papiere abzubilden. Es beschränkt sich darauf, sich in den vielgestaltigen ökumenischen Dialog zwischen dem katholischen und evangelischen Bekenntnis einzuschreiben, seine Fragen, Themen und Probleme aufzugreifen und einer breiteren Leserschaft zugänglich zu machen. Dabei will das Buch nicht nur vom Dialog sprechen, sondern selbst ein lebendiger Teil dieses Dialogs sein. Darum stammt es aus zwei

Federn: aus einer katholischen und einer protestantischen. Zwei Theologinnen derselben Generation – einer Generation, für die das strikte Gegeneinander der Konfessionen Teil der Geschichte und der ökumenische Dialog eine Selbstverständlichkeit ist – treten ins Gespräch.

Gemeinsame Grundlage ist die Überzeugung, dass ein solcher Dialog dann fruchtbar – und kein doppelter Monolog – ist, wenn vor der jeweiligen Bestimmung dessen, was „typisch katholisch" oder „typisch evangelisch" sei, eine Vergewisserung über das gemeinsame Fundament steht. Diese Grundüberzeugung schlägt sich in der Konzeption des Buches nieder: Jedes Kapitel entfaltet zunächst, wie weit das gemeinsame christliche Bekenntnis reicht, das sich nicht in Formeln und Lehren erschöpft, sondern lebendige Gestalt annimmt. Diese Darstellung geschieht, so sehr sich der Entstehungsprozess dieser Abschnitte dem reellen Gespräch verdankt, jeweils in der Verantwortung, d.h. aus der Perspektive und entsprechend der Einschätzung *einer* der beiden Autorinnen. Dieses intensive ökumenische Gespräch verlief nicht ohne Reibungen: Es gab manche Überraschung über sich scheinbar doch erfüllende konfessionelle Klischees und manche Verwunderung über neu entdeckte Eigenarten und Empfindlichkeiten sowohl auf der anderen wie auf der eigenen Seite. Zugleich ist die gemeinsame Arbeit von einem hoffnungsfrohen und immer wieder mit Humor gesegneten Willen zur Ökumene vorangetrieben worden. Unermüdlich wurde darum gerungen, Worte zu finden, die das jeweils Gemeinte treffen und doch die andere Konfession nicht missverstehen oder gar verletzen.

Manche konfessionellen Färbungen lassen sich entsprechend auch in diesen Teilen, die das Gemeinsame der Konfessionen ausloten wollen, noch erkennen, weshalb jeweils ausgewiesen wird, wer welches Kapitel verfasst hat. Auch zeigen sich bisweilen Unterschiede in der Art und Weise, Theologie zu treiben – inwieweit sich diese dem konfessionellen Hintergrund der Autorinnen, ihrer jeweiligen Verortung im Spektrum der theologischen Disziplinen (ev.: Systematische Theologie mit ethischem Schwerpunkt; kath.: Dogmatik mit liturgietheologischem Schwerpunkt) oder schlicht ihrer Individualität verdanken, sei dahingestellt. Im Anschluss daran folgen jeweils zwei Abschnitte, in denen die römisch-katholische Autorin, Julia Knop, und die evangelische Autorin, Stefanie Schardien, jeweils Besonderheiten oder Schwerpunkte ihrer Konfession darstellen, Begrifflichkeiten und Begründungsmuster entfalten und bestimmte Aspekte in ihrer ökumenischen Tragweite diskutieren. Kontroverse theologische Fragen werden auf diese Weise nicht isoliert aufgegriffen, sondern in den großen Kontext des gemeinsamen Bekenntnisses, des gemeinsamen Christseins eingeordnet. Zur größeren Transparenz sind auch diese Kapitel namentlich gekennzeichnet.

Über aller konfessionellen Trennung, damit auch über dem Interesse an einem eigenen konfessionellen Profil, steht das gemeinsame Bekenntnis zu Christus Jesus, dem Herrn, dessen Namen alle Getauften aller Konfessionen tragen und dessen Heil sie vor aller Welt bezeugen. Dieses Bekenntnis des Taufglaubens bildet den Auftakt des ersten Kapitels (A), das den Glauben der Christen seinem Inhalt (Credo), seiner Überlieferung (Bibel) und seiner Heilsbedeutung (Gnade und Rechtfertigung) nach zum Gegenstand hat. Das folgende Kapitel (B) thematisiert mit den Feldern von Gottesdienst, Sakramenten und Kirchenjahr die Glaubenspraxis der Kirchen. Die Kirchlichkeit des christlichen Glaubens ist Gegenstand von Kapitel C, das die institutionelle und geistliche Gestalt des konfessionsgebundenen Christentums aufgreift. Mit diesem Kapitel ist zugleich die Frage erreicht, die sich ökumenisch gegenwärtig am schwierigsten darstellt und letztlich bis in die jeweilige Zielbestimmung der Ökumene reicht. Kapitel D widmet sich der gesellschaftlichen Bedeutung der christlichen und kirchlichen Stimmen in der Gesellschaft, die sich nicht nur in ethische Debatten einbringen, sondern in vielfältiger Weise mit anderen Akteuren gemeinsam Gesellschaft gestalten und auch zentrale Aufgaben in Bildung und den kirchlichen Wohlfahrtsverbänden übernehmen. Das letzte Kapitel E schließlich bedenkt das Christsein als Lebensform: die Bedeutung, die der Glauben im Alltag eines Christenmenschen einnehmen kann, und das Potenzial, das Glaube, Hoffnung und Liebe in den Entscheidungs- und Grenzsituationen des Lebens entfalten können.

Freiburg i.Br. und Hildesheim,
in der Gebetswoche für die Einheit der Christen 2011

Julia Knop und Stefanie Schardien

UNSER GLAUBE

A

1. JESUS CHRISTUS IST DER HERR!

„Jesus Christus ist der Herr" – zur Ehre Gottes, des Vaters (Phil 2,11). In dieser kurzen Formel ist eigentlich alles gesagt. Hier finden sich alle Christen aller Konfessionen wieder. Das ist der Kern der christlichen Botschaft, das gemeinsame Identitätsmerkmal aller Getauften, also derjenigen, die als Christinnen und Christen den Namen Jesu Christi tragen.

Dieses Bekenntnis stammt aus frühester christlicher Zeit. Es ist Teil eines Hymnus, der bereits dem Apostel Paulus überliefert ist. Er zitiert ihn in den fünfziger (oder sechziger) Jahren des 1. Jahrhunderts n. Chr. in seinem Brief an die Gemeinde von Caesarea Philippi:

> **Phil 2,6** *Er war Gott gleich, hielt aber nicht daran fest, wie Gott*
> *zu sein,* **7** *sondern er entäußerte sich und wurde wie ein Sklave*
> *und den Menschen gleich. Sein Leben war das eines Menschen;*
> **8** *er erniedrigte sich und war gehorsam bis zum Tod, bis zum*
> *Tod am Kreuz.* **9** *Darum hat ihn Gott über alle erhöht und ihm*
> *den Namen verliehen, der größer ist als alle Namen,* **10** *damit*
> *alle im Himmel, auf der Erde und unter der Erde ihre Knie*
> *beugen vor dem Namen Jesu* **11** *und jeder Mund bekennt: „Je-*
> *sus Christus ist der Herr" – zur Ehre Gottes, des Vaters.*

Das Lied besingt die Menschwerdung dessen, der Gott gleich ist, der sich erniedrigte und den Menschen gleich wurde, dessen Tod am Kreuz vollendeter Gehorsam dem himmlischen Vater gegenüber war. Seine Erhöhung – in der Sprache des Kirchenjahres und des Gottesdienstes: seine Auferstehung und Himmelfahrt – ist die wunderbare Kehrseite dieser Lebenshingabe zum Heil der ganzen Welt. Ihm, dem Auferstandenen, wird „der Name über alle Namen" verliehen, ihn sollen alle Geschöpfe – Himmel und Erde, die sichtbare und die unsichtbare Welt – anbeten und verherrlichen, durch ihn mögen alle Geschöpfe den göttlichen Vater loben.

Zu allen Zeiten haben Christen um die rechten Worte gerungen, um das Unausdenkbare zu deuten: dass Gott selbst Mensch wurde. Der Philipper-Hymnus, der zu den frühesten Zeugnissen der Christenheit gehört, hat seinen ursprünglichen Ort, seinen „Sitz im Leben", im Gottesdienst. Seine Sprache ist Gebet und Theo-logie, Gottes-Rede zugleich, ist, um das Wort eines großen Theologen des 20. Jahrhunderts aufzugreifen, „kniende Theologie": Lobpreis (Doxologie), Bekenntnis (Credo, Konfession) und Verkündigung (Kerygma) – Rede aus der Kompetenz des Erfahrenen, des Beteiligten, des Glaubenden heraus.

Wird jemand im jüdischen oder christlichen Kontext als „Herr" verehrt und bekannt, wie es im Hymnus geschieht, so ist dies entweder schlimmste Gotteslästerung oder aber Verehrung dessen, dem zu Recht Anbetung entgegengebracht werden darf, ja: muss, nämlich Gott selbst. Denn Gott, der Herr, ist ein einziger Gott (Dtn 6,4). Es gibt keine Götter neben ihm (Dtn 5,7). Kein Geschöpf darf als Gott angebetet werden, und kein Geschöpf kann zu einem Gott *werden*. Als „Herr" (Phil 2,11), der „Gott gleich" (Phil 2,6) ist, kann nur der angebetet und verherrlicht werden, der von Beginn an Herr und Heiland *ist*. Das

Bekenntnis zu Christus als „Herr“ setzt den strengen Monotheismus Israels, das Bekenntnis zum einen und einzigen Gott, also nicht außer Kraft. Es präzisiert, es konkretisiert diesen Glauben: Jesus Christus ist das lebendige, irdische Antlitz Gottes. Der Evangelist Johannes überliefert diesen Anspruch Jesu so: „Wer mich gesehen hat, hat den Vater gesehen.“ (Joh 14,9) – „Ich und der Vater sind eins.“ (Joh 10,30)

Wirklich und wahrhaftig

Seit den ersten christlichen Jahrhunderten trifft das Christus-Bekenntnis auf vielfache Anfragen. Ist es Gottes würdig, in die Niederungen dieser Welt, dieser Geschichte, dieses Menschenlebens einzutreten? Gnostikern aller Zeiten, also Menschen, die Wahrheit, Erkenntnis und Heil im Geistigen, auf keinen Fall aber im Materiellen oder Leiblichen verorten, war dieser Gedanke zuwider: Ein Gott, der Fleisch annimmt, menschlich, geschichtlich wird, könne nicht Gott sein. Gott und Welt seien unvereinbar, es wäre unter Gottes Würde, mit dem Materiellen in Berührung zu kommen. Wahre Gottesverehrung und wahre religiöse Existenz zielt im Verständnis eines Gnostikers darum darauf, das Schwache und Kranke, das Mittelmäßige und Unvollkommene der irdischen Existenz zu verlassen, mit Hilfe esoterischer Techniken wenigstens mental zu überschreiten, um allein im Geistigen, fern von den Nöten der Welt, dem Göttlichen nahe zu kommen. Gegen diese gnostische Versuchung steht das urchristliche Bekenntnis von der Menschwerdung Gottes, genauer und drastischer gesagt: von der Fleischwerdung (Inkarnation) des Logos. Die „Mission“ des Mensch gewordenen Gottessohnes ist nicht die Vergeistigung der geschaffenen Welt, nicht die Überwindung des Fleisches, sondern seine Heilung und Vollendung. Gott trat wirklich ein in unsere Welt.

Die Konzilien der ersten fünf Jahrhunderte (Nizäa 325, Konstantinopel 381, Ephesus 431 und Chalcedon 451) haben das Christusbekenntnis der Bibel in die Sprache und das Problembewusstsein ihrer Zeit übersetzt. Hier wurden die wichtigsten Leitlinien gefunden, die jede christliche Rede von Jesus, dem Christus, prägen muss. Hier entstand das sogenannte „große Glaubensbekenntnis“, das „Nicaeno-Konstantinopolitanum“. Bis heute eint dieses Glaubensbekenntnis die Christen. Im Abschnitt über Jesus Christus heißt es:

> *Wir glauben ... an den einen Herrn Jesus Christus, aus dem Vater geboren vor aller Zeit, Gott von Gott, Licht vom Licht, wahrer Gott vom wahren Gott, gezeugt, nicht geschaffen, eines Wesens mit dem Vater. Für uns Menschen und zu unserem Heil ist er vom Himmel herabgekommen, hat Fleisch angenommen durch den Heiligen Geist aus der Jungfrau Maria und ist Mensch geworden.*

Wie das Christus-Lied des Philipperbriefes, so ist auch dieses Bekenntnis keine neutrale, distanziert vorgetragene Theorie, sondern gebeteter Glaube, verwurzelt im gemeinsamen Bekenntnis. Das Credo ist nicht Information, sondern Zeugnis – ein Zeugnis allerdings, das durch harte gedankliche Auseinandersetzung gegangen ist und bis heute geht. Denn Christus-Glaube ist Logos-Glaube – Glaube, der das Verstehen, das Nachdenken, die intellektuelle Anstrengung sucht und fordert. Auch die Sprache von Gebet und Gottesdienst ist verständige Sprache, nicht Überschwang des Gefühls, das den Geliebten mit überbordenden Metaphern belegt und ihn „in den Himmel lobt“ (*vgl. Kapitel B1*).

Jesus Christus – Heil aller Menschen

Christen aller Zeiten und Orte verstehen ihr Christus-Bekenntnis nicht metaphorisch. Sie bekennen: Jesus Christus ist

G
E
K

der Herr, der Erlöser aller Menschen aller Zeiten – und zwar wirklich und wahrhaftig. Er ist kein Prophet oder Religionsstifter, der in der emotional gefärbten Verehrungssprache seiner Anhänger künstlich überhöht wird; nicht bloß ein religiöses oder moralisches Vorbild, nicht bloß „einer von uns", der etwas besser gelebt hat als wir.

Und zugleich ist er wahrhaft „einer von uns" – wahrhaft Mensch geworden – der Mensch, in dem Gott selbst sich ein für alle Mal geoffenbart und ausgesagt hat. Es gibt kein Heil, das er nicht schenkt, und keine Erlösung, die nicht er vermittelt.

1 Tim 2,4 Gott will, dass alle Menschen gerettet werden und zur Erkenntnis der Wahrheit gelangen. 5 Denn: Einer ist Gott, einer auch Mittler zwischen Gott und den Menschen: der Mensch Christus Jesus.

Die Aufforderung an die Gläubigen der verschiedenen Religionen, einander mit Toleranz, Gesprächsbereitschaft und Wohlwollen zu begegnen, gilt selbstverständlich auch für die Christen (*vgl. Kapitel D1*). Kaum eine Religion hat den Dialog der Religionen so gesucht und gepflegt wie das Christentum, und dies nicht erst seit einigen Jahrzehnten. Aber Dialog erfordert Wahrhaftigkeit. Christen können nicht ohne Substanzverlust von ihrem Bekenntnis zu Jesus Christus als Wahrheit und Heil für alle abrücken.

Das Wort vom Kreuz

Doch was hat es mit diesem „Evangelium vom Kreuz" auf sich? Ist es nicht barer Unsinn, einen Gekreuzigten als Sohn des ewigen Gottes und als Retter der ganzen Welt zu verkündigen? Eine Zumutung für jeden denkenden Menschen und zudem Lästerung, der Grundintuition eines jeden gottgläubigen Menschen zuwider?

Friedrich Nietzsche belegte das christliche „Wort vom Kreuz" mit beißendem Spott und Verachtung. Was hier eigentlich am Werk sei, sei das Ressentiment der Schwachen, der zu kurz Gekommenen. Verlierer, die sich als gottgeliebte Opfer stilisierten und so ihre Situation schönredeten, seien religionsproduktiv geworden. In einem Punkt hatte er nicht Unrecht: Christusglaube ist zuerst Glaube der Verlierer, Glaube der Schwachen – denn sie sind es, die Gott erwählt hat (1 Kor 1,27). Es stimmt: Das Wort vom Kreuz ist ein Skandal. Dies sagt bereits Paulus (1 Kor 1,23), der Apostel und Missionar des frühen Christentums, der allerdings alles gab, um genau dieses Evangelium vom Kreuz zu verkünden. Denn er wusste auch: Ein Skandal ist es nur in den Augen derer, die verloren gehen. „Uns aber, die gerettet werden, ist es Gottes Kraft" (1 Kor 1,18). Die große Einsicht dieses „ersten Theologen" der Christenheit lautet: Im Kreuz ist Heil, Leben und Hoffnung. Das Wort vom Kreuz ist Heilsbotschaft. Der, der am Kreuz gestorben und auferstanden ist, ist der Grund unserer Hoffnung. Christus Jesus, der für uns Menschen und zu unserem Heil Mensch geworden ist, ist der Herr und Heiland aller Menschen. Das Christentum ist kein harmloses Gutmenschentum, das sich abstrakt im Ewigen verankert, sondern Glaube an Jesus Christus, in dem Gott sich selbst geoffenbart hat. In ihm hat Gott die Welt mit sich versöhnt (2 Kor 5,18f) – er ist die Gabe Gottes zur Rettung der Welt.

Theologie und Mathematik

1+1+1 ist nicht 1, sondern 3 – zumindest nach den Regeln der Mathematik. Dass Gott „dreifaltig einer" sei, gilt dem aufgeklärten Rechner als barer Unsinn. Doch christliche Trinitätstheologie ist keine Mathematik. Gott ist nicht berechenbar.

Dass Gott existiert, sei unabhängig von Glaube und Offenbarung einsichtig, meinte Thomas von Aquin (†1274). *Wie* er aber

G
E
K

ist und dass er Vater, Sohn und Geist, eben „dreifaltig einer" ist, sei nur durch die Offenbarung ersichtlich. Diese Überlegung ist keine Flucht ins Mysterium, die eine unausgewiesene Behauptung kaschieren möchte. Sie verdankt sich vielmehr der Einsicht, dass wir von Gott nur das „wissen", besser gesagt: *bekennen* können, was er uns zeigt, v.a. in Jesus Christus. Im Theologenjargon gesagt: Trinitätstheologie wurzelt, was den Weg des Verstehens angeht, in der Christologie: in der Reflexion der geschichtlichen Offenbarkeit des ewigen Logos im Menschen Jesus von Nazareth. Gott als dreieinen bekennen kann nur, wer Jesus Christus als Selbstoffenbarung Gottes glaubt. Das Nachdenken über das Wesen Gottes setzt also beim Nachdenken über das Bekenntnis an, dass Jesus Christus der Herr, der inkarnierte Gottessohn ist. Bekenntnis und Reflexion sind nur dann wahrhaftig – nicht metaphorisch, keine Lästerung und keine ungedeckte Begriffsakrobatik – wenn dieser von Ewigkeit her Gott *ist* (vgl. Joh 1,18); wenn, wer ihn sieht, wahrhaftig den Vater sieht.

> ***Joh 14,6*** *Jesus sagte …: Ich bin der Weg und die Wahrheit und das Leben; niemand kommt zum Vater außer durch mich.*
> *7 Wenn ihr mich erkannt habt, werdet ihr auch meinen Vater erkennen. Schon jetzt kennt ihr ihn und habt ihn gesehen. …*
> *9 … Wer mich gesehen hat, hat den Vater gesehen.*

Und an den Heiligen Geist

Unmittelbar im Anschluss an diese Worte überliefert der Evangelist Johannes, dass Jesus seinen Jüngern den Heiligen Geist verheißt: den Beistand, der die Christen im gemeinsamen Bekenntnis zu Jesus Christus zusammenführt. Von außen betrachtet, nach menschlichen Maßstäben, ist das Wort vom Kreuz Unsinn und Jesus ein gescheiterter Illusionist. Aber aus der Kraft des Heiligen Geistes betrachtet ist er Herr und Retter des Alls. Der Heilige Geist bereitet die Augen des Glaubens für die Erkenntnis der Wahrheit, die in Jesus Christus Mensch wurde.

> *1 Joh 4,2 Daran erkennt ihr den Geist Gottes: Jeder Geist, der bekennt, Jesus Christus sei im Fleisch gekommen, ist aus Gott.*

Der Heilige Geist offenbart nichts anderes, keinen alternativen Weg zu Wahrheit und Heil neben dem Weg der Nachfolge Jesu. Sondern er verleiht die Einsicht, Kraft und Entschlossenheit, diesen Weg zu gehen und Jesus Christus als Weg, Wahrheit und Leben zu erkennen. Hier schließt sich der Kreis, denn hier, im Geist Jesu Christi, treffen sich alle, die seit ihrer Taufe den Namen Jesu Christi tragen. Der Heilige Geist verbindet die Gläubigen zur Gemeinschaft der Kinder Gottes. Aus seinen Gaben lebt die Kirche Jesu Christi, wie Paulus erklärt:

> *1 Kor 12,1 Auch über die Gaben des Geistes möchte ich euch nicht in Unkenntnis lassen … 4 Es gibt verschiedene Gnadengaben, aber nur den einen Geist. 5 Es gibt verschiedene Dienste, aber nur den einen Herrn. 6 Es gibt verschiedene Kräfte, die wirken, aber nur den einen Gott: Er bewirkt alles in allen. 7 Jedem aber wird die Offenbarung des Geistes geschenkt, damit sie anderen nützt. 8 Dem einen wird vom Geist die Gabe geschenkt, Weisheit mitzuteilen, dem andern durch den gleichen Geist die Gabe, Erkenntnis zu vermitteln, 9 dem dritten im gleichen Geist Glaubenskraft, einem andern – immer in dem einen Geist – die Gabe, Krankheiten zu heilen, 10 einem andern Wunderkräfte, einem andern prophetisches Reden, einem andern die Fähigkeit, die Geister zu unterscheiden, wieder einem andern verschiedene Arten von Zungenrede, einem andern schließlich die Gabe, sie zu deuten. 11 Das alles*

G
E
K

bewirkt ein und derselbe Geist; einem jeden teilt er seine besondere Gabe zu, wie er will.

Noch einmal: Theologie und Mathematik

1+1+1 ist – theologisch „gerechnet" – nicht 3. Bereits das „+" ist falsch. Denn die drei göttlichen Personen (Vater, Sohn und Geist) können nicht addiert werden (das wäre Tritheismus). Das Wesen Gottes, wer und wie Gott ist, erschließt sich nicht aus ihrer „Summe", sondern aus ihrer Beziehung. Gott ist kein monolithischer Block, keine einsame, abstrakte, von der Welt abgeschottete, desinteressierte Monade, kein Uhrmachergott, sondern eine lebendige, dynamische, relationale Wirklichkeit.

Das Christentum vertritt einen aufgeklärten, aber keinen abstrakten Monotheismus. Christlicher Glaube an den einen und einzigen Gott ist konkret. Seine Konkretion trägt den Namen Jesus Christus. In ihm, so glauben die Christen aller Konfessionen, trat der Schöpfer selbst ein in die Geschichte unserer Welt und in das Leben von uns Menschen. In ihm schenkt er seiner Schöpfung die Sohnschaft, die Erlösung. In ihm vollendet er das All (Kol 1,15–20). Im Geist des Sohnes erschließt sich das Antlitz des Vaters.

Julia Knop

EVANGELISCH

Solus Christus

Christus ist der Herr, schrieb Paulus im Philipperbrief. „Solus Christus", hieß es in der Reformation. Die reformatorische Aussage, dass allein Christus das Heil verbürge, hat also eigentlich kaum etwas Neues zu dem hinzugefügt, was von Paulus bereits in seinen Briefen zu lesen war. Allerdings hat die refor-

G
E
K

matorische Perspektive die paulinischen Gedanken in besonderer Weise angeschärft. Sie hat die Aussage, dass Christus der Herr des Lebens sei, im Blick auf das Heil und die Erlösung des Menschen in ihrer Ausschließlichkeit herausgestellt. Die an Jesus Christus gebundene Lehre von der Rechtfertigung des Sünders allein aus Gnaden betont, dass dieses Heilsgeschehen den Menschen direkt trifft und durch keine anderen Instanzen oder Menschen vermittelt werden kann. Das Heil ist aus dem Verständnis des evangelischen Glaubens heraus allein in Christus möglich und somit ganz schlicht an den einen „Herrn", an Gott selbst gebunden. Alle geistlichen Machtansprüche anderer „Herren" daran, ob mit oder ohne Talar, werden zurückgewiesen.

Die richtigen Worte finden – Gott beschreiben

Es mag der stärkeren Einbeziehung von Frauen in kirchliche Leitungsämter, aber auch einer hohen Sensibilität für Machtverhältnisse geschuldet sein, dass die evangelische Theologie sich intensiv mit der Frage befasst, wie angemessen von Gott zu reden sei und wer darüber bestimmt. In welchen Bildern sprechen oder denken Christinnen und Christen eigentlich von Gott? Geht es um Bilder, die Macht und Stärke oder Hingabe und Verletzlichkeit ausdrücken? Für viele Menschen sind Bezeichnungen wie „Herr" oder „Vater" z.B. gewohnte Anreden Gottes, die für sie die Ehrfurcht oder aber gerade eine besondere Nähe ausdrücken. Bittet man Kinder, Gott zu malen, entstehen bis heute viele Bilder von einem alten Mann mit weißem Bart. Zwar gilt es nicht notwendig anzunehmen, dass solche menschlichen Beschreibungen Gottes Wesen selbst verändern. Allerdings ist zu berücksichtigen, dass Sprache nicht wirkungslos ist, sondern zumindest in der Welt auch bestimmte Wirklichkeiten schafft. Nicht Gott wird verändert, aber

G

E

K

das zwischenmenschliche Miteinander – so stützten auch die „männlichen" Gottesbilder über lange Zeit patriarchale Familienstrukturen. Außerdem führt die stetige Wiederholung einer bestimmten Rede von Gott wiederum zu immer mehr verfestigten Vorstellungen von Gott. Ob also eine einseitige Festlegung auf rein männliche Bilder von Gott dem Wesen Gottes angemessen sei, fragen mittlerweile nicht mehr nur Frauen. So versucht sich beispielsweise im Besonderen die *Bibel in gerechter Sprache* an Übersetzungen, die solche Festlegungen aufbrechen (*vgl. Kapitel A2*). Dazu gehört nicht nur, die weiblichen und männlichen Seiten Gottes aufleuchten zu lassen, sondern es geht um den Appell, auch andere festgefahrene Bilder von Gott auf ihre Wirklichkeit hin zu überprüfen: Wie wahrscheinlich ist es, dass Jesus ein blondgelockter, hellhäutiger Mensch war, wenn er doch im Nahen Osten geboren ist? Wie ist mit jenen biblischen Passagen umzugehen, in denen andere Seiten vom „lieben Gott" gezeigt werden? Es gehört theologischer Mut dazu, Texte in der Bibel, die den Schöpfer rachsüchtig oder Jesus ungerecht erscheinen lassen, kritisch wahrzunehmen und nicht einfach wegzudeuten. Nimmt man das Gebot ernst, dass Menschen sich von Gott kein Bildnis machen sollen, dann ruft das vor allem dazu auf, keine Klischees von Gott zu entwickeln. Immer gilt es im Sinn zu behalten, dass unsere menschliche Rede und unsere Bilder von Gott notwendig unvollkommen bleiben.

Stefanie Schardien

G E K

KATHOLISCH

Dominus Iesus

Im Sommer 2000 hat die römische Erklärung DOMINUS IESUS (6.8.2000, Verlautbarungen des Apostolischen Stuhls, Nr. 148) für heftige ökumenische Kontroversen gesorgt. Das Hauptanliegen dieser Erklärung ist allerdings ökumenisch unumstritten: Sie ruft gegenüber verschiedenen Formen der Relativierung Jesu Christi und seiner universalen Heilsbedeutung das christliche Bekenntnis allein zu Jesus Christus in Erinnerung.

Die harten konfessionellen Auseinandersetzungen, die sich an diese Erklärung anschlossen, betreffen die Ausführungen zur Rolle der Kirche in der Verkündigung und Weitergabe des Heils, das allein Jesus Christus schenkt. In der Frage, welche Bedeutung der Kirche im Heilswerk Jesu zukommt und welche Merkmale die Kirche Jesu Christi prägen, ob und wo sie schon jetzt in unserer Welt Gestalt findet, sind die Konfessionen uneins *(vgl. Kapitel C1)*. Das Grundbekenntnis zu Jesus Christus aber als dem einzigen Herrn und Erlöser aller Menschen aller Zeiten teilen die Vertreter aller christlichen Konfessionen.

Julia Knop

2. DIE HEILIGE SCHRIFT

Vom Hörensagen

Christen glauben und beten „vom Hörensagen" her – und das im besten Sinn des Wortes. Denn der Glaube kommt vom Hören, er gründet in einer, ja, in *der* guten Nachricht schlechthin: im Evangelium Jesu Christi (vgl. Röm 10,17). Seine frohe Botschaft überliefern die Apostel, erzählen die Bücher der Heiligen Schrift. Die Jünger Jesu traten auf sein Wort hin in die Nachfolge, die ersten christlichen Generationen ließen sich aufgrund der Verkündigung der Apostel taufen. In den fünfziger Jahren des 1. Jahrhunderts stellt Paulus ausdrücklich den Zusammenhang zwischen Verkündigung, Glaube und Gebet her:

> ***Röm 10,14*** *Wie sollen sie nun den anrufen, an den sie nicht glauben? Wie sollen sie an den glauben, von dem sie nichts gehört haben? Wie sollen sie hören, wenn niemand verkündigt? … 17 So gründet der Glaube in der Botschaft, die Botschaft im Wort Christi.*

Überlieferung („traditio"), also die Weitergabe dieses Wortes Christi, ist darum *das* Prinzip jüdischer und christlicher Weitergabe des Glaubens. Der Dienst der Verkündigung ist „treuhänderisch", die Botschaft uralt und je neu zugleich. Das ist ungeheuer entlastend: Jeder Christ und jede Christin steht in einer großen Glaubensgemeinschaft, die gesättigt ist von Erfahrungen, die im Licht des Glaubens gedeutet wurden. Zu glauben ist einerseits etwas höchstpersönliches, andererseits aber immer etwas, das innerhalb der kirchlichen Gemeinschaften geschieht. In ihnen wurzelt das Glaubensbekenntnis, das in der Taufe bekannt wird, sie überliefern die biblische Verkündigung.

Das Buch der Bücher

Der Glaube kommt vom Hören, und Glaube wird überliefert („tradiert"). Mitten in diesem Traditionsprozess steht die Heilige Schrift, die Bibel, die auch als „Buch der Bücher" bezeichnet wird und von ganz besonderer Art ist: literarisch ein Buch bzw. eine ganze Bibliothek (aus vielen Büchern), ist sie (soziologisch) die Urkunde der christlichen Glaubensgemeinschaft, die sie (theologisch) als Heilige Schrift versteht und verkündigt. Was sie enthält, ist nicht einfach ein Text, sondern lebendige Botschaft: Verkündigung. Es dauerte lang, bis diese Botschaft zum Buch wurde. Die Bibel ist nicht „vom Himmel gefallen" (schon gar nicht als Buch), sondern in einer Jahrhunderte langen Entwicklung entstanden. Zahlreiche Menschen haben dazu beigetragen. Die ältesten Schriften dieses „Buches der Bücher" entstanden um 1000 v. Chr., die jüngsten um 100 n. Chr.

Die Bibel Jesu und der ersten Christen war die Bibel Israels, der Teil unserer heutigen Bibel, den wir „Altes Testament" nennen: Das Fundament bildet der Pentateuch: die Tora, die in den fünf (penta = fünf) Büchern Mose enthalten ist. Es folgen die Bücher der Propheten (die „Nebi'im") und die „Schriften" („Ketubim"). Die Bezeichnung der jüdischen Bibel – „Tanach" – ist ein Kunstwort, das diese drei großen Teile der Bibel über ihre hebräischen Anfangsbuchstaben zusammenbindet (T-N-K).

Der alttestamentliche Kanon der Christen, der um 400 n. Chr. von der westlichen Kirche als „heilige Schrift“ anerkannt wurde und in der römisch-katholischen Kirche bis heute gilt, ist gegenüber dem jüdischen Kanon, dem „Tanach“, etwas umfangreicher. Die einzelnen Bücher sind zudem etwas anders angeordnet: Hier folgen auf die Tora (Gen–Dtn) die Bücher der Geschichte Israels im Land (Jos–2 Makk), dann die Bücher der Weisheit (Ijob–Sir) und schließlich die Bücher der Prophetie (Jes–Mal). Dieser Kanon des Alten Testaments geht auf die griechische Textfassung, die so genannte „Septuaginta“, zurück. Sie ist eine Übersetzung der hebräischen Schriften, die im 3. Jahrhundert v. Chr. in Alexandria angefertigt wurde. Zusätzlich zu den übersetzten Büchern des jüdischen Tanach enthält die Septuaginta einige Schriften, die ursprünglich auf Griechisch verfasst wurden. Es handelt sich um die Bücher Tob, Jdt, 1 Makk, 2 Makk, Wsh, Sir, Bar sowie Teile aus Est und Dan. Die Kirchen des Ostens haben sich im 7. Jahrhundert diesem erweiterten Septuaginta-Kanon angeschlossen. Die Kirchen der Reformation sind, was den Umfang der alttestamentlichen Schriften angeht, zum jüdischen Kanon zurückgekehrt, haben aber die altkirchliche Umstellung der Reihenfolge der Bücher beibehalten.

Was wir heute als „Neues Testament“ bezeichnen, sind Schriften, die innerhalb des frühen Christentums entstanden sind. Jesu Botschaft vom Reich Gottes wurde zunächst mündlich weitergegeben. Erst im Laufe der Zeit wurden diese mündlichen Überlieferungen verschriftlicht. Diese im engen Sinn christlichen Überlieferungen umfassten ganz unterschiedliche Textformen: Erzählungen und Berichte, Gebete und Hymnen, Gemeindetraditionen und Gemeindebriefe. Sie wurden in den jungen Gemeinden gesammelt, weitergeschrieben, auf den eigenen Kontext angewendet, kommentiert und verbreitet.

Abfolge der Bücher des Alten Testaments

Biblia hebraica	Luther-Bibel	Einheitsübersetzung
Tora	Geschichtsbücher	
Bereschit/Im Anfang	1 Mose/Genesis	Genesis
Schemot/Namen	2 Mose/Exodus	Exodus
Wajikra/Er rief	3 Mose/Levitikus	Levitikus
Bemidbar/In der Wüste	4 Mose/Numeri	Numeri
Devarim/Worte	5 Mose/Deuteronomium	Deuteronomium
Nebi'im/Propheten		
Josua	Josua	Josua
Richter	Richter	Richter
	Rut	Rut
1.+2. Samuel	1.+2. Samuel	1. + 2. Samuel
1.+2. Könige	1.+2. Könige	1. + 2. Könige
	1.+2. Chronik	1. + 2. Chronik
Jesaja	Esra	Esra
Jeremia	Nehemia	Nehemia
Ezechiel		Tobit
Zwölfprophetenbuch		Judith
	Ester	Ester
		1. + 2. Makkabäer
Ketubim/Schriften	Lehrbücher / Bücher der Weisheit	
Psalmen	Ijob	Ijob
Ijob	Psalmen	Psalmen
Sprichwörter	Sprichwörter	Sprichwörter
5 Megillot ([Fest-]Rollen):	Prediger/Kohelet	Kohelet
Rut (Wochenfest)	Hohelied	Hohelied
Hohelied (Passa)		Weisheit
Kohelet (Laubhüttenfest)		Jesus Sirach
Klagelieder (Tag der tempelzerstörung)	Prophetische Bücher	
Ester (Purim)	Jesaja	Jesaja
Daniel	Jeremia	Jeremia
Esra	Klagelieder	Klagelieder
Nehemia	Ezechiel	Ezechiel
1.+2. Chronik	Daniel	Daniel
	Zwölfprophetenbuch	Zwölfprophetenbuch

Abfolge der Bücher des Neuen Testaments

Luther-Bibel/Einheitsübersetzung
Evangelien
Matthäusevangelium
Markusevangelium
Lukasevangelium
Johannesevangelium
Apostelgeschichte
Apostelgeschichte
Paulinische Briefe
Römerbrief
1. Korintherbrief
2. Korintherbrief
Galaterbrief
Epheserbrief
Philipperbrief
Kolosserbrief
1. Thessalonicherbrief
2. Thessalonicherbrief
1. Timotheusbrief
2. Timotheusbrief
Titusbrief
Philemonbrief
Hebräerbrief
Katholische Briefe
Jakobusbrief
1. Petrusbrief
2. Petrusbrief
1. Johannesbrief
2. Johannesbrief
3. Johannesbrief
Judasbrief
Offenbarung
Apokalypse/Offenbarung des Johannes

G

E

K

Bibel und christliche Gemeinde sind also eng miteinander verbunden: Nicht nur die Entstehung und Deutung einer Schrift, sondern auch das Urteil darüber, ob sie zu den authentischen Schriften der Bibel gehören sollte, geschah im Rahmen der jungen Christenheit. Ein wichtiges Kriterium dafür, dass eine Schrift zum Kanon, d.h. zur verbindlichen Überlieferung der Christen gehört, war ihr verbreiteter Gebrauch im Gottesdienst. Ein weiteres Kriterium war die „Apostolizität" einer Schrift: Ihre Entstehung und Überlieferung im Umfeld eines von Jesus selbst beauftragten Apostels verbürgt ihre Echtheit und Verbindlichkeit. Wichtig war schließlich ihr Dienst für den Aufbau und Bestand der jungen Gemeinden: Christliche Verkündigung erfolgt konstruktiv und nüchtern, mit gesundem Blick auf die gemeinsame Mitte und den Zusammenhalt der Christen. Dieser als „Kanonbildung" bezeichnete Prozess geschah in der Phase der Konsolidierung des frühen Christentums, zeitlich parallel zu wichtigen Etappen der Bekenntnisbildung (das „große" Credo geht auf die Konzilien von Nizäa 325 und Konstantinopel 381 zurück), und findet spätestens im 4. Jahrhundert seinen – harmonischen – Abschluss.

Schriften, die nicht in den christlichen Kanon aufgenommen wurden (z.B. das Thomas-Evangelium oder der 3. Brief an die Thessalonicher), bezeichnet man als **„APOKRYPHE" SCHRIFTEN.** Heute werden sie bisweilen als „verbotene" Schriften publikumswirksam vermarktet. Mit solchen Titeln werden allerdings v.a. kirchenfeindliche Ressentiments bedient und historisch falsche Vorstellungen geweckt. Denn der Prozess der Kanonbildung war erstaunlich einhellig. Natürlich gab es auch Differenzen – doch im Ganzen wurde dieser Prozess von der breiten Mehrheit der damaligen Christen getragen.

Der Kanon der Bibel umschreibt den Kern der christlichen Botschaft. Die Heilige Schrift ist die kodifizierte Grundlage des christlichen Glaubens („regula fidei“): „norma normans non normata“ – Norm, die ihrerseits nicht noch einmal anderen Größen untergeordnet ist. Wie eine Verfassung enthält sie all das, was unaufgebbar zur Identität der christlichen Verkündigung gehört. Unaufgebbar ist das Glaubenszeugnis des *ganzen* biblischen Kanons: Altes *und* Neues Testament. Dies war eine richtungsweisende Entscheidung bzw. Erkenntnis der Alten Kirche, die den Umfang der Bibel auch in Abgrenzung zu einzelnen Gruppierungen bestimmte, die alle jüdischen Elemente wie z. B das Alte Testament aus dem Christentum aussondern wollten. Aber ohne die jüdische Heilsgeschichte, ohne Israel, ist das Christentum, ist Jesus Christus selbst nicht verständlich. Judentum und Christentum unterscheiden sich in der Antwort auf die Frage, auf wen sich die Verheißungen Israels richten und ob Jesus Christus der verheißene Messias ist. Sie kommen überein im Bekenntnis zum Gott Abrahams, Isaaks und Jakobs (Israels): er ist kein anderer als der Gott Jesu Christi. Christen aller Zeiten und Orte sind gesandt, diese ganze biblische Überlieferung zu verkünden und treuhänderisch weiterzutragen. Denn der Glaube kommt vom Hören.

Wort Gottes

Das verkündigte Wort Gottes ist das Wort, aus dem die Christen leben. Wenn im Gottesdienst biblische Texte verlesen werden, bleiben sie darum nicht unkommentiert. Sie werden in der Predigt ausgelegt. Und schon die Verlesung der Texte hat eine besondere Gestalt: Auf die Schriftlesungen folgt der Ruf „Wort des lebendigen Gottes!“ und nach dem Evangelium „Frohe Botschaft unseres Herrn Jesus Christus!“ (katholisch) bzw. „Worte der Heiligen Schrift“ (evangelisch). Die Gemeinde antwortet mit gläubigem Lobpreis, wodurch sie genau das anerkennt, was proklamiert wurde. Sie bestätigt: Was verkündet wurde, ist wirklich Gottes Wort – „Dank sei Gott!" und nach dem Evangelium „Lob sei dir, Christus!" (katholisch) bzw. „Gott sei Lob und Dank" oder „Ehre sei dir, Herr!" (evangelisch). Andere Grundformen des evangelischen Gottesdienstes verzichten auf diese Elemente, gleichen das „Antwortgeschehen" aber durch verstärkten Gemeindegesang und vor allem durch die Predigt aus. Auch die geprägte Formel vom „Gotteswort im Menschenwort", die das II. Vatikanische Konzil (vgl. Dei Verbum, Nr. 13) aufgegriffen hat, drückt dieses christliche Schrift-Verständnis aus: Die Bibel darf als inspiriertes Wort Gottes verstanden werden, ohne dass dies die Mitwirkung von Menschen ausschließen würde. Wie das göttliche Wort selbst Fleisch angenommen hat und Mensch geworden ist (Joh 1,14), so spricht Gott in der Heiligen Schrift „nach Menschenart" (Dei Verbum, Nr. 12): mittels der Sprache und Kultur, der theologischen und literarischen Besonderheit ihrer menschlichen Verfasser.

VIELE SCHRIFTEN der Bibel sind namentlich gekennzeichnet (z.B. Brief des Apostels Paulus an...), wenngleich die angegebene Autorenschaft in vielen Fällen keine strikt historische Angabe ist, sondern, wie im Falle der vier Evangelien, ein Buch zunächst in eine entsprechende Traditionslinie einreiht. Als echte Paulusbriefe gelten: Röm, 1 Kor, 2 Kor, Gal, 1 Thess, Phil, Phlm.

Gottes Wort ist uns im Menschenwort zugänglich, denn Gott handelt, wo immer er handelt, vermittels geschöpflicher Wirklichkeit. Die vom Geist Gottes inspirierten menschlichen Schriftsteller der Bibel sind dabei keineswegs willenlose Instrumente, vergleichbar dem Schreibwerkzeug, mit dem jemand

G
E
K

Worte zu Papier bringt und das nach erfolgtem Schreibvorgang keine Bedeutung mehr hat. Ihre Besonderheit, ihr Charisma ist vielmehr gerade das Medium, dem sich Gott anvertraut hat, auf dass sein Wort verkündet werde. Diese Vorstellung bringt die Kunst ins Bild, wenn sie die Evangelisten mit einer Taube (Symbol für den Heiligen Geist) auf der Schulter und dem Griffel in der Hand darstellt: Sie sind – so die gläubige Deutung – inspiriert vom Heiligen Geist, und zugleich sind sie selbst es, die die Feder führen. Die Frohbotschaft, das Evangelium, zu verkünden, bedeutet deshalb immer auch, dies „nach" Markus oder Matthäus oder Lukas oder Johannes zu tun: in seiner Lesart, mit seinem besonderen Augenmerk. Keiner von ihnen ist austauschbar, keiner ist ersetzbar.

Weil Gottes Wort von Ursprung an im Menschenwort verkündet wurde, ist es übrigens christlicherseits kein Problem, die Bibel von ihrer hebräischen oder griechischen Urkunde in die verschiedenen Sprachen, in die „Zungen" (lingua = Zunge und Sprache) der Völker zu übersetzen. Schon beim Pfingstereignis hörten die Leute in ihrer Muttersprache die Verkündigung der großen Taten Gottes (Apg 2,1–11). Heute sind zwischen zahlreichen Bibelübersetzungen v.a. einige besonders verbreitet: Katholischerseits wird im deutschsprachigen Raum in aller Regel die ökumenische Einheitsübersetzung verwendet; sie bildet auch die Grundlage der liturgischen Schriftlesung. Im Bereich der EKD in Deutschland gilt auf Empfehlung ihres Rates hin die Lutherübersetzung in der revidierten Fassung von 1984 als maßgeblicher Bibeltext, ebenso in Österreich. Die reformierten Gemeinden der Schweiz verwenden die Zürcher Bibel.

ENTZWEIT ÜBER DIE EINHEITSÜBERSETZUNG

Die „Einheitsübersetzung" der Bibel trägt ihren Namen, weil sie der einheitliche und authentische Bibeltext der deutsch-

G E K

sprachigen katholischen Diözesen ist. Als „ökumenischer Text", der von beiden Kirchen anerkannt und zum Gebrauch empfohlen wurde, gelten das Neue Testament und die Psalmen daraus. Nachdem an deren Übersetzung auch evangelische Bibelwissenschaftler mitgewirkt hatten, war eine gemeinsame behutsame Überarbeitung geplant. Dieses Projekt wurde von der evangelischen Kirche 2005 eingestellt, da die katholische Seite in ihrer Übersetzungsarbeit die Kriterien der römischen Instruktion „LITURGIAM AUTHENTICAM" über den „Gebrauch der Volkssprache bei der Herausgabe der Bücher der römischen Liturgie" von 2001 zugrunde legte. Diese Kriterien wurden von evangelischer Seite aus nicht mitgetragen, so dass sie die Beteiligung an der Revision ebenso wie die Bewahrung des bisherigen „ökumenischen Textes" für unmöglich erklärte.

Bibelauslegung

Das christliche Verständnis von Inspiration, das menschliche Schriftsteller und einen geschichtlichen Entstehungsprozess der Bibel nicht aus-, sondern ausdrücklich einschließt, ermöglicht es, sie in einer Vielfalt methodischer Zugänge zu erforschen.

Zur angemessenen Interpretation eines biblischen Textes gehört zunächst die Einordnung in seinen historischen Kontext: Es gilt, das kulturelle Umfeld des Autors, seine Adressatenschaft, die theologische Formensprache seiner Zeit zu verstehen. Auf diese Weise finden Differenzen oder wechselseitige Abhängigkeiten z.B. mancher Evangelienabschnitte eine Erklärung, und vermeintliche „Irrtümer" der Bibel (deren bekanntester der „widerkäuende Hase" aus Dtn 14,7 sein dürfte) können in ihren Entstehungskontext eingeordnet werden. Weil die Bibel ein geschichtlich gewachsenes Buch ist, das die Erfahrungen Israels und der Urgemeinde bekundet und aus dem Glauben heraus

K

deutet, spiegelt sich in ihr auch „Theologiegeschichte“: Die verschiedenen Gottesbezeichnungen des Alten Testaments zeigen beispielsweise die Geschichte der Gottesverehrung Israels und seine Erkenntnis, dass der Gott Israels nicht nur der Gott eines Volkes, sondern der Herr der Geschichte und der Schöpfer der Welt ist. Nicht nur der kulturelle und theologische Horizont des Schreibers, auch die jeweilige Textgattung prägt die biblische Aussage. Die Bibel enthält Berichte und Erzählungen, Hymnen und Gebete, Dichtung, Gleichnisse und Parabeln, Briefe und Prophezeiungen und vieles mehr. Bilder und Mythen, Denkgebäude und die Formelsprache der umgebenden Kultur werden aufgegriffen und jüdisch oder christlich gedeutet oder weitergeschrieben.

Ein kompetenter Umgang mit der Heiligen Schrift ist darum bemüht, solche literarischen und historischen Dimensionen zu berücksichtigen. So wären die Anfangstexte der Bibel, die Schöpfungserzählungen der Genesis, schlicht missverstanden, läse man sie – wie lautstarke Religionskritiker, aber auch christliche Fundamentalisten es bisweilen tun – als quasi-naturwissenschaftliche Darstellungen der Abfolge der Weltentstehung. Sie verraten damit mehr über ihr eigenes (eindimensionales) Weltbild als über das der Bibel, das in den Schöpfungserzählungen bezeugt: Gott, der Herr der Geschichte, ist auch der Ursprung der Welt. Alles, was ist, geht auf sein schöpferisches Wort zurück. Der gute Gott hält die Welt in seiner Hand, er schreibt ihr seine gute und heilbringende Ordnung ein. Bibeltreue zeigt sich nicht in einem naiven Biblizismus, der die Verkündigung des Wortes Gottes zur Information über Sachverhalte degradiert, sondern in einem kompetenten Umgang mit der Heiligen Schrift, der ernst nimmt und versteht, dass Gottes Wort in menschlichen Zungen überliefert wird.

Die so genannte „kanonische Exegese“ schließlich greift die

Bedeutung der kirchlichen Gemeinschaft für die Kanonbildung, aber auch für das Verständnis der einzelnen biblischen Schriften auf. Sie liest die biblischen Texte von der Endgestalt des Kanons her, in welchem sie in der Überlieferung der Kirche einen spezifischen Ort erhalten haben. Binnenbezüge der biblischen Texte, ihre Position im geordneten Sinnganzen des Kanon, in der zweiteiligen Bibel, und ihre kirchliche (liturgische) Überlieferung und Deutung werden für ihr Verständnis fruchtbar gemacht. Der Kanon der Bibel ist zwar historisch nicht der erste Bezugspunkt eines biblischen Buches oder Textes – die Texte liegen ihrer Zusammenstellung im biblischen Kanon voraus. Im Leben und in den Überlieferungen der Kirchen liefert der Kanon gleichwohl den ersten Kontext, der das Verständnis der Texte prägt. Kanonische Bibelexegese wertet darum die Rezeptionsgeschichte gegenüber einer vornehmlich historischen Rekonstruktion auf: Man versucht, das Buch der Bücher als die Einheit zu lesen, zu der die kirchliche Kanonisierung die vielen Glaubenszeugnisse zusammengebunden hat.

Julia Knop

EVANGELISCH

Sola scriptura

Wenn ein reformatorisches Prinzip auch „allein die Schrift" (sola scriptura) heißt, darf es dennoch nicht „allein" betrachtet werden, sondern entfaltet seine Bedeutung nur im Zusammenklang mit den anderen „Exklusivpartikeln" allein aus Glaube, allein aus Gnade und allein in Christus *(vgl. Kapitel A3)*. Verstehen lässt sich dieser besondere evangelische Verweis auf die Exklusivität der Schrift historisch aus der Abgrenzung von der römischen Kirche zur Zeit der Reformation: Gegen die Vorstel-

lung, es bräuchte normative Ergänzungen durch die Tradition oder durch bestimmte lehramtliche Auslegungen, um der Botschaft der Heiligen Schrift zu vertrauen zu können, hebt die Reformation hervor, dass die Bibel aus sich heraus verständlich sei. Nichts anderes meint die leicht missverständliche altprotestantische Lehre, die Schrift lege sich selbst aus: Die evangelische Theologie wehrte sich damit gegen die Vorstellung, die Schrift sei zu verdunkelt oder zu vieldeutig, so dass sie nur in der Bindung an die kirchliche Auslegung oder Tradition verstanden werden könne. Aus evangelischer Sicht soll der Sinn der Schrift folglich einerseits nicht an von außen an sie herangetragenen Maßstäben oder Regeln (z.B. die Vorstellung von „der“ Natur oder „der“ religiösen Befindlichkeit des Menschen) gemessen werden, andererseits auch nicht abhängig gemacht werden von subjektiven Auslegungen der Gläubigen. Vielmehr sollen sie sich ja „anreden“ lassen von der Botschaft der Heiligen Schrift. Dass die Bibel vielfältige, z.T. spannungsreiche Traditionen verbindet, ist dabei in der reformatorischen Theologie immer gesehen worden. Aber die Vielfalt der biblischen Schriften transportiert doch für sie eine klare, eindeutige und unmissverständliche Botschaft: Gott ist treu bei uns und hat seine unendliche Liebe in Jesus Christus besiegelt. Von dieser heilsamen Mitte, also aus der Schrift selbst, sind die Spannungen in ihr zu beurteilen. Dafür hat Martin Luther die schöne Formel „was Christum treibet“ geprägt.

Ein Wort – viele Übersetzungen

Wer eine Bibel kaufen möchte, hat die Qual der Wahl: Neben der Lutherbibel gibt es z.B. „Die gute Nachricht“ in leichter verständlichem oder die Zürcher Bibel in gehobenem Deutsch. Wer eine nicht schön lesbare, aber eng am Urtext bleibende Fassung sucht, wählt die Elberfelder Bibel. Wer sich theologisch in besonderer Weise herausfordern lassen will, entscheidet sich für die „Bibel in gerechter Sprache". Und Jugendliche, denen „Die gute Nachricht" schon zu sehr nach den 1980er Jahren klingt, können vielleicht etwas mit dem stückweise erscheinenden Bibelprojekt „Basis-B" anfangen. Mit der wachsenden Vielfalt an Übersetzungen, von denen einige mehr, andere weniger gelungen sind, hat sich den evangelischen Gemeinden die Frage gestellt, welche sie im Gottesdienst, im Unterricht oder in der Seelsorge nun nutzen sollen. 2001 hat der Rat der Evangelischen Kirche in Deutschland nach eingehenden Beratungen über diese Frage seine „Empfehlungen zur Stellung und zum Gebrauch der Lutherübersetzung" unter dem Titel „Die eine Bibel und die Vielfalt der Bibelübersetzungen" veröffentlicht. Um bei den biblischen Texten auf ein einendes Band zwischen den Gemeinden und in diesem Fall auf einen besonderen Identitätsmarker des Protestantismus zurückgreifen zu können, und um auch einen qualitativ guten Standard zu wahren, empfiehlt der Rat, die Lutherbibel in der revidierten Fassung von 1984 als maßgeblichen Bibeltext anzusehen. Die anderen Übersetzungen werden damit nicht pauschal abgelehnt. Zu ihnen erklärt der Rat: „Die Vielfalt der vorhandenen Bibelübersetzungen stellt einen großen Reichtum dar. Er ergänzt die Lutherbibel und erschließt dem Wort der Heiligen Schrift den Weg zu einer Hörer- und Leserschaft, die durch nur eine einzige Bibelübersetzung nicht in dieser Weise erreichbar wäre."

In den vergangenen Jahren hat eine Übersetzung für besonders viel Aufsehen gesorgt: Die „Bibel in gerechter Sprache" (BIGS), die 2006 von mehreren evangelischen Theologinnen und Theologen herausgegeben wurde. Über fünfzig Bibelwissenschaftler und Bibelwissenschaftlerinnen, darunter auch einige katholische Theologinnen, haben je einzeln die biblischen

G
E
K

Bücher neu übersetzt. Dabei achten sie besonders auf Fragen der Geschlechtergerechtigkeit, auf Gerechtigkeit im Blick auf den jüdisch-christlichen Dialog und die soziale Gerechtigkeit. Bisherige Übersetzungen schienen den Autorinnen und Autoren zu stereotyp in den Vorstellungen von Männern und Frauen dargestellt, antijudaistisch oder zu wenig sensibel für die jeweiligen sozialen Verhältnisse *(vgl. Kapitel A1).* Die BIGS ist in den evangelischen Gemeinden und auch in der evangelischen Theologie höchst kontrovers diskutiert worden. Die Spannbreite reichte von euphorischer Unterstützung bis zu scharfer Kritik. Manchen war die Methode der vielen Übersetzungen fragwürdig, manchen eher der Inhalt, der ihnen nun umgekehrt einseitig schien. Die Evangelische Kirche in Deutschland hat sich intensiv mit der Frage befasst, welchen Status die neue Übersetzung in den Ordnungen des Gottesdienstes haben kann, kommt in ihrer Stellungnahme aber zu dem Schluss, dass auch die neue Übersetzung nicht den grundsätzlichen Status der Lutherbibel in Frage stellen kann, sondern als Ergänzung zu verstehen ist.

Stefanie Schardien

KATHOLISCH

Auslegungsbedürftig

Eine nichtgläubige Interpretation der Bibel erreicht die Ebene der Texte und Buchstaben der Bibel. Die Bedeutung, die die Bibel als Heilige Schrift für die Glaubenden hat, erschließt sich vor allem innerhalb des Glaubens der Glaubensgemeinschaft. Im Streit um das reformatorische „sola scriptura!" betonte das Konzil von Trient (1545–1563), dass die Bibel auslegungsbedürftig ist und dass der Maßstab dieser Auslegung die kirchliche

Interpretation sei. Damit ist zunächst ein wichtiger Rahmen für die Texterschließung abgesteckt, der aus katholischer Perspektive angesichts der gegenseitigen Verwiesenheit von Glaube, Überlieferung und Glaubensgemeinschaft nahe liegt.

Schrift und Tradition

Für weitaus größere Konflikte sorgte eine andere Definition, in der das Konzil von Trient der Heiligen Schrift die „ungeschriebenen Überlieferungen" („traditiones") der Apostel zuordnete. Wie das Konzil das Zueinander von Schrift und Tradition verstand, ob es die kirchliche Tradition der Schrift „auf Augenhöhe" beiordnen oder sie ihr als interpretative Instanz nach- und unterordnen wollte, ist bis heute umstritten. Wird die Konzilsaussage im erstgenannten Sinn einer Zweiquellentheorie interpretiert, scheint eine Verständigung mit der reformatorischen Theologie nicht möglich zu sein.

Das II. Vatikanische Konzil hat in der Offenbarungskonstitution Dei Verbum (Wort Gottes, 18.11.1965) Wege bereitet, die den alten Konflikt um Schrift und Tradition auf die grundlegendere Frage hin orientieren, was denn eigentlich Offenbarung sei und wie sie in der Geschichte bezeugt und überliefert werde. Es stellt heraus: „Offenbarung" ist eine personale Kategorie, sie bezeichnet nicht in erster Linie ein Gebilde von Sätzen, Lehren und Instruktionen, sondern Gottes Gegenwart in der Welt, die ihren Höhepunkt in seiner Selbstmitteilung in Jesus Christus findet. Jesus Christus ist *das* Wort Gottes, das unsere menschliche Natur angenommen hat (vgl. Joh 1,1–14). In ihm erschließt sich Gott selbst. Bibel und Tradition *bezeugen* und *überliefern* diese Selbstoffenbarung Gottes, die sich nicht in Sätze bannen lässt. Die Heilige Schrift ist das verbindliche Zeugnis der göttlichen Offenbarung und insofern für alles kirchliche Leben normativ. Sie verdankt sich aber selbst historisch wie sachlich

G
E
K

auch der Überlieferung: Mit der Kanonisierung der Bibel hat die Kirche einen Teil ihrer Überlieferungen zur Norm erhoben.

Die katholische Kirche hat sich daher auch im 20. Jahrhundert nicht dem lutherischen „sola scriptura!" angeschlossen. Sie sieht sich dem Wort Gottes, das in Schrift und Tradition bezeugt wird, verpflichtet. Aufgabe des kirchlichen Lehramtes ist es, den Auslegungsprozess, in dem die Offenbarung Gottes überliefert und gedeutet wird, zu begleiten und die Übereinstimmung bzw. Kontinuität der gegenwärtigen Glaubenspraxis mit Schrift und Tradition zu gewährleisten. „Das Lehramt ist nicht über dem Wort Gottes, sondern dient ihm, indem es nichts lehrt, als was überliefert ist" (Dei Verbum, Nr. 10), und dabei des Beistands des Heiligen Geistes gewiss ist. Es ist die normative Instanz, die in der Vielfalt der Auslegungen dem Offenbarungszeugnis eine Gestalt gibt. Die Abgrenzungen, die lehramtlich vollzogen werden, haben dabei in der Mehrzahl begrenzenden Charakter: Sie stecken einen Interpretationsrahmen ab, ohne aber eine bestimmte Interpretation positiv festzuschreiben.

Julia Knop

3. FÜR UNS MENSCHEN UND ZU UNSEREM HEIL … – VON DER GNADE GOTTES

Wie reagieren Erwachsene, wenn man ihnen kommentarlos einen 20-Euro-Schein in die Hand drücken möchte? Die meisten möchten das Geld vermutlich nicht leichthin annehmen. Ob es irgendeine Schuld zu begleichen gäbe, werden viele unsicher fragen. Oder sie werden sich erkundigen, was denn ihre Gegenleistung dafür sein solle. Dass uns einfach etwas geschenkt, dass etwas für uns getan oder übernommen wird, scheint ungewöhnlich in einer Zeit, in der man für sich selbst zu sorgen gelernt hat und in deren vielerlei Krisen man mehr denn je von Verantwortlichen verlangt, für ihre Schuld zu büßen.

Kann ich irgendwie helfen?

Die Überzeugung, dass man selbst für seine Schuld aufkommen muss und dass man nur gegen Leistung entlohnt wird, hat viele Jahrhunderte lang auch das Verhältnis der Menschen zu Gott geprägt: Die Rechnung lautete „Gute Werke und frommes Leben gegen Gottes Zuspruch des ewigen Heils". Dahinter stand die – aus christlicher Sicht verhängnisvolle – Vorstellung, dass der Mensch Gott gnädig stimmen müsse – und könne. Man

ging davon aus, dass die Menschen über ihr Leben und ihre Werke Einfluss darauf nehmen könnten, ob sie der Gnade und des Heils teilhaftig würden oder nicht. Bis heute beschäftigt nicht nur die einzelnen Glaubenden die Frage, welche Rolle die oft leicht spöttisch so genannten „guten Werke" im Verhältnis von Gott und Mensch spielen. Für die Kirchen hat diese Frage besondere Bewandtnis, weil sie im Zentrum der reformatorischen Veränderungen stand und zum Eckstein des protestantischen Glaubens geworden ist.

Gutmensch Gott? Die Begründung des Heils

Nach menschlichen Maßstäben scheint es fast merkwürdig, wie voraussetzungslos gnädig Gott dem Menschen gesonnen sein soll. Wollte man Spekulationen über Gottes Motivation anstellen, droht man dabei schnell ebenso wieder in rein menschliche Kategorien zu verfallen. Anhaltspunkte geben aber die Erzählungen, Lieder und Briefe des Alten und Neuen Testaments, durch die sich wie ein roter Faden Erfahrungen von der liebevollen Zuwendung Gottes zur Schöpfung und besonders zu den Menschen ziehen. Für das Christentum bündelt sich diese Liebe in Jesus Christus: darin, dass Gott selbst Mensch wird; darin, wie er lebt und wirkt; und darin, dass er in Kreuz und Auferstehung den Tod überwindet und allen Menschen das ewige Leben, mit anderen Worten Gottes Heil eröffnet.

Auch aktuell flammen immer wieder Diskussionen darüber auf, ob die Kreuzigung Jesu als ein Opfer zu verstehen ist, das Gott selbst gefordert hat, oder, so andere Stimmen, ob jede Verbindung des Kreuzestodes mit einer Opfervorstellung nicht ein grausames, heute nicht mehr vertretbares Gottesbild bestärke. Die Annahme, Gott verlange oder brauche gar den Tod Jesu als Opfer stellvertretend für die Sünden der Menschen, führt theologisch rasch auf Glatteis: gehörte es doch zu den wichtigen Einsichten, dass die Gerechtigkeit Gottes und die der Welt sich unterscheiden. Genau diese Differenzierung ließe sich wieder vermissen, deute man Jesu Tod im Sinne eines „Opfers" nur als Begleichung der menschlichen Schulden bei Gott. Die Kreuzigung Jesu Christi stellt für den christlichen Glauben vielmehr auf eindrücklichste Weise dar, wie nahe Gott dem Menschen kommt. In Jesu Leben und Tod zeichnet sich gerade kein unerreichbares oder unrealistisches Idealbild perfekten Menschseins ab. Die Evangelien berichten davon, dass Gott in Jesus Christus selbst die finstersten und beängstigendsten Leiderfahrungen des Menschseins nicht fremd geblieben sind. Bildhaft gesprochen stellt sich Gott am Kreuz in die Mitte all dessen, was Menschen an Schmerz, Leiden und Schuld erleben. Gott hält diese Erfahrungen gerade nicht auf Abstand, sondern nimmt sie in Jesus Christus auf sich. Dass er so im ganz tiefen Sinn des Wortes mitleidet mit allem, was Menschen und die Welt belastet, kann insofern auch als ein Opfer beschrieben werden. Allerdings als ein Opfer, das Jesus Christus nicht als Wiedergutmachung für Gott erbringen muss, sondern das der menschgewordene Gott für den Menschen bringen will (*vgl. Kapitel B2*). Auch das schon in den ersten Jahrhunderten der Kirche formulierte Glaubensbekenntnis von Nizäa-Konstantinopel betont diesen Aspekt, dass Jesu Leben und Sterben den Menschen zugute kommen sollte:

> *Für uns Menschen und zu unserm Heil ist er vom Himmel gekommen, hat Fleisch angenommen durch den Heiligen Geist von der Jungfrau Maria und ist Mensch geworden. Er wurde für uns gekreuzigt unter Pontius Pilatus, hat gelitten und ist begraben worden, ist am dritten Tage auferstanden nach der Schrift und aufgefahren in den Himmel.*

K

Ob die Rede vom Opfer heute also radikal ausgedient haben muss, lohnt sich zu diskutieren. Sie kann auch eine heil-volle Unterbrechung des Zeitgeistes sein. Dies gerade, wie eingangs bemerkt, weil Menschen sich immer mehr auf sich selbst verlassen wollen oder müssen und sie mit Skepsis auf das reagieren, was andere einfach für sie tun. Aus christlicher Perspektive lässt es sich kaum bestreiten, dass Gott mit der gnädigen Zuwendung und dem Geschenk heilvollen Lebens etwas für den Menschen tut – ohne eine Rechnung zu stellen.

Zwischen fauler Haut und Selbstgerechtigkeit – das Problem mit menschlichen Leistungen

Die reformatorische Theologie hat zentral betont, dass der Mensch allein aus Glauben, nicht aber durch irgendwelche Leistungen von Gott gerechtfertigt werde. War damit dem Problem der Werkgerechtigkeit grundsätzlich eine Absage erteilt, mussten in der Konsequenz aber neue Fragen beantwortet werden: Welche Rolle spielt denn eigentlich noch, wie der Mensch sich verhält, wie er lebt? Zunächst gilt es zu überlegen, ob nicht schon die Bedingung „allein aus Glauben" – „sola fide" – ihrerseits wieder eine Leistung fordert. Die evangelische Theologie sucht nach einem Mittelweg: Weder soll die vom Menschen erwartete Aktivität den Charakter eines „Werkes" im Sinn einer eigenen, gottunabhängigen Leistung annehmen, mit der er sein Heil erlangen will, noch darf sie völlig übergangen werden, verwandelte dies den Mensch doch zur Marionette ohne Freiheit, sich auch gegen Gott entscheiden zu können. Bis ins letzte Detail lässt sich kaum erhellen, in welcher Abfolge der Mensch zum Glauben kommt: Zu betonen ist aber, dass den ersten Schritt stets Gott macht und die Beziehung so anbietet, dass der Mensch nichts weiter als zugreifen muss, also einfach vertrauen darf.

Eine andere Frage beschäftigt das ökumenische Gespräch bis in die Gegenwart hinein: Stellt der Glaube an die Rechtfertigung ohne alle Werke nicht letztlich einen Freibrief aus, alles tun oder lassen zu können?

Die römisch-katholische Kirche hat dem Protestantismus diese Unklarheit schon früh vorgehalten und zum Anlass genommen, im Konzil von Trient die eigene Position zu präzisieren. Mit den Reformatoren sagt auch Trient: Den Beginn des Glaubens, das „initium fidei", setzt Gott; seine Gnade ist auch der Beginn aller guten Werke. Allerdings sieht das Konzil von Trient in der protestantischen Betonung der exklusiven („*sola* gratia") Wirksamkeit der Gnade die Gefahr, den Menschen und seine Freiheit zu gering anzusetzen: Der Mensch könne sich natürlich nicht kraft seiner Freiheit sein Heil vor Gott wirken – aber deshalb sei nicht alles, was er tut, per se Sünde oder vor Gott gleichgültig. Die Gnade, die allein das Heil des Menschen wirkt, die in allen guten Werken initiativ beteiligt ist, macht den Menschen aus der Sicht des Konzils nicht zu einer willenlosen Marionette Gottes. Nach römisch-katholischem Verständnis kann und soll der Getaufte im Bewusstsein, von Gott gerechtfertigt zu sein, in seinem Leben der Gnade Gottes entsprechen *(vergl. Kapitel E3)*.

Doch auch die evangelische Theologie hat sich immer wieder daran gemacht, den geforderten gedanklichen Spagat zu bewältigen: Einerseits sollen die menschlichen Leistungen ja nicht als Bedingung für das Heil gelten; andererseits muss doch aber die bleibende Wichtigkeit und Richtigkeit guter Werke und gottgefälligen Lebens begründet werden. Luther erklärt die Werke zu den „Früchten" des Glaubens, die aus der Erfahrung erwachsen, gerechtfertigt zu sein und befreit leben zu dürfen. Zudem unterscheidet Luther wiederum zwischen dem Bereich Gottes und dem Bereich der Welt: Vor Gott könne der Mensch durch

G
E
K

seine Leistungen nichts erwirken, im Gegenüber zu anderen Menschen und unter den Bedingungen der Welt aber seien gute Werke und ordentliches Verhalten notwendig, um das Miteinander zu organisieren.

Ökumenischer Meilenstein oder fauler Kompromiss? Die Gemeinsame Erklärung zur Rechtfertigung

Vor vielen Kameras feierten am Reformationstag 1999 Vertreter der lutherischen und katholischen Kirche in Augsburg den Abschluss eines langjährigen Diskussionsprozesses über die alte Frage der Rechtfertigung. Nachdem im internationalen lutherisch/römisch-katholischen Dialog der so genannte Malta-Bericht bereits 1972 eine Annäherung der Positionen bestätigt hatte, machte sich ab 1981 eine deutsche Arbeitsgruppe der beiden Kirchen daran, die früheren Lehrverurteilungen mehrerer theologischer Ansichten auf ihre aktuelle Geltung hin zu überprüfen. Mit der Zeit wurde aber die Forderung nach einer gemeinsamen Erklärung zum Verständnis von Rechtfertigung lauter und der vorwiegend deutsche Prozess unter dem Titel „Lehrverurteilungen – kirchentrennend?“ lief 1996 mit der Veröffentlichung des Abschlussberichts eher unbeachtet aus. Unterdessen erarbeitete eine weitere Arbeitsgruppe schon 1994 einen ersten Entwurf einer Gemeinsamen Erklärung (GE). Nach mehreren Überarbeitungen in Rücksprache mit Experten und Stellungnahmen der Mitgliedskirchen entstand 1998 die letzte Version. Die GE beansprucht keine vollkommene Übereinstimmung, sondern einen „Konsens in den Grundwahrheiten“. Ob nun Grundwahrheiten nur den „kleinsten gemeinsamen Nenner“ oder das wesentliche gemeinsame Fundament bedeuten, interpretieren Kritiker oder Unterstützer unterschiedlich. Ähnlich gibt das Projekt an vielen Stellen die Möglichkeit, das ökumenische Wasserglas halb voll oder halb leer zu sehen: Angefangen davon, wie und wann die Mitgliedskirchen einbezogen wurden, über die unterschiedlichen Methoden der kirchlichen Meinungsbildung, bis hin zu den Fragen, welche Konsequenz die GE für die Gemeindepraxis oder für die innerevangelischen Diskurse hat, waren doch reformierte und unierte Kirchen ganz unbeteiligt an dem Projekt. Mehrdeutige Einzelformulierungen gerieten in die Kritik: War es ein katholisches Zugeständnis, die Rechtfertigungslehre als „ein unverzichtbares Kriterium" zu bezeichnen, oder der Ausverkauf lutherischer Lehre, wenn damit möglicherweise „weitere" unverzichtbare Kriterien in Kauf genommen würden?

Noch im Juni 1998 drohte das Projekt zu scheitern. Trotz vieler Bedenken, z.B. von Seiten der Mitgliedskirchen und harscher Kritik deutscher Theologieprofessoren, stimmte der Lutherische Weltbund dem Inhalt der GE zu und erklärte die Lehrverurteilungen aus der Zeit der Reformation für ungültig. Auch die römisch-katholische Kirche bestätigte den Konsens in Grundwahrheiten der Rechtfertigungslehre.

Die zentralen Kapitel der GE sind dreigeteilt. Zu Beginn heißt es jeweils: „Wir bekennen gemeinsam." Denn Ziel aller ökumenischen Gespräche ist keine gemeinsame Theorie, auch kein Grundsatzpapier oder Parteiprogramm. Ziel ist das gemeinsame *Bekenntnis*, das gemeinsame *Gebet*, der gemeinsam vollzogene *Glaube*.

Die beiden konfessionellen Abschnitte, die auf dieses fundamentale Bekenntnis folgen, sprechen eine andere Sprache: Sie erklären, differenzieren, theologisieren. Sie ordnen die konfessionellen Differenzen, die sprachlich, perspektivisch und sachlich bestehen, in den Kontext des übergreifenden und übergeordneten gemeinsamen Bekenntnisses ein: „Das verstehen Lutheraner in dem Sinne, dass ..." – „Wenn die Katholiken betonen, dass ... , dann wollen sie festhalten, dass ..."

Am Ende der GE steht wieder das gemeinsame Gebet: „Wir sagen dem Herrn Dank für diesen entscheidenden Schritt zur Überwindung der Kirchenspaltung. Wir bitten den Heiligen Geist, uns zu jener sichtbaren Einheit weiterzuführen, die der Wille Christi ist." (GE, Nr. 41)

In wichtigen Fragen sah man von katholischer Seite aus jedoch auch noch weiteren Diskussionsbedarf: im Blick auf das Sündersein des Gerechtfertigten, die Rechtfertigungslehre als Kriterium für Leben und Praxis der Kirche, den Empfang der Gnade, schließlich die Mitwirkung und Bedeutung guter Werke. Gewiss auch nicht unbeeinflusst von öffentlichen und ökumenischen Erwartungen beschloss man, am Ende nicht die GE selbst, sondern allein eine „Gemeinsame offizielle Feststellung" zu unterzeichnen, die zwar die Schlussfolgerungen der GE bestätigt, aber zugleich weitere Untersuchungen und praktische Auslegungen der Rechtfertigungslehre fordert. Deutet man den gefundenen gemeinsamen Lösungsweg als Erfolg oder letztlich als Kapitulation vor den Unklarheiten? Die Resonanz am Ende war gespalten: Sie reichte vom Lob des ökumenischen Meilensteins bis zur Klage über den faulen Kompromiss. Beide Einschätzungen sind problematisch, weil sie den Prozess und das Ergebnis sehr pauschal beurteilen. Beide Einschätzungen treffen aber auch in differenzierter Betrachtung jeweils in Teilen zu: Das Lob gilt zu Recht dem langwährenden Versuch, ein ökumenisch „heißes Eisen" intensiv zu diskutieren, die früheren Verurteilungen für heute nicht mehr gültig zu erklären. Die Kritik moniert aber ebenso treffend, dass im Prozess methodisch selbst manches schiefgelaufen ist und auch der Inhalt des abschließenden Dokumentes schlicht nicht alle bisherigen Konflikte völlig löst. Wer ökumenische Fortschritte nur bei „komplettem Erfolg" verzeichnen will, der wird im Blick auf die GE das Wasserglas halb leer sehen. Wer auch kleine Schritte und eine noch unvollkommene Annäherung als ökumenischen Erfolg anerkennt, der sieht es mithin halbvoll.

Noch einmal zurück zur Eingangsfrage: Wie reagieren Erwachsene, wenn man ihnen kommentarlos einen 20-Euro-Schein in die Hand drücken möchte? Das Geschenk der Gnade Gottes geht aus christlicher Sicht natürlich weit über das zu Beginn genannte Geldschein-Beispiel hinaus. Aus ihm erklärt sich allerdings, warum es zum Glauben der Christinnen und Christen gehört, dass sie im Gegenüber zu Gott „wie die Kinder" werden müssen (Mt 18,3): Denn wie reagieren Kinder, wenn man ihnen einfach 20 Euro in die Hand drückt?

Stefanie Schardien

KATHOLISCH

Ein Meilenstein!

Die „Gemeinsame Erklärung" von 1999 ist, so wenig die Diskussion über sie stillsteht, in vielfacher Hinsicht ein echter Meilenstein – so etwas hat es bis dahin tatsächlich noch nicht gegeben: einen Dialog zwischen lutherischer und katholischer Kirche auf höchster Ebene, in dem sich beide Seiten, wie es im Anhang heißt, als „gleichberechtigte Partner (par cum pari)" begegnen und ausgerechnet das Feld beackern, auf dem die unselige Geschichte der konfessionellen Verwerfungen ihren Anfang nahm. Die Vorgehensweise ist beispielhaft und wird hoffentlich auch auf den noch nicht geklärten Feldern Frucht tragen: Ohne den Ballast der Geschichte zu leugnen, versuchen beide Seiten, die jeweiligen Anliegen und Perspektiven des anderen zu verstehen. Dabei unterscheiden sie die heutigen Gesprächspartner von den damaligen Kontrahenten. Das scheint auch die einzig sinnvolle Vorgehensweise zu sein. Es wäre naiv zu sagen: Die Verwerfungen von damals waren Unsinn, wir setzen einfach noch einmal bei „Null“ an und tun so, als ob nichts gewesen wäre. Statt dessen fragt man, ob die *damaligen* Verwerfungen den *heutigen* Partner treffen. Damit schließt man eine vermutlich aussichtslose Debatte ab – nämlich die, ob die Verwerfungen des 16. Jahrhunderts gerechtfertigt waren, ob sie sich wirklich auf das bezogen, was die Gegenseite vertreten hat – und öffnet den Weg für die eigentlich konstruktive Diskussion: Wie sieht es heute aus – vertreten die lutherischen Kirchen heute das, was das Konzil von Trient damals verworfen hat (und umgekehrt)? Wenn nicht, besteht die Chance, auch positiv zu formulieren, worin beide Seiten heute – nach 400 Jahren Auseinandersetzung, kirchlicher und theologischer Entwicklung – übereinkommen. Genau das ist geschehen.

In eins damit konnte ein wichtiges ökumenisches Prinzip verwirklicht werden: Einheit – das Ziel aller ökumenischen Gespräche *(vgl. Kapitel C3)* – bedeutet nicht Uniformität, sondern Konsens auf fundamentaler Ebene. Es bestimmt also nicht der faktisch kleinste gemeinsame Nenner dieses Fundament – dann wären keine ökumenischen Gespräche nötig und alle Welt könnte sich bequem zurücklehnen. Das gemeinsame Fundament muss vielmehr all das umschließen, was für den Glauben entscheidend ist. Auf der Grundlage dieses gemeinsam errungenen Konsenses, für den sich beide Kirchen wirklich aufeinander zu bewegt haben, erscheinen die verbliebenen Differenzen in einem anderen Licht. Gerade weil ein Grundkonsens formuliert wurde, kann das jeweilige Konfessionsspezifikum des ökumenischen Partners von seiner Stärke her wahrgenommen werden: Es ist nicht mehr bloß „das Andere“, das nicht den eigenen Ansprüchen genügt, sondern es ist zu-

K

nächst eine konstruktive Anfrage an das Eigene, denn es interpretiert das – und zwar anders als man selbst –, was für beide Seiten fundamental ist.

Die katholische Kirche ist im Diskussionsprozess der GE einen großen Schritt gegangen: Bei allen verbliebenen Unterschieden in der jeweiligen Akzentsetzung und Perspektive können Katholiken heute mit den Worten Luthers den Christen als „simul iustus et peccator" verstehen (vgl. GE, Anhang, Nr. 2A und GE, Nr. 29–30) – eine Einsicht, die katholisch-theologisch noch kaum eingeholt zu sein scheint. „Typisch katholisch" ist auch weiterhin die Betonung der menschlichen Freiheit, die Notwendigkeit der personalen Zustimmung zum Heilsangebot Gottes und die Wertschätzung der guten Werke, die dem Christen seine Verantwortung für sein Handeln in Erinnerung rufen. Sie verweisen auf das Geschenk des Glaubens und der Taufe. Sie begründen ein radikal neues Verhältnis zu Gott: wahre Freiheit, die in Glaube, Hoffnung und Liebe Frucht tragen kann und soll; den Anbruch des Heils, der sich allein der Gnade Gottes verdankt.

Das „sola gratia" ist ein „unverzichtbares Kriterium" auf oberster theologischer Ebene. Es steht „in wesenhaftem Bezug zu allen Glaubenswahrheiten" (GE, Nr. 18) und markiert das Charakteristikum der biblischen Botschaft und des christlichen Glaubens: Alles ist auf Jesus Christus hin zu orientieren, denn von ihm allein ist Heil zu erwarten. Allerdings, so die Katholiken, ist es nicht das einzige Kriterium. Welche weiteren fundamentalen Kriterien zu formulieren und welche konfessionellen Differenzen zu beackern sind, wird das weitere Gespräch zeigen.

Julia Knop

G
E
K

EVANGELISCH

Reformatorische Hintergründe: Luthers Verzweiflung ...
Bevor er zum Reformator wurde, lebte Luther als papsttreuer Mönch, dessen Glaube von mittelalterlichen Überzeugungen geprägt war. In der Theologie des 15. Jahrhunderts herrschten Vorstellungen über Himmel und Hölle, Gott und Teufel; und sie waren eng verwoben mit den Vorgaben und dem Recht der römischen Kirche. Ein für die Gläubigen wichtiger Teil dieser kirchlichen Regelungen legte fest, wie mit menschlicher Sünde und Schuld umzugehen sei. Denn dass der Christ gute Werke tun und ein gottgefälliges Leben führen musste, um das ewige Leben zu erlangen, darüber war man sich einig. Gott würde seine Gnade nicht jedem zuteilwerden lassen, so fürchtete man. Vergebung der Sünden ließ sich über die Beichte erhalten, die etwa seit dem 9. Jahrhundert zur kirchlichen Institution und zu einem der sieben Sakramente geworden ist (*vgl. Kapitel B2 und E1*). Darüber hinaus konnte die Kirche auch Ablässe von sogenannten Sündenstrafen gewähren. Erlassen wurde aus römisch-katholischer Sicht damit das, was der Schuld nach zwar durch die Vergebung Gottes als getilgt gilt, aber als negative Konsequenz der Sünde noch das Beziehungsgefüge des Sünders und seiner Umwelt störte und darum geläutert werden musste. Die römische Kirche beanspruchte dabei, auf den übervollen Schatz der Sühneleistungen Christi und der Heiligen zurückzugreifen und so dem Gläubigen teils oder ganz Zeiten im Fegefeuer zu ersparen. Zwar gilt diese Regelung dem kanonischen Recht der römisch-katholischen Kirche zufolge bis heute; allerdings treibt sie damit nicht mehr, wie zu Luthers Zeiten, einen lebhaften, lukrativen Handel, der damals zur Finanzierung des Petersdoms diente. Der Verkauf der Ablässe ließ Martin Luther am

moralischen und institutionellen Zustand der römischen Kirche zweifeln. Was ihm aber darüber hinaus im Studium der Bibel, in der Beobachtung der Mitmenschen und seiner selbst immer schmerzhafter deutlicher wurde: So viel Schuld, wie Menschen sie tagtäglich durch ihre Sünden auf sich laden, könne man unmöglich jemals vor Gott begleichen – weder durch kirchliche Bußriten oder verordnete Gebete noch durch erkaufte Ablässe. Obwohl oder gerade weil er als Mönch ein besonders gottgefälliges Leben zu führen gelobt hatte, brachte ihn diese Einsicht zur Verzweiflung.

... und Entdeckung

Viele der überlieferten Varianten von Luthers dann folgender „reformatorischer Entdeckung" sind, wie die kirchengeschichtliche Forschung heute zeigt, erzählerisch pointenreich ausgebaut worden. Anstelle einer einschneidend spontanen Erleuchtung legt sich aus wissenschaftlicher Sicht eher ein langsamer Prozess aus persönlichen Erfahrungen, Studium und Auseinandersetzung mit Bibel und Kirchenvertretern zur Erklärung dieser „Wende" nahe. Im Zentrum all dessen steht aber die theologische Frage: „Wie bekomme ich einen gnädigen Gott?"

Luther selbst erklärte nachträglich sein sogenanntes „Turm-Erlebnis" im Wittenberger Kloster zu einer Erleuchtung. Dort erschloss sich ihm der Sinn des Verses Röm 1,17 und damit die Bedeutung des Evangeliums als gute Nachricht neu:

> ***Röm 1,17*** *Denn darin wird offenbart die Gerechtigkeit, die vor Gott gilt, welche aus dem Glauben kommt und zum Glauben führt; wie geschrieben steht (Hab 2,4): Der Gerechte wird aus dem Glauben leben.*

Luther begriff, dass sich die Gerechtigkeit, die in der Welt, und diejenige, die bei Gott gilt, unterscheiden. Während Menschen in der Welt aus guten Gründen ihre Schuld begleichen und für jedes Ding seinen Preis bezahlen müssen oder ihrer Leistung entsprechend entlohnt werden, lässt sich die Gerechtigkeit vor Gott nicht in dieser Weise vom Menschen selbst herstellen. Bereits die Annahme, Sünden oder Schuld ließen sich durch andere Leistungen begleichen wie eine offene Rechnung, trifft die Situation des Menschen vor Gott nicht. Gerechtigkeit vor und Heil von Gott kann nur Gott selbst wirken. Diese Erkenntnis wollte die protestantische Theologie in der Folgezeit vehement verteidigen. Sie wehrte sich gegen alle potenziellen Missverständnisse, wie die berühmten vier „solae“, die vier „allein“, dokumentieren: Das Heil erlange der Mensch 1. allein aus Gnade („sola gratia“) – also von Gott und nicht durch sich selbst, 2. allein aus Glaube („sola fide“) – d.h. durch die Gottesbeziehung und nicht durch irgendwelche Werke, 3. allein durch die Schrift („sola scriptura“) – nicht durch (interpretative) Ergänzungen wie bestimmte Traditionen oder die Institution Kirche *(vgl. Kapitel A2)*, und schließlich 4. allein (in) Christus („solus Christus“) – nicht durch z.B. Marienfrömmigkeit oder Heiligenverehrung, die als eigenständig heilsbedeutsam missverstanden werden. Falsch wäre, die vier Beschreibungen gegeneinander auszuspielen oder sie als einzelne Optionen zu verstehen. Nur gemeinsam versuchen sie alle Hintertürchen zu schließen, durch die man Heil und Gnade doch wieder ein Stück unabhängig von Gottes Vorgaben zu erreichen meinen könnte – ein Wunsch, der aus theologischer Sicht nicht nur aussichtslos ist, fehlt dem in die Sünde verstrickten Mensch dazu doch jede Fähigkeit, sondern der auch selbst schon wieder Ausdruck der Sünde ist. Die eigene Unzulänglichkeit zu erkennen und anzunehmen, dass Gott den Menschen trotzdem rechtfertigt, beschreibt das Leben des Gläubigen. „Simul iustus et peccator" – „zugleich Gerechter und Sünder": So lautet entsprechend die reformatorische Grundbestimmung des Menschen *(vgl. Kapitel E3)*. Ob es sich dabei um eine Gerecht*sprechung* handelt, vergleichbar mit einer Gerichtsverhandlung und Gott als Richter, oder um eine Gerecht*machung*, in der Gott tatsächlich das Wesen des Menschen verändert, ändert nicht viel an der daraus folgenden Erfahrung, wie sie Luther besonders eindrücklich in seiner Hauptschrift schilderte:

> *Siehe, das ist die rechte, geistliche, christliche Freiheit, die das Herz frei macht von allen Sünden, Gesetzen und Geboten, welche alle anderen Freiheiten übertrifft, wie der Himmel die Erde.*
>
> *Martin Luther,*
> VON DER FREIHEIT EINES CHRISTENMENSCHEN *(1520)*

Stefanie Schardien

GEBET UND GOTTESDIENST

B

B 1. DER GOTTESDIENST

Feste sind Unterbrechung – Inseln der Freude und Erholung mitten in einem oft bedrückenden und stressigen Alltag. Gemeinschaft soll ohne Hierarchien und Abhängigkeiten erlebbar werden. Im Idealfall kommen Menschen verschiedener Generationen, Schichten, Herkunft und Bildung zu einem Fest zusammen. Der Gottesdienst will so ein Idealfall sein. Jenseits der liturgischen Rollen- und Aufgabenverteilung steht im Gottesdienst die Gemeinschaft aller Feiernden im Vordergrund, die sich vor Gott versammeln. „Auszeit" ist er noch in einem weiteren Sinn: Wenn Christen Gottesdienst feiern, sind sie als Gemeinde Jesu Christi mit Gott, dem Vater, dem Schöpfer und Vollender der Welt, dem Herrn über Zeit und Ewigkeit, verbunden. Gottesdienst ist eine Auszeit – aber keine Flucht aus der Welt, wie sie in manchen naturreligiösen Feiern durch Trance oder Magie intendiert ist. Im Gegenteil: Im Gottesdienst nehmen die Christen *in* der Welt eine Auszeit – und bleiben dabei auf dem Boden der Tatsachen. Sie lassen sich von Gott ins Gebet nehmen und sie nehmen die Welt ins Gebet.

Erinnerung und Verheißung

Die feststehenden Gebete des christlichen Gottesdienstes haben einen typischen Aufbau. Darin spiegeln sich Grunderfahrungen des jüdischen und christlichen Glaubens. Man könnte in diesem Aufbau, der in den Tagesgebeten zum Ostersonntag sehr schön deutlich wird, eine jüdisch-christliche „Schule des Betens" sehen:

Beispiele gottesdienstlicher Tagesgebete

	Tagesgebet vom Ostersonntag	
	evangelisch (nach Evangelischem Gottesdienstbuch	römisch-katholisch (Messbuch)
Anrede	Allmächtiger, ewiger Gott,	Allmächtiger, ewiger Gott,
Dankbare Erinnerung und Vergegenwärtigung	durch deinen Sohn hast du den Tod besiegt und uns das Tor zum Himmel geöffnet:	am heutigen Tag hast du durch deinen Sohn den Tod besiegt und uns den Zugang zum ewigen Leben erschlossen. Darum begehen wir in Freude das Fest seiner Auferstehung.
Bitte	Halte uns fest auf dem Weg zu dir und lenke unsere Schritte, damit wir zu vollkommener Freiheit gelangen und zum ewigen Leben.	Schaffe uns neu durch deinen Geist, damit auch wir auferstehen und im Licht des Lebens wandeln.
Lobpreis/trinitarische Schlussformel	Durch Jesus Christus, unsern Herrn, der mit dir und dem Heiligen Geit lebt und Leben schafft in Ewigkeit.	Darum bitten wir durch Jesus Christus, unseren Herrn.
Amen	Amen.	Amen.

Am Anfang steht die *Anrede* Gottes: „Allmächtiger Gott" oder „Herr, unser Gott" oder „Vater" – denn Gott hat sich ansprechbar gemacht, er hat seinen Namen kundgetan. Was folgt, ist typisch für das Beten der Juden und Christen. Man fällt nicht gleich mit der Tür – d.h. seinem eigenen Anliegen – ins Haus. Sondern zuerst vergewissern sich die Beter ihres Gottes: Es ist

derjenige, der Großes getan hat (vgl. Lk 1,49). Diesen Abschnitt nennt man „Anamnese“: Gedächtnis. Denn Gott ist im jüdischen und christlichen Kontext kein abstrakter Gott, keine unpersönliche „göttliche Macht“, die mit unserer Welt nichts zu tun hat. Er wird vielmehr geglaubt *als der*, der in der Geschichte handelt, dessen Heil ganz konkret widerfährt, der sich den Menschen zuwendet, der jeden einzelnen kennt, höchstpersönlich erwählt und aussendet, der prüft und der befreit – auch heute, jetzt und hier! Gott ist ein Gott des Lebens, ein Gott der Freiheit, ein Gott der Geschichte: Er kommt den Menschen nahe, er begleitet und trägt ihren Lebensweg. Geschichte, in der Gott erfahren wird, ist Heilsgeschichte. Wenn Juden und Christen beten, vergewissern sie sich dankbar genau dieser Heilsgeschichte. Vergangenheit wird vergegenwärtigt, das „Damals“ dringt ins „Heute“ vor.

Das dankende Vergegenwärtigen des Früheren ist die Basis, in der die Bitte der heute feiernden Gemeinde wurzelt. So, wie Gott einst heilschaffend gewirkt hat, so möge er auch jetzt den heutigen Beterinnen und Betern seine Zuwendung schenken. Dazu erbitten sie den Heiligen Geist: die Kraft und Zuwendung Gottes. Diesen Bitt-Teil nennt man „Epiklese“, Herabrufung (des Geistes Gottes). Abgeschlossen werden diese feststehenden Gebete mit dem Lobpreis Gottes („Doxologie“), den die Gemeinde dem Vater durch Jesus Christus im Heiligen Geist darbringt. Das „Amen“ der Beter bestätigt: Ja, so soll es sein, ja, das bitten, das glauben wir.

So sollt ihr beten: Vater unser!

Das Problem, beten zu wollen, aber nicht recht zu wissen, wie, treibt manche modernen Menschen um. Nach dem, was der Evangelist Lukas berichtet, fragten aber auch schon die Jünger Jesu ihren Lehrer und Herrn, wie sie in rechter Weise beten sollten. Jesus legt ihnen eine Haltung und Worte ans Herz, die bis heute die Spiritualität der Christen prägen.

> ***Lk 11,1** Jesus betete einmal an einem Ort; und als er das Gebet beendet hatte, sagte einer seiner Jünger zu ihm: Herr, lehre uns beten, wie schon Johannes seine Jünger beten gelehrt hat.* ***2** Da*
> *sagte er zu ihnen: Wenn ihr betet, so sprecht: Vater, dein Name werde geheiligt. Dein Reich komme.* ***3** Gib uns täglich das Brot,*
> *das wir brauchen.* ***4** Und erlass uns unsere Sünden; denn auch wir erlassen jedem, was er uns schuldig ist. Und führe uns nicht in Versuchung.*

Das „Gebet des Herrn“, das Vaterunser, ist das Gebet der Christen aller Konfessionen. Sie dürfen Gott „Vater“ nennen und ihm ihr ganzes Leben, ihr Handeln, Empfinden und Denken anvertrauen. In allem möge Gottes Name geheiligt werden; sein Wille möge die Geschichte, das eigene Tun und Lassen prägen; nicht menschliche Leistung und Vorsorge, sondern das Kommen seines Reiches möge ihre Hoffnung prägen. Die tägliche Sorge um die eigene Existenz, aber auch die Erfahrung von Schuld und Versuchung und das Bewusstsein, allein des Bösen nicht mächtig zu sein – all dies kommt in den Worten des Vaterunser zum Ausdruck.

Bibel und Gottesdienst

Nicht nur Lukas, auch Matthäus überliefert in seinem Evangelium, wie Jesus seinen Jüngern das Vaterunser anvertraut (Mt 6,7–13). Viele andere Gebete und Wendungen, die uns aus den Gottesdiensten bekannt sind, finden sich im Alten und Neuen Testament. Paulus zum Beispiel beginnt viele seiner Briefe mit einer Formel, an die sich die Eröffnungsformel vieler heutiger Gottesdienste anlehnt:

2 Thess 1,2 Gnade sei mit euch und Friede von Gott, dem Vater, und dem Herrn Jesus Christus.

Passagen der Berichte vom letzten Abendmahl Jesu (Mk 14,22–25, Mt 26,26–29, Lk 22,14–23, 1 Kor 11,23–26) kennen wir aus der Abendmahls- bzw. Eucharistiefeier, und die Formel, mit der Christen getauft werden, findet sich in Mt 28,19 *(vgl. Kapitel B2)*. Viele weitere Beispiele ließen sich anführen.

Bibel und Gottesdienst sind im Christentum von Anfang an aufeinander bezogen: Im Gottesdienst wird das Wort Gottes verkündigt, es bekommt eine sinnenfällige Gestalt. Aus der Perspektive der Gläubigen spricht Christus selbst zu den Gläubigen. Zugleich hat der Gottesdienst die Bibel als geordnete Sammlung von vielen Schriften geprägt: Welche Schriften in die Sammlung des Neuen Testaments aufgenommen wurden, bestimmte unter anderem die liturgische Praxis der frühen Christen *(vgl. Kapitel A2)*. Auch heute gilt: Die Bibel wird zwar nicht ausschließlich im Gottesdienst gelesen, verkündigt und interpretiert. Dort geschieht dies aber doch in besonderer Weise. Auswahl und Reihenfolge der im Gottesdienst gelesenen biblischen Abschnitte prägen unseren eigenen Zugang zur Heiligen Schrift.

Gottesdienstliche Vielfalt

Es gibt ganz unterschiedliche Formen, Gottesdienst zu feiern. Der Sache nach stehen zwar immer Lob, Dank und Bitte, manchmal auch die Klage und immer die Verkündigung von Gottes Wort sowie die Versammlung der christlichen Gemeinde im Mittelpunkt. Wie dies aber geschieht, kann ganz unterschiedlich sein.

Im *Stundengebet*, das den Tag in seinem ganzen Ablauf „ins Gebet nimmt" und in der Alten Kirche teilweise von der ganzen Gemeinde, später v.a. von Priestern und Ordensleuten verrichtet wurde und heute an vielen Orten wieder neu – und ökumenisch! – erschlossen wird, steht das Singen bzw. Beten der Psalmen im Vordergrund.

DAS STUNDENGEBET oder die Tagzeitenliturgie ordnet den Tagesablauf und mit ihm das alltägliche Leben der Christen durch Gebetszeiten („Horen").
Laudes – Morgenlob
Vesper – Abendlob
Komplet – Tagesabschluss
Zu diesen Haupt-Zeiten kommen die so genannten „kleinen" Horen: die Terz, die Sext und die Non sowie die Lesehore. Die Bezeichnung dieser Zwischen-Horen folgt der antiken Tageseinteilung.

Im *Hauptgottesdienst am Sonntag* versammelt sich die Gemeinde um den „Tisch des Wortes", d.h. zur Verkündigung des Wortes Gottes, und um den „Tisch des Mahles", d.h. um den Altar zur Feier der Eucharistie/des Abendmahls. In der katholischen Kirche wird der Gottesdienst, sofern ein Priester vor Ort ist, als Eucharistiefeier begangen; in den evangelischen Gemeinden wechseln Wort- bzw. Predigt- und Abendmahlfeiern in unterschiedlicher Regelmäßigkeit einander ab.

Die *Feiern der Sakramente (vgl. Kapitel B2)* stellen eine bestimmte Zeichenhandlung in den Mittelpunkt des Gottesdienstes.

Andachten und in der katholischen Tradition auch *Prozessionen* nehmen häufig ein Ereignis in den Blick, das vom Kirchenjahr oder der Stadtgeschichte vorgegeben ist. Andere Andachten finden an bestimmten Orten oder zu besonderen Zeiten statt, wie z.B. im Krankenhaus oder bei einer Ferienfreizeit. Einigen dieser Feiern steht ein kirchlicher Amtsträger vor, der

einerseits der Gemeinde gegenübertritt, andererseits in ihrem Namen handelt. Evangelische Andachten werden nicht selten von Gemeindegliedern geleitet.

Um welche Gottesdienstform es sich auch handelt – sie alle haben eine Geschichte. Aufbau und Sprache der einzelnen Elemente des Gottesdienstes nehmen genauso eine Entwicklung wie die Gemeinden, die die Liturgie feiern, das Wort Gottes verkünden und darüber nachdenken. Im Gottesdienst wird der Glaube der Christen konkret – an ihm kann man ablesen, was und wie sie glauben. Bei aller geschichtlichen Entwicklung und Variation bildet sich im Christentum jedoch schon sehr früh eine Grundstruktur der Eucharistie-/Abendmahlsfeier heraus, die sich bis heute durchgehalten hat.

Evangelischer Predigtgottesdienst (mit Abendmahl) nach dem Evangelischen Gottesdienstbuch	**Eucharistiefeier am Sonntag,** römisch-katholisch, nach dem Messbuch (Beispiel: II. Hochgebet)
Eröffnung und Anrufung	Eröffnungsteil
Glockengeläut	Glockengeläut
Musik zum Eingang	Einzug, Eingangslied
Votum	Kreuzzeichen
Gruß	Liturgischer Gruß, Einführung
Eingangslied	
Psalm	Bußakt: Schuldbekenntnis, Vergebungsbitte
Bittruf und Lobpreis:	
Kyrie	Kyrie
Gloria	Gloria
Tagesgebet (Kollektengebet)	Tagesgebet

Verkündigung und Bekenntnis	Wortgottesdienst
Lesung aus dem Evangelium (mindestens eine, zusätzlich möglich: Lesungen aus dem Alten Testament und Episteln [Briefen] des Neuen Testaments) Glaubensbekenntnis Lied vor der Predigt Predigt Stille (oder erst hier Glaubensbekenntnis) Lied nach der Predigt	Erste Lesung Antwortpsalm Zweite Lesung Halleluja Evangelium Predigt Credo Fürbitten
(Abendmahl)	**Eucharistiefeier**
     Präfation (Danksagung): Vorbereitung Lobgebet Dreimalheilig (Sanctus) Einsetzungsworte (Eucharistiegebet) Vaterunser (Friedensgruß) Agnus Dei Austeilung (Kommunion) Friedenswunsch/Sendungswort	Gabenbereitung Gabengebet *Hochgebet:* Eröffnung Präfation Sanctus Bitte um Heiligung der Gaben Wandlung Geheimnis des Glaubens Gedächtnis – Darbringung – Bitte Doxologie *Kommunion:* Vaterunser Friedensgebet und Friedensgruß Brotbrechung und Agnus Dei Einladung zur Kommunion Kommunion Schlussgebet
Sendung und Segen	**Entlassung**
Abkündigungen (in manchen Gemeinden z. T. auch nach der Begrüßung) Fürbittengebet Vaterunser (in Gottesdiensten ohne Abendmahl) Schlusslied (Sendungswort) Segen Nachspiel	Verlautbarungen, Ankündigungen Segen Entlassung Schlusslied (oder nach dem Schlussgebet)

Psalmen, Hymnen und viele ö-Lieder

Christlicher Gottesdienst ist ziemlich wortlastig – das aber aus gutem Grund. Denn es geht um das Wort Gottes. Gemeint ist nicht einfach eine Folge von Buchstaben, sondern sein Anruf, seine Verheißung: Jesus Christus selbst. „Im Anfang war das Wort – und das Wort ist Fleisch geworden und hat unter uns gewohnt" (Joh 1,1.14). An ihm – *dem* Wort Gottes – soll natürlich auch die Feier des Glaubens Maß nehmen. Der Gottesdienst soll logoshaltig, d.h.: „christusförmig" und vernünftig sein, sagt schon Paulus (Röm 12,1). Vernünftig wiederum kann das Wort auf vielerlei Weise sein: als Verkündigung und Predigt, als Bitte und Klage, als Lob und Dank. Vernünftige Worte können gesprochen und geschrieben werden – oder eben gesungen.

> ***Kol 3,16** Das Wort Christi wohne mit seinem ganzen Reichtum bei euch. Belehrt und ermahnt einander in aller Weisheit! Singt Gott in eurem Herzen Psalmen, Hymnen und Lieder, wie sie der Geist eingibt, denn ihr seid in Gottes Gnade.*

Das gesprochene Wort braucht in der Regel ein Gegenüber: Einer spricht, der andere hört, und dann wechseln die Sprecher einander ab. Beim gesungenen Wort können viele einstimmen und hören zugleich. Sie ent-äußern sich und finden sich in einer großen Gemeinschaft wieder. „Psalmen, Hymnen und Lieder, wie der Geist sie eingibt" (Kol 3,16b), sind gesungene Gebete. „Wer singt, betet doppelt", hat Augustinus einmal gesagt. Gerade im deutschsprachigen Raum ist kaum ein Gottesdienst vorstellbar, in dem nicht gesungen wird und in dem keine (Orgel-) Musik erklingt.

DAS KIRCHENLIED, verstanden als liturgische Äußerung der Gemeinde, entwickelte sich stark aus reformatorischem Impuls.

Wenige Menschen konnten lesen, doch Kirchenlieder vermittelten für jeden verständlich und auf wunderbare Weise leicht zugänglich zentrale Glaubensinhalte. Im katholischen Raum reagierte man darauf: Entweder man zog bewusst nach oder man blendete den Gemeindegesang bewusst aus – letzteres geschah v.a. in Barock und Aufklärung. In katholischen Ländern ohne große konfessionelle Auseinandersetzung und Erfahrung hat sich darum kaum eine Tradition des Gemeindegesangs ausgebildet.

Singen macht Gemeinschaft hörbar – auch die Gemeinschaft der christlichen Konfessionen. Die „ö-Lieder" – die ökumenischen, gemeinsamen Lieder – machen mittlerweile einen erheblichen Anteil unserer Gesangbücher und mit ihnen unserer Gottesdienste und nicht zuletzt unseres kulturellen Gedächtnisses aus. Erkennbar sind sie anhand eines kleinen „ö" an der Liednummer im Gesangbuch bzw. Gotteslob.

Es segne euch Gott!

Jeder Gottesdienst wird im Namen des dreieinen Gottes gefeiert: im Namen des Vaters, des Sohnes und des Heiligen Geistes. Und jeder Gottesdienst endet mit dem Segen. Die Gemeinde erfährt Gottes Zuspruch und kann mit dieser Stärkung hineingehen in den Alltag. Gottesdienst ist Auszeit vom Alltag – doch Auszeit, die diesen Alltag – den Ernstfall des Gottesdienstes! – mit all seinen Sorgen und Nöten ins Gebet nimmt.

Die Abschluss-Formeln des Gottesdienstes bringen zwei Aspekte zur Geltung: den *Segen*, in dem die Gläubigen sich Gott anvertraut erfahren, in dem ihnen seine Nähe zugesagt wird, auf der einen Seite, und den *Auftrag/die Sendung*, diesen Segen in die Welt zu tragen, als Zeugen und Boten Jesu Christi seine frohe Botschaft in die Welt zu tragen. Von dieser Sendung

(„Mission") leitet sich das Wort „Messe" als Bezeichnung der katholischen Eucharistiefeier ab („Ite, *missa* est").

Gehet hin in Frieden!
Geht, ihr seid gesendet!
Gehet hinaus, das Evangelium des Herrn zu verkünden!
Gehet hin in Frieden, und verherrlicht den Herrn mit eurem Leben!

Dieser Entlassung geht im katholischen Gottesdienst der Segen des dreifaltigen Gottes voraus:

Es segne euch der allmächtige Gott: Der Vater, der Sohn und der Heilige Geist.

Im evangelischen Gottesdienst steht am Ende des Gottesdienstes meistens der „Aaronitische Segen:

Num 6,24-26 *Der HERR segne dich und behüte dich;* ***25*** *der HERR lasse sein Angesicht leuchten über dir und sei dir gnädig;* ***26*** *der HERR hebe sein Angesicht über dich und gebe dir Frieden.*

Ihm geht oft ein biblisches Sendungswort, wie z.B. der Wochenspruch, voraus, das die Gemeinde in den Alltag begleitet. In neueren Gestaltungen können Sendungswort und Segen verbunden werden:

Geht hin im Namen des lebendigen, fürsorgenden Gottes, der uns seinen Geist schenkt.
Geht hin, um euch allem entgegenzustellen, was das Leben von Kinder, Frauen und Männern versklavt.

Geht hin, um euch daran zu freuen, dass wir einander haben,
geht hin, um das neue Leben aus Gottes Geist zu feiern.
Gott segne euch!

Julia Knop

EVANGELISCH

Geteilte Verantwortung

Was im evangelischen Gottesdienst geschehen solle, hat Luther bei der Einweihung der Torgauer Schlosskirche am 5. Oktober 1544 definiert. In der mittlerweile so genannten „Torgauer Formel" fordert er, das neue Haus und sein Gottesdienst sollen dahin ausgerichtet werden,

> *„dass nichts anderes darin geschehe, als dass unser lieber Herr selbst mit uns rede durch sein heiliges Wort und wir wiederum mit ihm reden durch Gebet und Lobgesang."*

Weniger als um ein Reden über Gott soll es um ein Gespräch mit Gott gehen, das die Gemeinde als ganze führt. Dass es auch in der Geschichte des Protestantismus immer wieder Gottesdienste gab, die mehr einem Zwiegespräch zwischen Pfarrer und Gott glichen, macht die grundsätzliche Überzeugung der evangelischen Kirche nur noch wichtiger: Der Gottesdienst wird unter der Beteiligung, vor allem aber auch unter der Verantwortung der ganzen Gemeinde gefeiert. Dies bedeutet nicht, dass es nicht bestimmte Aufgaben und Ämter im Gottesdienst gibt: Vor dem Hintergrund ihres Verständnisses vom Priestertum aller Glaubenden (1 Petr 2,9f; Offb 1,6) ist es für die evangelischen Kirche aber wichtig zu betonen, dass diese Rollenverteilung sich nur aus der Notwendigkeit der guten Ordnung, nicht aber aus bestimmten geistlichen Eigenschaften der Amtsträger herleitet: So sollen z.B. ordinierte, beauftragte Pfarrerinnen und Pfarrer den Gottesdienst leiten, weil so gewährleistet ist, dass er kompetent und „ordentlich" stattfindet *(vgl. Kapitel C2).*

Stabile Struktur und Gestaltungsmöglichkeit

Für gelegentliche Besucher können evangelische Gottesdienste ziemlich verwirrend sein. Ihre Gestalt kann sich von Landeskirche zu Landeskirche, zum Teil auch schon von Gemeinde zu Gemeinde unterscheiden. Zum einen liegt dies daran, dass sich das *Proprium* des Gottesdienstes ändert: Das sind die Stücke im Gottesdienst, die sich mit den Zeiten und Festen des Kirchenjahrs wandeln. Zum anderen gehört es zum evangelischen Gottesdienst, dass er trotz gleich bleibender Strukturen (Ordinarium) auch Freiräume zur Gestaltung je nach Bedürfnissen und Schwerpunkten der Gemeinden offen hält. Die evangelischen Gottesdienste können nach zwei schon seit der Reformation weitergeführten Grundformen gefeiert werden: Die eine orientiert sich eher an der altkirchlichen Messfeier mit Abendmahl, die andere stellt einen Predigtgottesdienst dar. Welche Elemente darin gleich bleiben sollen und welche veränderbar sind, darüber geben die *Agenden*, die Gottesdienstbücher, Auskunft.

Herzstücke: Predigt und Kirchenmusik

Der Verkündigung des Wortes Gottes kommt im evangelischen Gottesdienst die zentrale Rolle zu. Auch wenn Luther den früheren sakramentalen Charakter des Gottesdienstes nicht einfach verdrängt wissen wollte und der Mahlfeier bleibende Bedeutung zuerkannte, rückte das Wort ins Zentrum. Ein wichtiges Anliegen der Reformation war, dass die Gottesdienste

allen Menschen verständlich sein sollten. Dies bedeutete nicht nur, dass sie in der Sprache der Menschen, also in unserem Fall auf Deutsch gehalten werden, sondern auch, dass sie den Menschen das Evangelium existentiell nahebringen sollten. Heilige Schrift, die Predigenden und die Hörenden stehen in einem Dreiecksverhältnis zueinander, über das die Homiletik (die Lehre von der Predigt) viele Theorien mit je unterschiedlichen Schwerpunktsetzungen in diesem Dreieck entwickelt hat.

Nachdem die Kirchenlieder als „gesungene Theologie" ein wichtiger Motor für die Verbreitung der reformatorischen Botschaft waren, hat die Kirchenmusik in der evangelischen Kirche ein bleibend hohes Ansehen behalten. Schon Martin Luther wirkte als Lieddichter und hat nicht nur das reformatorische Kampflied „Eine feste Burg ist unser Gott", sondern auch das wunderbare Weihnachtslied „Vom Himmel hoch" gedichtet. Evangelische Liedfrömmigkeit ist aber vor allem ohne Paul Gerhardt nicht vorstellbar. Vor dem Hintergrund der nahezu apokalyptischen Zeitumstände des Dreißigjährigen Krieges und eigenen Schicksalsschlägen hat er ein gewaltiges Werk geschaffen, das bis heute vielen Menschen Sprache in allen Lebens- und Glaubenssituationen schenkt: vom existentiell, tief bewegenden: „Oh Haupt voll Blut und Wunden", zum anmutigen „Ich steh an Deiner Krippe hier" zum jubilierenden Frühlingsevergreen „Geh aus mein Herz" – oft kongenial vertont von Johann Sebastian Bach (1685 bis 1750). Dessen umfangreiches Werk hat den wohl größten Beitrag zum evangelischen Chorwesen beigetragen. Seine zahlreichen Kantaten, Gesangsstücke, denen meist ein Bibeltext zugrunde liegt, und viele anderen Werke wie die „h-moll-Messe" oder das „Magnificat", kommen immer wieder in und außerhalb von Gottesdiensten zur Aufführung. Daneben gehören besonders sein Weihnachtsoratorium und die Vertonungen der „Passion" zum festen Bestandteil vieler Gemeinden in ihrem Kirchenjahr. Unverkennbar evangelisch wird es auch, wenn man die Posaunen hört: Die Posaunenchöre in heutiger Form haben ihren Ursprung in der Erweckungsbewegung des 19. Jahrhunderts, die den Menschen außerhalb der Kirche bzw. in besonderer Form für die christliche Botschaft gewinnen wollten. Dem Evangelischen Posaunendienst nach gibt es in Deutschland gegenwärtig etwa 7.000 Posaunenchöre mit rund 120.000 Bläserinnen und Bläsern.

Liturgisches Nachsitzen: Unser Fest soll schöner werden

Die reformatorische Betonung des Wortes in all seiner Schlichtheit und Geradlinigkeit wollte verdeutlichen, dass es in der Feier des Gottesdienstes nicht auf bestimmte Formen des Zelebrierens oder auf Gewänder ankomme. Allerdings schüttete diese Abgrenzungsbewegung von dem, was man am „alten Glauben" kritisierte, bildlich gesprochen das liturgische Kind mit dem Bade aus. Der evangelische Gottesdienst wurde, gerade in der reformierten Tradition, immer schlichter. Für den Kopf wurde viel, für Sinne, Herz und Bauch wenig geboten. In den 1970er und 1980er Jahren, in denen viele evangelische Gemeinden ihr Engagement – auch aus guten Gründen – auf soziale Fragen konzentrierten, schien die Erinnerung an gottesdienstliche Formen und die Bedeutung von Liturgie noch weiter zurückgedrängt worden zu sein. Ungefähr seit Ende der 1990er Jahre entdeckt die evangelische Kirche ihren Gottesdienst aber in dieser Hinsicht neu: Christinnen und Christen erleben, dass auch alte Gebete sehr aktuelle Worte gefunden haben. Pfarrerinnen und Pfarrer lernen in Schulungen zu ihrer gottesdienstlichen „Präsenz", dass z.B. die Art, *wie* sie etwas sagen, auch mit dem übereinstimmen sollte, *was* sie sagen. Zeiten von Stille oder liturgische Gesänge wie aus der Gemeinschaft von Taizé begeistern durch ihre „Nicht-Alltäglichkeit". Die evangelische Kirche ist sich ihrer gottesdienstlichen

Schwachstellen also mittlerweile sehr bewusst. Ihr Ziel muss es nun sein, über die Tradition der Kirchenmusik hinaus eine Balance zu finden zwischen Kopf und Herz so, dass gute Gestaltung und Liturgie eines Gottesdienstes ernster genommen werden, aber die zentrale Bedeutung der Botschaft nicht verdrängt wird.

Stefanie Schardien

KATHOLISCH

Vielfältig und farbenfroh

Katholische Liturgie ist vielfältig, farbenfroh und „ganzheitlich". Kirchen sind häufig mit zahlreichen Bildern und Skulpturen ausgestattet, die den Gläubigen das Leben Jesu, den Weg des Glaubens, aber auch geschichtliche Stationen der Kirche in Erinnerung rufen. Beim Betreten einer Kirche bekreuzigen sich Katholiken mit Weihwasser – eine schlichte Form des Taufgedächtnisses. Zum Zeichen der Verehrung und Anbetung machen sie eine Kniebeuge vor dem Tabernakel. Sie stehen, sitzen oder knien während des Gottesdienstes. Sie bekreuzigen sich zu Beginn der Liturgie und zum Segen. Weihrauch, Kerzen und Glocken unterstützen auf sinnliche Weise das Gebet. Liturgische Farben symbolisieren den Charakter der Feier und ihren Ort im Kirchenjahr. Christsein wird „auf den Leib geschrieben".

Im Gottesdienst übernehmen im Idealfall viele verschiedene Personen die liturgischen Dienste: Kinder und Jugendliche ministrieren, Männer und Frauen übernehmen die Dienste des Lektors, des Kommunionhelfers, des Kantors, des Organisten. Mancherorts steht ein Diakon zur Verfügung, der dem Zelebranten assistiert. In all diesen Diensten bildet sich ab, was Kirche ist – ein vielfältiges, geordnetes Ganzes, das aus der Verkündigung des Wortes und der Feier der Sakramente erwächst.

Rosenkranz & Co

Im Zentrum der katholischen Liturgie steht die Feier der Eucharistie, die Sonntag für Sonntag, häufig auch Tag um Tag begangen wird. Um dieses Zentrum herum hat sich im Laufe der Kirchengeschichte eine Fülle anderer Gottesdienstformen entwickelt: *Wortgottesdienste* mit und ohne Kommunionfeier, in klassischen oder neuen Formen, die Feiern der *Sakramente* und *Sakramentalien*, das *Stundengebet* in klassischer Form und Gebetszeiten, die sich am Stundengebet orientieren, aber freiere Formen aufweisen (Morgenlob, Abendlob), das ökumenische *Taizé-Gebet*, *Anbetungszeiten* („Ewiges Gebet") vor dem Allerheiligsten (dem eucharistischen Sakrament), ggf. in besonderem Anliegen (z.B. um geistliche Berufungen), *Andachten* mit unterschiedlichen thematischen Schwerpunkten (z.B. Kreuzwegandacht, Herz Jesu-Andacht, Rosenkranz, Mai-Andacht, besondere Bitt- oder Dank-Andachten, ...), die Fronleichnamsprozession und örtliche *(Bitt-)Prozessionen*, deren Anlass oft ein einschneidendes Ereignis der Stadtgeschichte ist (z.B. eine Brandprozession im Gedenken an einen verheerenden Stadt-Brand), *Segnungen* (z.B. die Sternsingeraktion, die den Weihnachtssegen in die Häuser bringt, aber auch die „Einsegnung" eines Gebäudes) und noch manch anderes.

„Typisch katholisch" mag dabei ein gewisser Freimut sein, alles, was „das Herz bewegt", auch ins Gebet zu nehmen. Hagelprozessionen und Autosegnungen sind nur zwei Beispiele, bei denen dem „protestantischen Gemüt" sicher nicht ganz wohl ist. Die Grenze des Christlichen liegt ganz klar dort, wo das Gebet nicht mehr der Freimut des Gottvertrauens ist, der alle Sorgen und Nöte des Alltags Gott anheimzustellen weiß, sondern wo es theoretisch oder praktisch mit Magie verwechselt wird.

„Bitte für uns!“

Dass Maria „Gottesmutter“ genannt werden darf und die Gemeinschaft der Heiligen bekannt wird, gehört zum christlichen Credo und ist keine konfessionelle Besonderheit. „Typisch katholisch“ ist gleichwohl die starke Präsenz der *Heiligen* im Frömmigkeitsleben, wenngleich sich diesbezüglich die Generationen heute deutlich voneinander unterscheiden. Das „Angelus“-Gebet (Engel des Herrn) strukturiert den Tagesablauf und ersetzte zu früheren Zeiten die Armbanduhr. Es handelt sich um das Gedenken der Menschwerdung Christi, das in ein „Ave Maria“ mündet. Katholische *Marienfrömmigkeit (vgl. Kapitel B3)* äußert sich z.B. im Rosenkranzgebet. Dankbare Verehrung der Gottesmutter wird verbunden mit dem Versuch, durch ihre „Brille“ ihrem Sohn nahe zu kommen, mit der Mutter die Mysterien von Leben, Tod und Auferstehung Jesu Christi zu bedenken und zu feiern. Wird Maria, werden die Heiligen um Fürbitte gebeten, so geschieht dies in dem Bewusstsein, dass sich die Kirche nicht nur auf die hier und jetzt Lebenden erstreckt, sondern alle Heiligen umfasst. Denn Christus hat den Tod überwunden. Die „Communio Sanctorum“, die Gemeinschaft der Heiligen, umfasst alle, die in Christus leben. Wie man den Nachbarn, den Freund, die Schwester um ihr Gebet bitten kann, so auch diejenigen, von denen die Kirche glaubt, dass sie bei Gott leben. Das Sanctus in der Eucharistiefeier, in dem die Kirche „zusammen mit allen Engeln und Heiligen“ das Dreimal-Heilig anstimmt, ist ein Lobpreis, der aus dieser Grundüberzeugung erwächst.

Julia Knop

B
2. DIE SAKRAMENTE

Mt 28,19 Geht zu allen Völkern und macht alle Menschen zu meinen Jüngern; tauft sie auf den Namen des Vaters und des Sohnes und des Heiligen Geistes!

Diesen Auftrag gibt – so überliefert es zumindest das Matthäus-Evangelium – der auferstandene Christus den Aposteln. Die Bibelwissenschaftler sind heute davon überzeugt, dass dieser sogenannte „Taufbefehl" die Taufpraxis und Tauffformel der jungen christlichen Gemeinden in den Text des Evangeliums zurückspiegelt. Denn die Verkündigung und das Glaubensleben des Urchristentums finden in den biblischen Schriften, die zum großen Teil erst in der zweiten Hälfte des 1. Jahrhunderts entstanden bzw. zusammengestellt worden sind, ihren Niederschlag. Ganz offensichtlich sahen sich die frühen Christen also von Jesus selbst aufgefordert, sein Evangelium allen Menschen zu verkünden und alle, die an ihn und seine Botschaft vom Reich Gottes glauben, in seine Nachfolgegemeinschaft aufzunehmen. Dies geschah – und dies geschieht bis heute in allen christlichen Konfessionen! – durch die Taufe mit Wasser und Heiligem Geist auf den Namen des dreieinen Gottes: des Vaters, des Sohnes und des Heiligen Geistes.

G
E
K

Getauft auf Christus Jesus

Was es bedeutet, getauft zu sein, zeigt der Apostel Paulus mit starken Bildern:

> **Röm 6,3** *Wisst ihr denn nicht, dass wir alle, die wir auf Chris-*
> *tus Jesus getauft wurden, auf seinen Tod getauft worden sind?*
> *4 Wir wurden mit ihm begraben durch die Taufe auf den Tod;*
> *und wie Christus durch die Herrlichkeit des Vaters von den Toten auferweckt wurde, so sollen auch wir als neue Menschen leben.*

Mit Christus begraben, mit Christus auferstehen zum neuen Leben – die Taufe ist ein radikaler Neubeginn. Sie entlässt einen neuen Menschen, der berufen, befähigt und gesandt ist, dieser radikalen Verwandlung seiner selbst tatkräftig zu entsprechen: für Gott zu leben in Jesus Christus. Denn in ihm ist Heil und Leben, in ihm ist die Herrschaft Gottes angebrochen. In ihm, dem Auferstandenen, ist die Macht des Bösen – der Tod – ein für allemal überwunden. Daran erhält der Getaufte im Glauben Anteil. Er darf als „neuer Mensch" darauf vertrauen, dass Angst und Verzweiflung, Misstrauen und Aggression, Leid und Tod im Letzten keine Macht mehr haben. Die Sakramente der Christen sind, um einen alten Begriff zu gebrauchen, „Angeld" der Erlösung: Verheißung und Zusage des Heiles – schon jetzt, in unserer Welt und Geschichte. Diesen Glauben sollen und können die Christen verkörpern und sichtbar machen – sie dürfen leben in Christus Jesus. Sie dürfen Hoffnung haben.

Leben in Christus Jesus – das ist mehr als eine Metapher. Auch die Taufe ist mehr als der Beitritt zu einem Verein. Paulus bezeichnet das, was in der Taufe geschehen ist, sehr plastisch als „Anziehen Christi" (Gal 3,27) und „Einverleibung" in Christus:

K

1 Kor 12,13 Durch den einen Geist wurden wir in der Taufe alle in einen einzigen Leib aufgenommen, Juden und Griechen, Sklaven und Freie; und alle wurden wir mit dem einen Geist getränkt. … 27 Ihr seid der Leib Christi und jeder Einzelne ist ein Glied an ihm.

Bedeutsame Zeichen

Unsere Welt wimmelt nur so von Zeichen. Vom Buchstaben über die Geste und das Vertragswerk bis zum Verkehrsschild – wir greifen eigentlich in allen Bereichen auf Zeichen und Symbole zurück, die eine Bedeutung, einen Hinweis, eine Aufforderung transportieren. Ein Stoppschild gibt zunächst eine Information: „Es ist vorgeschrieben, an dieser Kreuzung anzuhalten!" Es vermittelt dem, der mit den Sanktionen der Straßenverkehrsordnung vertraut ist, darüber hinaus eine Aufforderung: „Das gilt auch für dich! Halt an!" Ob der Wagen allerdings tatsächlich anhält, steht nicht mehr in der Macht des Schildes.

Auch die christlichen Sakramente sind Zeichen: Bedeutungsträger. Etwas Sichtbares, ein „Stück Welt", verbunden mit einer Handlung und mit Worten, vermittelt eine Bedeutung – und zwar nicht irgendeine, sondern eine, die zu unserem Besten, nämlich zu unserem Heil ist. Gott greift auf unsere Welt zurück und schenkt uns im Symbol sein Heil. Die Bedeutung des Sakraments ergibt sich aus dem Sichtbaren (also z.B. dem Wasser bei der Taufe, auf das der Geist Gottes herabgerufen wird), aus der Handlung (das Wasser wird dem Täufling über den Kopf gegossen) und aus den Worten, die diese Symbolhandlung begleiten und deuten („Ich taufe dich auf den Namen des Vaters, des Sohnes und des Heiligen Geistes"). Der Täufling erlebt auf diese Weise symbolisch den Durchgang durch den Tod zum neuen Leben, und er (bzw. bei der Taufe eines Säuglings: seine

Eltern und Paten) weiß dies als Eintritt in die Lebenswirklichkeit Christi zu deuten.

AUGUSTINUS (354–430), der einen wichtigen Beitrag zur Theologie der Sakramente geleistet hat, drückt das so aus: „Accedit verbum ad elementum, et fit sacramentum“: Zum Element tritt das Wort hinzu und es vollzieht sich das Sakrament. Das Wort Gottes ist es, das das Zeichen wirksam werden lässt. Darum hat er ein Sakrament auch als „sichtbares Wort“ („verbum visibile“) bezeichnet.

Anders als das Stoppschild ist ein Sakrament ein Zeichen, in dem tatsächlich etwas geschieht, und zwar kraft des Zeichens selbst, das dem gläubigen Empfänger geschenkt wird. In einer alten Definition heißt es: „Ein Sakrament ist ein Zeichen, das bewirkt, was es bezeichnet, und das bezeichnet, was es bewirkt.“ Heutzutage drückt man dies auch mit dem Begriff „Realsymbol“ aus: Sakramente sind Symbolhandlungen, in denen Gott selbst „Fakten schafft“, zumindest sofern ihr Empfänger dem keinen Widerstand entgegen bringt, sondern sie im Glauben annimmt. Ein Sakrament ist also keine Zauberei oder Magie, auch kein mentales Coaching, das nur in der Psyche der Menschen stattfindet. Ein Sakrament ist Begegnung: Das Geschenk der göttlichen Gnade eröffnet und trägt die Freiheit des Menschen. Sie enthalten *und* realisieren, was sie bedeuten: die Aufnahme in die Lebenswirklichkeit Jesu Christi, die Vergebung der Sünden, die Auferstehung zum neuen Leben. Sie erinnern nicht nur an vergangene Zeiten und geben nicht bloß neutral einen Hinweis. Sondern hier vollzieht sich an den Feiernden tatsächlich das Werk der Erlösung, wie es im 20. Jahrhundert von katholischer Seite aus das II. Vatikanische Konzil formuliert hat (SACROSANCTUM CONCILIUM, Nr. 2).

K

Ein Leben lang

Religions- oder kulturgeschichtlich betrachtet sind die christlichen Sakramente und Kasualien Riten an wichtigen Punkten des Lebens des einzelnen und der Gemeinschaft: Geburt, Adoleszenz und Familiengründung finden in Taufe, Firmung/ Konfirmation und Trauung eine rituelle Form; Gemeinschaft wird im gemeinsamen Mahl in besonderer Weise erfahrbar; die Bedrohung des Lebens durch Schuld, Krankheit und Tod findet ein zeichenhaftes Gegengewicht in der Buße/Beichte und in den Riten am Ende des Lebens. Offenbar braucht oder entwickelt der Mensch als symbolisches und gemeinschaftliches Wesen bestimmte Haltepunkte, an denen er sein Leben durch einen Ritus deuten kann.

Die christlichen Sakramente beziehen sich durchaus auch auf solche grundmenschlichen Bedürfnisse. Allerdings nicht nur, vielleicht nicht einmal in erster Linie. Denn die Biographie des Christen ist ja, wie die Taufe zeigt, *als Ganze* in die neue Lebenswirklichkeit Christi gehoben. In Christus Jesus zu leben, ist quasi das Vorzeichen vor der Klammer des ganzen Lebens und all seiner Stationen. Die Taufe (bzw. die christliche Initiation im Ganzen) *eröffnet* dieses „Sein in Christus“, die anderen Zeichenhandlungen *gestalten* es – „innerhalb der Klammer“. Wer die Sakramente empfängt, lässt sich in Jesu Namen senden.

Tut dies zu meinem Gedächtnis

> ***Lk 22,19*** *Und er nahm Brot, sprach das Dankgebet, brach das Brot und reichte es ihnen mit den Worten: Das ist mein Leib, der für euch hingegeben wird. Tut dies zu meinem Gedächtnis!* ***20*** *Ebenso nahm er nach dem Mahl den Kelch und sagte: Dieser Kelch ist der Neue Bund in meinem Blut, das für euch vergossen wird.*

Eucharistie zu feiern bzw. Abendmahl zu halten, ist nicht in das Belieben der Christen gestellt und auch keine Erfindung der ersten Christen. Sie entsprechen darin vielmehr dem Auftrag Jesu selbst, und immer, wenn sie dies tun, verkünden sie seinen Tod und seine Auferstehung (vgl. 1 Kor 11,26).

Das letzte Abendmahl, an das die Kirchen in besonderer Weise am Gründonnerstag erinnern, war ein außerordentliches Mahl: ein Mahl im Umfeld des jüdischen Pesachfestes, das Vermächtnis Jesu an die Zwölf, ein Abschiedsmahl, gerahmt von Zeichenhandlungen – dem Brot- und Becherritus – und von Jesus selbst auf seinen nahen Tod hin gedeutet. Sein Tod am Kreuz hat der Welt das Leben geschenkt – so die christliche Überzeugung. Der Gerechte starb für die Vielen, er hat sein Leben hingegeben für das Heil der Welt. Wenn im Christentum vom Opfer die Rede ist, ist genau dies gemeint: die Selbsthingabe des menschgewordenen Gottessohnes, die Gabe Gottes für das Heil der Welt. Gott braucht kein Opfer – im Gegenteil: Er schenkt es, damit wir leben können (*vgl. Kapitel A2*). Jesu Hingabe wird in der Feier der Eucharistie gegenwärtig, auf dass die Gemeinde an ihm Anteil gewinnt und selbst „christusförmig" werde.

In den biblischen Berichten vom Letzten Abendmahl Jesu mit den Jüngern kommt etwas zum Ausdruck, das letztlich für alle Sakramente gilt: Nicht ausgeklügelte marktorientierte Performance, sondern der Rückbezug auf Jesu Stiftungswort („Einsetzung") begründet theologisch das Handeln der Kirchen. Sakramente sind wirksame Zeichen des Heils, die in im Auftrag Jesu ihren Ursprung haben. Dass sie im Laufe der Christentumsgeschichte eine bisweilen vielfältige Entwicklung und rituelle Ausgestaltung genommen haben, tut dieser grundsätzlichen systematischen Überlegung keinen Abbruch.

Die christliche Gemeinde erwächst aus der Verkündigung des Wortes und in der Feier der Eucharistie bzw. des Abendmahls. Soweit können Protestanten und Katholiken gemeinsam gehen. In der Bestimmung, was Kirche sei, ob und inwiefern der Sakramentsbegriff selbst auf die Gemeinde applizierbar ist, und inwiefern in der konkreten Konfessionskirche die Kirche Jesu Christi gegenwärtig ist, herrscht zwischen den Konfessionen allerdings kein Konsens *(vgl. Kapitel C2).*

Zwei, sieben oder noch mehr?
Oder: Kleine und große Sakramente

Menschen unterschiedlicher Zeiten und Kulturen stellen unterschiedliche Fragen und benutzen unterschiedliche Denkmodelle, um zu deuten, was sie erfahren und glauben. Immer neu versuchte man in der Geschichte des Christentums auch zu verstehen, was im Glauben überliefert ist. Dies geschah und geschieht bis heute in der jeweiligen Sprache der Zeit, in ihren Modellen und Vorstellungsmustern.

Im frühen Christentum wurden die Sakramente v.a. aus ihrer Feier heraus verstanden. Darüber hinaus war besonders wichtig, dass sie Feiern in der Gemeinschaft der Kirche sind: Kirche zu sein bedeutet, die Sakramente zu feiern. Wer nicht zur Gemeinschaft (Kommunion) der Kirche gehörte oder aus ihr ausgeschlossen (ex-kommuniziert) war, durfte darum nicht an den Sakramenten, den Handlungen, aus denen die Gemeinschaft mit Gott und untereinander lebt, teilhaben.

Im Mittelalter kamen neue Fragen auf: Warum und auf welche Weise wirkt eigentlich ein Sakrament? Was muss gegeben sein, damit es wirkt, und was kann im Notfall wegfallen? Mit welchem Modell kann man am besten erklären, was in der Eucharistie geschieht? Und: Wie viele Sakramente gibt es eigentlich?

WÄHREND IN DER EVANGELISCHEN KIRCHE zwei Sakramente (Taufe und Abendmahl) gefeiert werden, kennt die katholische

Kirche sieben: Taufe, Firmung und Eucharistie – das sind die sogenannten „Initiations-Sakramente", durch die man in die Kirche aufgenommen wird; Ehe und Ordo (das dreigestufte Amt: Bischof, Priester, Diakon), die einen Lebensstand besiegeln bzw. ein geistliches Amt in der Kirche verleihen; und schließlich die Sakramente der Vergebung und Heilung: Buße/Beichte und Krankensalbung. Unter diesen sieben Sakramenten sind zwei besonders hervorgehoben: Taufe und Eucharistie, also die Sakramente, die auch in den evangelischen Kirchen „Sakrament" genannt werden. Sie sind die so genannten „sacramenta maiora", die „größeren" Sakramente. Die anderen fünf sind „sacramenta minora" – „kleinere" Sakramente.

Heutzutage scheint die Antwort weitgehend klar: katholisch gibt es sieben, evangelisch „nur" zwei Sakramente. Lange Zeit war es allerdings gar nicht so eindeutig, wie viele Sakramente es in der Kirche gibt. Bis zu 30 wurden gezählt – dazu gehörten z.B. die Fußwaschung am Gründonnerstag und verschiedene Segnungen. Dahinter stand jedoch nicht Beliebigkeit. Grund für die unterschiedlichen Zahlen waren – wie auch heute zwischen den christlichen Konfessionen – unterschiedliche Kriterien. Im 12. Jahrhundert bildete sich als Konsens heraus, dass ein Sakrament ein heiliges Zeichen der Kirche ist, das Gottes Heil bezeichnet und bewirkt und das auf Jesu Auftrag zurückgeht.

Die Konfessionen unterscheiden sich v.a. darin, wie eng sie diese „Einsetzung" eines Sakramentes, diesen Stiftungsauftrag Jesu fassen. Wenn die evangelischen Christen „nur" Taufe und Abendmahl und, wie Luther dies tat, die Feier der Buße mit Sicherheit als Sakrament bezeichnen, ist damit nicht gemeint, dass z.B. die Ehe oder die Konfirmation unwichtig für das Leben und Heil der Menschen wären. Sondern der Kriterienkata-

log, der angibt, was warum „Sakrament“ genannt werden soll, ist enger. Heute versteht man die „Einsetzung“ bzw. „Stiftung“ eines Sakramentes Jesu Auftrag außerdem sehr viel differenzierter – damit ist zumindest die unterschiedliche Zählung der Sakramente ökumenisch kein gravierendes Problem mehr. Gleichwohl sind zwischen den Konfessionen noch zahlreiche Fragen offen, die die Sakramente betreffen, insbesondere aus katholischer Sicht das sakramentale Amt als Bedingung der Eucharistiefeier und als unaufgebbares Merkmal der Kirche *(vgl. Kapitel C1 und C2).*

Denkgeschichte – Beispiel Sakramententheologie

Theologische Denkmodelle dienen dazu, das, was in der Kirche geglaubt und gelebt wird, zu verstehen. Sie sind in einem konkreten Kontext verwurzelt, sie entstehen aus den Fragen ihrer Zeit. Sie sind zeitgebunden – aber darum nicht einfach beliebig. Denn Geschichte ist auch Denkgeschichte – neue Fragen, neue Probleme werden entdeckt und bearbeitet, die vorher so nicht gesehen wurden. Das „Problemniveau“ wächst im Lauf der Geschichte oder es verändert sich zumindest. Denkmodelle, die unseren heutigen Fragen entsprechen, müssen unsere Kontexte, Begriffe und Denkmuster aufgreifen – aber sie sollten nicht unter das einmal erreichte Problemniveau zurückfallen.

Als in der Antike im Zuge der Christenverfolgung Gemeindemitglieder und Amtsträger den christlichen Glauben verraten haben, brach die Frage auf, welche Rolle die subjektive Befindlichkeit des Spenders oder Empfängers eines Sakramentes für dessen Wirksamkeit spielt. Kann ein Priester, der vom Glauben abgefallen ist, die Eucharistie feiern? Was ist, wenn ein Zelebrant eine Straftat begangen hat? Wie „authentisch“ muss der Christ im Gottesdienst sein? Was empfängt jemand, der gleichgültig oder unwissend zur Kommunion geht – Brot oder den Leib des Herrn?

In der Antike entsteht nun die Überzeugung, dass ein Sakrament „ex opere operato" – kraft des vollzogenen Ritus – heilswirksam ist, zumindest sofern sein Empfänger Gottes Gnade keinen Widerstand („obex gratiae") entgegenbringt. Das pastorale Anliegen war: Wer gläubig ein Sakrament empfängt, muss sich keine Sorgen machen – es ist Gott, der das Entscheidende wirkt, auch wenn über die persönliche Integrität des Zelebranten Zweifel angebracht sein mögen.

Im Mittelalter ist die Schultheologie (die „Scholastik") von der Denkweise des Aristoteles geprägt: Zu einem Sakrament gehören Materie und Form (Wort) – bei der Taufe sind das z.B. das Wasser und Spendeformel („Ich taufe dich ..."), bei der Eucharistie Brot und Wein, verbunden mit den Einsetzungsworten („Nehmt und esst alle davon. Das ist mein Leib ..."). Ein bevollmächtigter und von der Kirche bestellter Amtsträger (der so genannte „minister ecclesiae") spendet das Sakrament bzw. assistiert dem Sakramentsvollzug. Das Modell der sakramentalen Wirksamkeit „ex opere operato" wurde in der Theologie der Reformation heftig abgelehnt, weil sie darin einen Widerspruch gegen das Kriterium des Heils „sola fide" – „allein aus Glauben" *(vgl. Kapitel A2)* sah und einem quasi-magischen Sakraments(miss)verständnis Einhalt gebieten wollte. Die scholastische Zuordnung von Wort und Sakrament hielten die Reformatoren zudem für einseitig, wenn nicht falsch. Aus ihrer Sicht geriet dabei aus dem Blick, dass das Wort grundlegend auf den Glauben dessen bezogen sein müsse, der das Sakrament empfängt. Luther wollte jeder Gefahr eines „Heilsautomatismus" wehren, ihm ging es um das Vertrauen auf die Verheißung.

Julia Knop

G
E
K

EVANGELISCH

Auf Nummer sicher: Taufe und Abendmahl

Im kirchengeschichtlichen Ringen darum, welche gottesdienstlichen oder kirchlichen Handlungen den Status eines Sakramentes haben, in dem Gottes Heilsgeschehen am Menschen und die Stärkung der Gemeinde sinnenfällig erlebbar wird, hat sich die evangelische Kirche dafür entschieden, auf Nummer sicher zu gehen: Auf jeden Fall zählt sie Taufe und Abendmahl dazu, weil diese beiden – biblisch verbürgt – von Jesus selbst eingesetzt wurden. Auch wenn der Buße wesentlich ein „Element", wie Brot oder Wasser fehlt, wird die Entscheidung über ihren sakramentalen Charakter in der Schwebe gehalten: Sowohl der 1563 verfasste *Heidelberger Katechismus* als zentrales Bekenntnis der reformierten Gemeinden als auch die *Confessio Augustana*, das lutherische Augsburger Bekenntnis (1530), thematisieren ihre Bedeutung auffällig direkt im Anschluss an Taufe und Abendmahl als Gnadengeschehen, bezeichnen sie aber nicht als Sakrament.

Von der Buße wird gelehrt, dass diejenigen, die
nach der Taufe gesündigt haben, zu aller Zeit,
so sie zur Buße kommen, Vergebung der Sünden
erlangen mögen, und ihnen die Absolution
von der Kirche nicht geweigert werden soll.
Und wahre rechte Buße ist eigentlich Reue
und Leid oder Schrecken haben über die Sünde,
und doch daneben glauben an das Evangelium
und die Absolution, dass die Sünde vergeben
und durch Christus Gnade erworben
sei, welcher Glaube wiederum das Herz tröstet
und zufrieden macht.

CONFESSIO AUGUSTANA, XII *(1530)*

Kindertaufe

Menschen sollten ihre Glaubensentscheidungen selbst treffen. Dies war ein wichtiges Anliegen der reformatorischen Theologie. Der sogenannte „linke Flügel der Reformation" wollte in vielen Fragen die evangelischen Überzeugungen kompromisslos und manchmal sehr radikal umsetzen. Dort wuchs in einigen Gruppierungen aus der Hochschätzung des persönlichen Glaubens die theologische Überzeugung, dass auch die Taufe nicht einfach am Kind „vollzogen" werden könne, sondern die freie Entscheidung eines Gläubigen verlange. Erst mündige Jugendliche oder Erwachsene, die sich zum Glauben bekennen könnten, sollten getauft werden. Weil die sogenannten „Täufer" die Kindstaufe nicht anerkannten, tauften sie erwachsene Gläubige im Zweifelsfall auch ein zweites Mal, woher die polemische Bezeichnung „Wiedertäufer" rührt. Die brutale Verfolgung der täuferischen Glaubensgemeinschaften zur Zeit der Reformation wird erst gegenwärtig im Gespräch zwischen ihnen und den anderen evangelischen Kirchen aufgearbeitet. Noch heute findet in einigen Freikirchen aus den gleichen theologischen Gründen die Erwachsenentaufe statt, allen voran unter den „Baptisten", wie es deren Name schon sagt. Für die anderen evangelischen Kirchen ist die Kindertaufe dagegen völlig unaufgebbar – und dies wiederum aus einem zutiefst reformatorischen Anliegen heraus: Verleiht sie doch der absoluten Voraussetzungslosigkeit des göttlichen Heilsangebots an den Menschen Ausdruck. Die Kindertaufe zeigt, dass sich Gott dem Menschen im Sakrament zuwendet, ohne vorherige Leistungen zu verlangen.

Die gegenwärtigen evangelischen Diskussionen um die Taufe richten sich dagegen vor allem auf Fragen nach der Bedeutung von Taufe in der heutigen Lebenswelt und in den Gemeinden.

Nach Antwortrichtungen und Anregungen hat die 2008 vom Rat der EKD unter dem Titel „Die Taufe“ herausgegebenen „Orientierungshilfe zu Verständnis und Praxis der Taufe in der evangelischen Kirche“ gesucht. Evangelische Gemeinden stehen demnach vor der Aufgabe und der Chance, moderne Formen einer Taufpraxis zu entwickeln, die heutige Bedürfnisse ernst nimmt und in der die Taufe nicht zum reinen „Brauch“ erstarrt. Vielmehr soll in der evangelischen Kirche die Bedeutung der Taufe für die einzelnen Getauften, die Familien und auch für die Gemeinde selbst wieder lebendiger und sichtbarer werden.

Streit um das Abendmahl

Die genauen Beschreibungen, wie das sakramentale Geschehen zu begreifen, oder wie die Handlung zu deuten ist, gehen oftmals in theologische Feinheiten hinein. Während im Blick auf die Taufe zwischen evangelischer und katholischer Kirche kaum Dissens besteht, hat die Frage, was beim Abendmahl vor sich geht, nicht nur die Konfessionen, sondern auch den Protestantismus selbst seit der Reformation in lutherische und reformierte Kirchen gespalten. Beide Seiten waren sich zwar einig in ihrer Ablehnung der römisch-katholischen Vorstellung, auch *nach* der Abendmahlsfeier bliebe Jesus Christus in den „gewandelten“ Elementen Brot und Wein gegenwärtig, denn für beide Seiten war diese Gegenwart untrennbar an das Geschehen einer feiernden und glaubenden Gemeinde gebunden. *Wie* Jesus Christus aber in diesem Geschehen gegenwärtig wäre, darüber haben sich die Reformatoren heftigst zerstritten: Ist er, so das lutherische Verständnis, leibhaftig „in, mit und unter“ Brot und Wein zugegen, real präsent? Oder geht es, so die reformierte Sicht, um eine rein spirituelle Präsenz Christi im Abendmahl, also um die Gegenwart im Geiste und in der

Erinnerung der feiernden Gemeinde? Wurde den Lutheranern ein „quasi-katholisches“, magisches Verständnis vom Abendmahl vorgeworfen, stellten diese umgekehrt den Reformierten die Frage, wozu dann überhaupt die Elemente notwendig seien.

So speziell diese Diskussionen zu sein schienen, so veränderten die jeweiligen Entscheidungen die allgemeine Deutung der Abendmahlsfeier: Die Vorstellung einer leibhaften Präsenz in Brot und Wein nimmt z.B. eher die heilvolle, sündenvergebende Wirkung des Sakraments für den einzelnen Gläubigen in den Blick. Dagegen setzt die Vorstellung von der spirituellen Gegenwart Christi unter den versammelten Christinnen und Christen den Akzent eher auf das die Gemeinde stärkende Gemeinschaftsmahl. Viele Diskussionen über einzelne Konsequenzen der verschiedenen Perspektiven folgten, etwa ob Glaube oder Unglaube des Empfangenden eigentlich eine Rolle spielten. Die evangelischen Gemeinden laden zum Empfang des Abendmahls grundsätzlich alle getauften Christinnen und Christen ein. Trotz der unterschiedlichen Zugänge und des ehemals tiefen Streits haben sich die lutherischen und reformierten Kirchen vor allem im 20. Jahrhundert einander wieder angenähert, so dass im Jahr 1973 mit der *Leuenberger Konkordie* wieder die Kirchengemeinschaft der evangelischen Konfessionen hergestellt wurde *(vgl. Kapitel C 1)*. Sie haben sich geeinigt auf die Formulierung, die das Gemeinsame der evangelischen Überzeugungen herausstellt – und in gewisser Weise beide Deutungsperspektiven zulässt:

> *Im Abendmahl schenkt sich der auferstandene Jesus Christus in seinem für alle dahingegebenen Leib und Blut durch sein verheißendes Wort mit Brot und Wein. So gibt er sich selbst vorbehaltlos allen, die Brot und Wein empfangen; der Glaube empfängt das Mahl zum Heil, der Unglaube zum Gericht.*

G
E
K

Die Gemeinschaft mit Jesus Christus in seinem Leib und Blut können wir nicht vom Akt des Essens und Trinkens trennen. Ein Interesse an der Art der Gegenwart Christi im Abendmahl, das von dieser Handlung absieht, läuft Gefahr, den Sinn des Abendmahls zu verdunkeln.

LEUENBERGER KONKORDIE, *Nr. II.2 (1973)*

Stefanie Schardien

KATHOLISCH

Die Herausforderung durch die Reformation erforderte eine katholische Neubestimmung. Das Konzil von Trient (1545–1563) ist die institutionelle Gestalt dieser katholischen Reform.

DIE DEKRETE und Beschlüsse des Trienter Konzils wurden durch den von Papst Pius X. 1566 herausgegebenen Katechismus breitenwirksam, aber auch durch das Römische Brevier (Stundenbuch) (1568) und durch das Römische Messbuch (1570), das den katholischen Messritus für die folgenden 400 Jahre vereinheitlichen sollte.

Brot und Wein

Das, was sich hinter dem schwierigen Begriff „Transsubstantiation" (Verwandlung des Wesens, der Substanz) verbirgt, der heute als „typisch katholisch" gilt, ist deutlich älter als das Konzil von Trient, auch älter als die Reformation. Es handelt sich um ein Modell, das mit Hilfe aristotelischer Kategorien beschreibt, was in der Feier der Eucharistie mit den Gaben von Brot und Wein geschieht. Nach komplizierten Diskussionen, die bis in den so genannten 2. Abendmahlsstreit im 11. Jahrhundert

zurückreichen, erklärt Thomas von Aquin im 13. Jahrhundert: Der Begriff „wesentlich" bezeichnet nicht das Äußere, nicht das, was sich im Laufe der Zeit verändert. Sondern das Wesen einer Sache ist das, was sie zu dem macht, was sie in Wahrheit ist. Was sich bei der eucharistischen Wandlung verändert, ist nicht das empirisch Wahrnehmbare von Brot und Wein (also nicht der Geschmack, das Aussehen, die physische Beschaffenheit der Gaben; all das ist äußerlich: „accidens"), sondern ihr Wesen („substantia"). Unter der äußeren Gestalt von Brot und Wein wird in der Kommunion in Wahrheit Christus selbst dargereicht. Nicht das Aussehen der Gaben wandelt sich, sondern ihr Wesen wird verwandelt.

FÜR MENSCHEN UNSERER ZEIT ist es u.a. deswegen schwierig, dieses Modell zu verstehen, weil unser Verständnis von Substanz sich unter dem großen Einfluss der Naturwissenschaften total verändert hat. Der Begriff „Substanz" bedeutet für uns heute gerade das, was im Mittelalter unter „accidens", dem Gegenstück des Substanz-Begriffes verstanden wurde: die physische Beschaffenheit, das, was man empirisch beschreiben kann: Geschmack, Aussehen, die natürliche Beschaffenheit eben.

Das Konzil von Trient bestätigte dieses Denkmodell. Mit ihm werde „treffend und im eigentlichen Sinn" ausgedrückt, wie die katholische Kirche die eucharistische Wandlung versteht: dass das, was den Gläubigen unter der Gestalt von Brot und Wein gereicht wird, in Wahrheit Leib und Blut Jesu Christi ist. Für die heutige ökumenische Gesprächslage formuliert der katholische Theologe Hans Jorissen: „Wo geglaubt und bekannt wird, dass im Sakrament der Eucharistie ‚in' und ‚unter' der … unverändert bleibenden Erfahrungswirklichkeit von Brot und Wein kraft des wirkenden (schöpferischen) Wortes Christi und seines

Geistes als tiefste Wirklichkeit Christus selbst leiblich-real … gegenwärtig ist und sich als Speise des ewigen Lebens schenkt, haben die verschiedenen Verstehensmodelle der Realpräsenz Christi ihren kirchentrennenden Charakter verloren." (Lexikon für Theologie und Kirche 3, Band 10, Art. Transsubstantiation)

Diese wirkliche, „wesentliche" Gegenwart Jesu Christi in den konsekrierten Gaben endet nach katholischem Verständnis nicht mit dem Abschluss der Eucharistiefeier. Die Gaben bleiben, was sie geworden sind. Deshalb findet sich in jeder katholischen Kirche ein Tabernakel, in dem das eucharistische Brot aufbewahrt wird. Dieser Ort – in größeren Kirchen in der so genannten „Sakramentskapelle" – ist ein Ort des Gebets, der Anbetung Jesu Christi im eucharistischen Sakrament.

Sakrament und Kirche

In der Feier der Eucharistie kommt aus katholischer Perspektive der paulinische Gedanke des Leibes Christi besonders zum Ausdruck. Der hl. Augustinus hat in einer berühmten Predigt (Nr. 272) seine Gemeinde so auf den Empfang der Kommunion vorbereitet: „Seid, was ihr seht, und empfangt, was ihr seid – Leib Christi." In die Lebenswirklichkeit Jesu Christi, in seinen Leib, einbezogen zu werden, bedeutet, Kirche zu sein: im Heiligen Geist mit Christus und untereinander Gemeinschaft (Kommunion) zu haben. Papst Johannes Paul II. hat diesem Gedanken im Jahr 2003 eine Enzyklika mit dem sprechenden Titel „Ecclesia de Eucharistia" – „Kirche aus der Eucharistie" gewidmet.

Augustins Wortspiel zeigt zudem, dass und wie in den Sakramenten zwei Dimensionen ineinandergreifen: das Handeln Gottes an dem, der das Sakrament empfängt, und der Glaube und Einsatz des Menschen, in seinem Leben verwirklichen zu wollen, wozu er im Sakrament befähigt und berufen wurde.

Das II. Vatikanische Konzil beschreibt die Kirche so: Sie sei „in Christus gleichsam das Sakrament, d.h. Zeichen („signum") und Medium („instrumentum") für die innigste Vereinigung („unio intima") mit Gott wie für die Einheit der ganzen Menschheit" (LUMEN GENTIUM, Nr. 1). Ursakrament – d.h. ursprüngliches Zeichen der realen Gegenwart (Realsymbol) Gottes in der Welt – ist Jesus Christus selbst. Die Kirche wird katholisch als das „Grundsakrament" verstanden, das sich in den sieben Einzelsakramenten entfaltet bzw. konkretisiert. Die *sakramentale* Begegnung der Gläubigen mit Christus geschieht nach katholischem Verständnis also innerhalb der kirchlichen Communio. Aus dieser Perspektive bekundet derjenige, der ein Sakrament empfängt, dass er Glied dieser konkreten (Kommunion-) Gemeinschaft ist und sich im Namen dieser Kirche senden lassen will (vgl. die Sendungsformel: „Ite, missa est!", *Kapitel B1).* Vor diesem theologischen Hintergrund gilt als Regelfall: Innerhalb einer katholischen Eucharistiefeier sind nur Katholiken zum Kommunionempfang eingeladen; sie kommunizieren umgekehrt nicht in Konfessionskirchen, mit denen keine Abendmahlsgemeinschaft besteht.

Heutzutage ist das Bewusstsein, dass Sakramente keine Privatangelegenheiten sind, sondern in erster Linie Gottesdienste in der kirchlichen Gemeinschaft, unter Katholiken Gott sei Dank viel stärker ausgeprägt als früher. Dazu haben gewiss auch protestantische Anfragen und Erfahrungen beigetragen. Die Liturgiereform, die im Anschluss an das II. Vatikanische Konzil durchgeführt wurde, hat dies auch in der Gestaltung der Riten deutlich gemacht: Jede Sakramentsfeier ist ein Gottesdienst mit Gebets- und Verkündigungsteilen, möglichst unter Beteiligung der Gemeinde vor Ort. So verständlich der Wunsch sein mag, die Tauffeier oder die Eheschließung im

G
E
K

eng(st)en Familienkreis an einem gesonderten Termin und ohne Gemeinde zu begehen – mit Blick auf das, was ein Sakrament eigentlich sein will, ist eine solche Privatisierung nicht sinnvoll.

Eine Frage des Charakters

Taufe, Firmung und Weihe verleihen nach katholischem Verständnis einen besonderen Charakter. Sie drücken ihrem Empfänger einen Stempel auf – das lateinische bzw. griechische Wort „character" bezeichnete ursprünglich den Prägestempel bei der Münzherstellung, später auch das Siegel. Dieses „geistliche Prägemal" ist ein Erkennungszeichen: Wer getauft wurde, ist Christus ähnlich geworden, ihm wurde das Kreuz Christi „auf die Stirn", sein Heil „in die Seele geschrieben". Im Unterschied zur oft wankelmütigen menschlichen Gesinnung kann dem Christen der Charakter, der ihm im Sakrament geschenkt wurde, nicht abhandenkommen. Wer einmal getauft wurde, muss – und kann! – kein zweites Mal getauft werden – hier besteht unter den großen christlichen Konfessionen Konsens: „Wir bekennen *die eine Taufe* zur Vergebung der Sünden." (Glaubensbekenntnis von Nizäa –Konstantinopel)
Die Firmung besiegelt die Taufe. Wie sich im liturgischen Jahr die Osterzeit vom Fest der Auferstehung Jesu Christi (Ostern) bis zur Sendung des Geistes (Pfingsten) ausspannt, so erstreckt sich in der Biographie des Christen das „Christ-Werden" von der Annahme des Glaubens und der Aufnahme in den Leib Christi (Taufe) bis hin zur Besiegelung dieses Taufglaubens mit dem Heiligen Geist (Firmung). Ziel und Höhepunkt der christlichen Initiation ist die Eucharistie.

BEI DER FIRMUNG begleiten diese Worte des Bischofs die Stirnsalbung: „Sei besiegelt durch die Gabe Gottes, den Heiligen Geist."

Das II. Vatikanische Konzil schreibt an einer Stelle, das Priestertum des Dienstes (d.h. das Amtspriestertum) unterscheide sich vom gemeinsamen Priestertum der Getauften „dem Wesen, nicht dem Grade nach“ („essentia non gradu“, Lumen Gentium, Nr. 10). Diese Formulierung ist nicht leicht zu verstehen. Gemeint ist folgendes: Die entscheidende Wegmarke im Leben eines Christen ist die Taufe. Sie markiert den Aufbruch vom Tod zum Leben. Sie ist radikaler Neubeginn, Eintritt in den Herrschaftsbereich Christi. „Christus hat uns zu Königen gemacht und zu Priestern vor Gott, seinem Vater.“ (Offb 1,6) Das Amtspriestertum ist darum keine graduelle Steigerung des Taufpriestertums („non gradu“) – dann wäre der Amtsträger der bessere Christ, der in Heilsangelegenheiten im Vorteil wäre. Ebenso wenig ist eine Untergruppe des Taufpriestertums gemeint – dann wäre der Amtsträger ein „Abgeordneter“ der Gemeinde.

Das Amtspriestertum ist, so das Konzil, etwas wesentlich („essentia“) anderes: etwas, das die Gemeinde braucht, aber sich nicht selbst geben kann *(vgl. Kapitel C1)*. Kirche ist nicht selbstgenügsam – sie ist nur Kirche, wo sie von Christus her und auf ihn hin lebt, denn von ihm her empfängt sie sich selbst – Ecclesia de Eucharistia. Der Amtsträger handelt in der Feier der Sakramente „in persona Christi“, kraft der ihm in der Weihe von Gott verliehenen Vollmacht. Diesem eingeprägten Charakter in der eigenen Lebensführung, in der Weise, die Gemeinde zu leiten und die Sakramente zu feiern, auch persönlich gerecht zu werden, ist die große Herausforderung all derer, die diesen Dienst übernommen haben *(vgl. Kapitel E1)*. Hier haben die sogenannten „evangelischen Räte“ (Armut, Keuschheit, Gehorsam) ihren Ort. Die Ordination gilt nach katholischem Verständnis ein für allemal; sie ist unverlierbar. Darum muss ein Priester nicht neu geweiht werden, wenn er beispielsweise die Gemeinde, das Bistum oder den Orden wechselt.

Ich verspreche dir die Treue

Die Ehe zwischen zwei getauften Christen ist nach katholischer Überzeugung Sakrament: Zeichen und Werkzeug des Heils. Über zwischenmenschliche Zuneigung und Verbindlichkeit hinaus verweist sie auf die unbedingte, unauflösliche heilvolle Zuwendung Christi zu seiner Kirche (vgl. Eph 5,32). Eine großartige Vorstellung: Christliche Zweisamkeit wird transparent auf Gottes Heil, verbindlich gelebte Beziehung ist ein Weg der Heiligung. Nicht automatisch und auch nicht deshalb, weil Christen aus eigener Kraft Helden der Partnerschaft wären, sondern weil sie darauf vertrauen dürfen, dass das Fundament ihrer Ehe Christus selbst ist. Sakramente sind keine Privatangelegenheit, auch das Sakrament der Ehe nicht. Verheiratete Christen sind *als Ehepaar* gesendet, zu zeigen, wie Gottes Liebe lebbar wird, wie schon im Kleinen – in der Familie – Kirche lebendig ist *(vgl. Kapitel E2)*.

Es helfe dir der Herr in seinem reichen Erbarmen!

Krankensalbung und Buße sind in besonderer Weise Sakramente der Heilung – sie greifen an den unheilvollen Punkten, den Rissen des Lebens. Im Fall schwerer Schuld schenkt das Bußsakrament *(vgl. Kapitel E1)* einen echten Neuanfang (vgl. Joh 20,20–23). In schwerer Krankheit steht die ganze Bedürftigkeit des Menschen im Zentrum: die Leiden von Leib und Seele, die Krise, in die die Erfahrung von Gebrechen und Sterblichkeit hineinführen kann. Der Kranke, der die Krankensalbung empfängt, um dessen Heilung gebetet wird (vgl. Jak 5,14), erfährt Stärkung und gibt selbst Zeugnis von seinem Glauben, seiner Hoffnung: Nichts, nicht einmal der Tod, kann ihn von der Liebe Christi trennen (vgl. Röm 8,35), von dem, der aus Liebe den Tod auf sich nahm, um den Tod zu besiegen *(vgl. Kapitel E3)*. Beide Sakramente können mehrfach empfangen werden; die Beichte wird wenigstens einmal im Jahr, nach Möglichkeit im Rahmen der österlichen Bußzeit (der Fastenzeit), empfohlen.

Julia Knop

B 3. DAS KIRCHENJAHR

Feste, wie sie fallen

Ihr Neujahr begehen Christinnen und Christen ohne ein großes Sylvesterfeuerwerk und knallende Sektkorken. Stattdessen entzünden sie eine Kerze. Das neue Kirchenjahr beginnt nach dem christlichen Kalender nämlich am ersten Adventssonntag.

Wie in der Adventszeit das Kommen Jesu Christi erwartet wird, beziehen sich viele Zeiten und Feste im Kirchenjahr auf Stationen des Lebens Jesu, auf andere heilgeschichtliche Ereignisse, wie die Geistbegabung zu Pfingsten, oder bestimmte christliche Themen (wie die Dreieinigkeit an Trinitatis oder der Erntedank im Herbst). Trotzdem hat sich das christliche Kirchenjahr nicht ganz unabhängig entwickelt: Zum einen hat es Berührungspunkte mit dem jüdischen Festkalender, wie die Übernahme der Siebentageswoche, das mit dem Passahfest zusammenhängende Osterfest oder das Pfingstfest, das die Kirche zur Zeit des jüdischen Wochenfestes begeht, zeigen. Zum anderen hat es sich inhaltlich oder jahreszeitlich mit bestimmten Kulten und Naturfesten verbunden. Auch gesellschaftliche und politische Einflüsse spielten eine Rolle.

Im Kirchenjahr und seinen Festen wird der christliche Glaube anschaulich. Sichtbar wird indes auch: In den zentralen

Bekenntnisinhalten sind sich die Christen der verschiedenen Konfessionen nah. Die großen christlichen Feste begehen sie gleichermaßen – allerdings kaum gemeinsam. Denn der Glaube ist nicht abstrakt christlich – er „wohnt" vielmehr im Kontext einer ganz konkreten Gemeinde, einer Konfession. Konfessionelle Unterschiede im Festkalender spiegeln Unterschiede in den Mentalitäten, in der Frömmigkeit, im Alltagsleben wieder. Sie geben dem Christsein ein konkretes, wiedererkennbares Gesicht.

Während das Kalenderjahr durch die Einteilung in vier Jahreszeiten und zwölf Monate mit fast immer je dreißig oder einunddreißig Tagen in sehr gleichmäßige Abschnitte geteilt wird, wirkt das Kirchenjahr auf den ersten Blick durch seine einzelnen Feiertage, durch längere Festzeiten oder weniger prägnante Zwischenphasen unregelmäßiger. Zumindest auf den zweiten Blick lassen sich aber klare Rhythmen erkennen, die ökumenisch bis auf geringe Unterschiede gemeinsam gelten. Schon jeder Sonntag, der als Auferstehungstag das ursprünglichste christliche „Fest" darstellt und nach Gen 1 auch als schöpfungsgemäßer Ruhetag bzw. als Tag der Vollendung zu verstehen ist, strukturiert das Kirchenjahr in wöchentliche Abschnitte. Gröber unterteilt wird das Jahr in den Weihnachtsfestkreis (Advent bis Epiphanias), den Osterfestkreis (ev.: Passionszeit/kath.: Fastenzeit bis Pfingsten) sowie die dazwischen liegenden „festfreien Zeiten": Die römisch-katholische Tradition nennt sowohl die Zeit nach dem Fest der „Taufe des Herrn" am Sonntag nach Epiphanie als auch die Zeit nach Pfingsten bis zum Advent „Zeit im Jahreskreis". Die evangelische Kirche ordnet die Zeit nach Epiphanias schon der Osterzeit zu und nennt die lange Zeit im Sommer und Herbst „Trinitatiszeit". So ergibt sich für das katholische Kirchenjahr eine Viererstruktur, für das evangelische eine Dreierstruktur.

Gegenüber der langen festfreien Trinitatiszeit sind zweifellos der Weihnachts- und Osterfestkreis in der christlichen Selbstwahrnehmung prägnanter, richten sich diese doch an mit Jesu Christi Lebensgeschichte verbundenen Festen aus, die auch die Gesellschaft noch weithin prägen. Quer zu dieser groben Unterteilung des Jahres haben bestimmte Phasen darin ihre besondere Charakteristik: Es gibt Freuden- und Festzeiten, aber auch stille Buß- und Trauerzeiten. Um diesen Gefühlen Ausdruck zu verleihen, nutzen Kirchen für ihren Altar- und Kanzelschmuck oder auch für liturgische Gewänder bestimmte Farben: Weiß ist die Farbe der Freude z.B. für das Weihnachts-, Oster- und Trinitatisfest. Auch das weiße Taufkleid symbolisiert Freude und Neuanfang. Violett steht für Buße und Umkehr in der Advents- und Passionszeit. Beide bereiten jeweils als Auftakt ihres Festkreises auf Weihnachten und Ostern vor. Rosa, quasi als schon etwas aufgehelltes Violett, beschreibt in den Bußzeiten vor Weihnachten und Ostern je einmal die schon vorscheinende Freude der Feste. Rot sieht man als Farbe für Gottes Geist und Liebe z.B. am Palmsonntag, an Pfingsten, am evangelischen Reformationstag oder in der katholischen Kirche an Karfreitag oder zu Märtyrerfesten. In den festfreien Phasen wird Grün gewählt, die Farbe der Hoffnung. Schwarz als Farbe tiefer Trauer kommt in der evangelischen Kirche am Karfreitag, in der katholischen Kirche in der Totenliturgie an Allerseelen vor.

IM EVANGELISCHEN KIRCHENJAHR tragen die Sonntage vor und nach Ostern spezielle Namen: In der Passionszeit sind sie nach dem Anfangswort des Wochenpsalms benannt (z.B. „Okuli", „Laetare") oder rücken bestimmte Themen in den Blick, wie die Musik am Sonntag „Kantate" (dt. „Singt").

Gab es bei der groben Unterteilung des Kirchenjahres keine großen Differenzen zwischen der evangelischen und katholischen Kirche, so sind im Blick auf die kirchlichen Feste neben den zentralen gemeinsamen Feiertagen einige deutlichere Unterschiede zu konstatieren. Zunächst aber zu den Gemeinsamkeiten:

Ostern

Das *Osterfest* ist nicht nur historisch das älteste christliche Fest im Jahreskreis – schon im 2. Jahrhundert war es allgemein verbreitet –, sondern es stellt auch theologisch das Zentrum christlicher Identität dar. Dass Gott in Jesus Christus am Kreuz stirbt und den Tod in der Auferstehung überwindet, bildet den Kern und Ausgangspunkt für das Selbstverständnis des christlichen Glaubens. Die westlichen Kirchen feiern das Osterfest am Sonntag nach dem ersten Vollmond im Frühling, was sie auf die Berichte der Evangelien zurückführen. Ihnen zufolge ist Jesus am ersten Tag der Woche nach dem jüdischen Passahfest auferstanden, das stets am Abend vor dem 15. Nisan, dem Frühlingsmond-Monat, gefeiert wird. Da die orthodoxen und altorientalischen Kirchen im Mittelalter nicht den Gregorianischen Kalender übernommen, sondern ihren Julianischen Kalender beibehalten haben, kann sich ihr Osterfest um bis zu fünf Wochen verschieben.

Das Osterfest hat sich kulturgeschichtlich mit Frühlingskulten verknüpft: Die Nähe von aufbrechendem Leben in der Natur und der Auferstehung, also dem neuen Leben Jesu Christi, sind nicht schwer zu erkennen. Vor allem der heutige Osterschmuck erinnert mit Eiern und Hasen daran, dass sich das christliche Fest mit dem jahreszeitlichen Kult verbunden hat. Mit der Allgegenwart dieser Symbolik ist allerdings viel von den Bedeutungen in den Hintergrund oder ganz ins Vergessen

G
E
K

Das evangelische Kirchenjahr

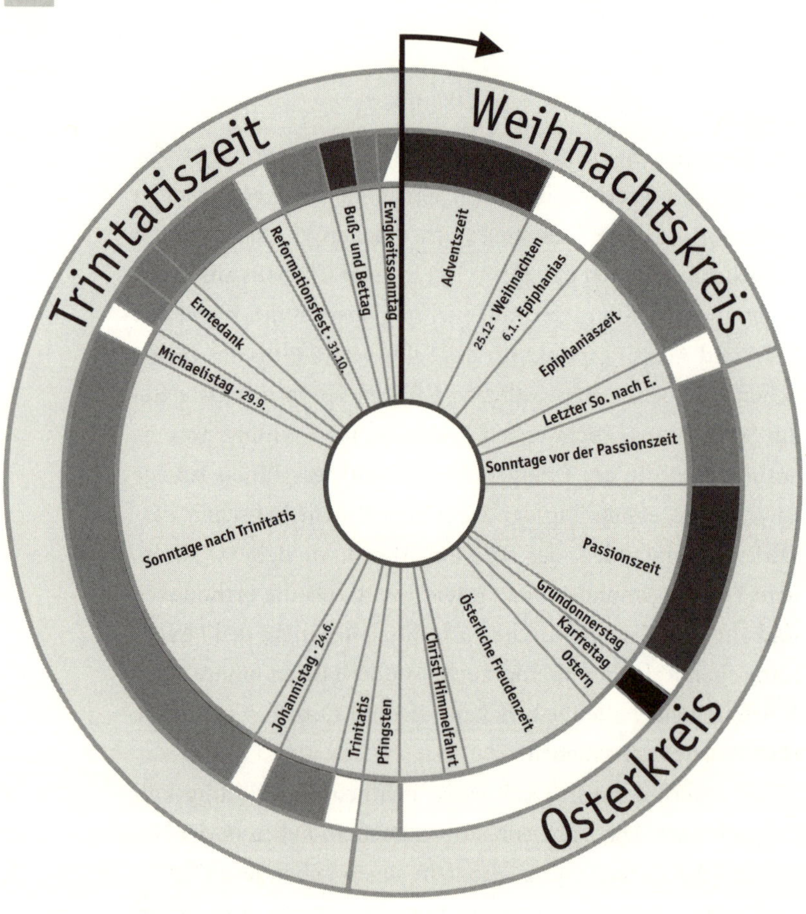

Das katholische Kirchenjahr

G

K

Weihnachtsfestkreis
Jahreskreis
Osterfestkreis
Zeit im Jahreskreis

Advent
8.12. · Mariä unbefl. Empfängnis
Advent
25.12. · Hochf. der Geburt d. Herrn
1.1. · Hochf. d. Gottesmutter Maria
6.1. · Erscheinung des Herrn
Taufe des Herrn
2.2. · Darstellung des Herrn
Aschermittwoch, Fastenzeit
19.3. · Hl. Joseph
25.3. · Verkündigung des Herrn
Palmsonntag
Gründonnerstag
Karfreitag
Ostern
Christi Himmelfahrt
Pfingsten
Dreifaltigkeitssonntag
Fronleichnam
Heiligstes Herz Jesu
Hl. Petrus und Hl. Paulus · 29.6.
Hl. Johannes d. T. · 24.6.
Verklärung des Herrn · 6.8.
Mariä Himmelfahrt · 15.8.
Mariä Geburt · 8.9.
Kreuzerhöhung · 14.9.
Erzengelfest · 29.9.
Erntedank
Allerheiligen · 1.11.
Allerseelen · 2.11.
Hl. Martin · 11.11.
Christkönig

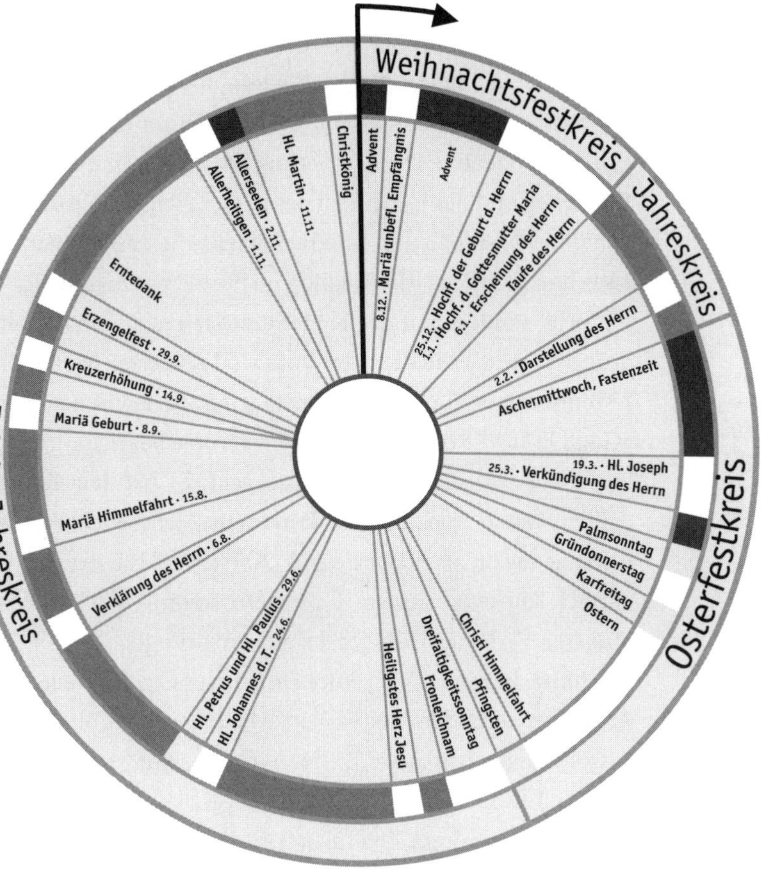

gedrängt worden, die im christlichen Glauben der fröhlichen Feier der Überwindung des Todes vorausgehen: Die Vorbereitung auf Ostern erinnert an Jesu Abschied, Leiden und Tod, weshalb diese vierzig Tage in der evangelischen Kirche auch „Passionszeit“ genannt werden. Besonders in der Karwoche direkt vor Ostern steht der Leidensweg Jesu im Zentrum der Verkündigung. Am *Gründonnerstag* erinnert sich die christliche Gemeinde des letzten Mahls Jesu mit seinen Jüngern, das die heutige Abendmahls- und Eucharistiefeier in den Gemeinden begründet hat. Die Erinnerung des Leidens mündet in den *Karfreitag* und das Gedenken der Kreuzigung Jesu. Aus christlicher Sicht wird Ostern in seiner Gesamtheit als Dreitagefeier zum höchsten Fest, das folglich nicht mit der Freude der Osternacht, sondern mit der Trauer des Karfreitags einsetzt, bzw. liturgisch genau: mit dem am Vorabend gefeierten letzten Mahl Jesu mit seinen Jüngern. Bis heute wird am englischen Begriff „Good Friday“ für den Karfreitag noch eine Bezeichnung sichtbar, die auf Martin Luther zurückgeht: Er hat den Tag auch „guten Freitag“ genannt und damit seine Heilsbedeutung deutlicher gemacht, als es der Begriff „Karfreitag“ tut, der sich vom althochdeutschen „karen“ (= trauern, klagen) ableitet. In der jüngeren Vergangenheit hat der alte, ursprünglich der Taufvorbereitung dienende Brauch des Fastens vor Ostern wieder mehr Anhänger gefunden. Bei Fastenaktionen, wie der ökumenisch ausgerichteten Initiative „Sieben Wochen ohne“, geht es gerade nicht um Diäten oder bloßen Genussverzicht, sondern um bewusst offen gehaltene Zeit für spirituelle Besinnung und soziale Begegnung. Um dem österlichen Widerspruch des Lebens gegen den Tod Ausdruck zu geben, feiern viele Kirchen am späten Karsamstag oder frühen Ostersonntag eine Osternacht in der Dunkelheit, die sie dann vom Osterlicht sichtbar durchbrechen lassen. Dem Auferstehungsfest folgt – den lukanischen Berichten entsprechend (Apg 1,3) – nach vierzig Tagen die Feier von *Christi Himmelfahrt.* Den Abschluss der Osterzeit bildet das *Pfingstfest.*

Advent und Weihnachten

Aus christlicher Sicht gehört die Menschwerdung Gottes zwar zu den zentralen Glaubensinhalten, doch steht die Feier von Jesu Geburt dem Osterfest in seiner theologischen Bedeutung nach. Würde allerdings das Maß gesellschaftlicher Aufmerksamkeit, Beliebtheit und kultureller Prägung über die Glaubensbedeutung bestimmen, dann müsste *Weihnachten* wohl als das wichtigste Fest gelten. Kaum ein Fest weltweit, das noch so viele Menschen, ob gläubig oder nicht, begehen. Allen Klagen über den Traditionsverfall zum Trotz werden selten noch so viele Sitten und Bräuche, von Weihnachtsbäumen über Lieder bis zum Wunsch nach sozialer oder familiärer Gemeinschaft am Heiligen Abend und den folgenden zwei Weihnachtstagen gepflegt. Doch auch der christliche Festhintergrund, die Geburt Jesu, ist zumindest in den Grundlagen verglichen mit anderen Glaubensinhalten breit bekannt. Das Außergewöhnliche der Weihnachtsbotschaft besteht darin, dass Gott selbst nicht, wie in antiken Sagen, einen „halbgöttlichen" Sohn gezeugt hat, sondern selbst ganz Mensch geworden und zugleich doch ganz Gott geblieben ist *(vgl. Kapitel A1).* Das so genannte „Weihnachtsevangelium", die Geburtsgeschichte nach Lk 2, beschreibt besonders anschaulich, dass sich Gott auf die Seite der Schwachen und Benachteiligten gestellt hat: Gegen alle menschlichen Erwartungen an die Gestalt eines Retters wird Gott bei der Inkarnation („Ins-Fleisch-Kommen") ein Kind, das nicht nur schwach und schutzbedürftig ist, sondern, modern gesprochen, auch noch aus prekären Familienverhältnissen stammt. Gottes Ankunft als Mensch in der Welt stellt alle vermeintlichen Idealbilder des Menschseins in Frage.

Das Weihnachtsfest selbst scheint sich in der Vergangenheit in seinem Charakter dabei immer weiter nach vorn auf die Zeit des *Advents* ausgedehnt zu haben, die mittlerweile oft auch entsprechend unscharf „Weihnachtszeit" genannt wird. Ihren Charakter als Buß- und Fastenzeit haben die Adventswochen zumindest gesellschaftlich und auch nicht selten in der Gemeindepraxis weitgehend verloren, wenngleich das Violett als liturgische Farbe der Buße erhalten blieb.

DER 11. NOVEMBER, heute immer noch von Karnevalsbegeisterten als Start in die „närrische Zeit" gefeiert, war früher ein ähnlich ausgelassener Tag: Er ermöglichte das „letzte große Schlemmen" mit Martinsgans und süßen Brezeln vor der adventlichen Fastenzeit, die schon von diesem Datum an begangen wurde.

Theologisch versteht sich die Adventszeit als Vorbereitung auf die Ankunft Jesu in der Welt und zwar in doppelter Hinsicht: als Erinnerung an die Menschwerdung mit der Geburt Jesu, aber auch als Hoffnung auf die Wiederkunft des Auferstandenen zum endgültigen Gericht. Am Ende des Weihnachtsfestkreises wird am 6. Januar zu *Epiphanias* die „Erscheinung des Herrn" begangen. Theologisch geht es um die Offenbarung der Königsherrschaft Christi. Im Volksmund mit dem huldigenden Besuch der „Heiligen Drei Könige" verknüpft wird Jesus als Sohn Gottes kenntlich, der seine Macht unter den Menschen aufrichtet.

Pfingsten

Eigentlich könnte zu *Pfingsten* ein kräftiges „Happy Birthday" aus dem Gottesdienst schallen, handelt es sich doch bei dem Fest um den Geburtstag der Kirche. Die Bezeichnung Pfingsten geht zurück auf das griechische Wort für die Zahl fünfzig.

Am „fünfzigsten“ (= „pentekoste“) Tag nach Ostern ist der Heilige Geist, so erzählt es die Apostelgeschichte im 2. Kapitel, in Jerusalem auf die versammelten Jesusanhänger niedergefahren und hat sie zu einer Gemeinde gemacht, in der man sich trotz vieler verschiedener Sprachen plötzlich verstand und von da an füreinander sorgte. Somit stellt Pfingsten also für die Existenz der christlichen Gemeinde ein wichtiges Ereignis dar – eigentlich. Denn im Vergleich zu den anschaulichen Geschichten um Jesus Christus mit Krippe zu Weihnachten, mit Kreuzigung und weggerolltem Grabstein zu Ostern bleibt die Person des Heiligen Geistes und damit auch das Pfingstfest in der Wahrnehmung der Glaubenden merkwürdig unscharf. Dabei gibt die Apostelgeschichte ganz beredt Zeugnis davon, wie der Geist Gottes sich in der Welt bekannt gemacht hat, wenn er als mächtiges Brausen vom Himmel und als alle Anwesenden erfüllendes Feuer beschrieben wird. Der Pfingstbericht unterstreicht, dass Geistbegabung des Einzelnen und der Gemeinde keinen Gegensatz bilden, ja dass der Geist die Vielfalt der individuellen Lebensgeschichten, Sprachen und Kulturen würdigt und in ihrer Unterschiedlichkeit eint. Die biblische Einsicht, dass sich Gott nicht einfach abstrakt an die Welt oder an einzelne Menschen, sondern an die konkreten Gläubigen nur *in* der Gemeinde bindet und sie mit Begabungen ausstattet, die ihr dienen sollen, führt zu zweierlei: Sie stellt die heutzutage nicht selten geäußerte Meinung in Frage, Glaube sei etwas rein Persönliches und brauche keine kirchliche Gemeinschaft. Und einen gewichtigen Grund für eine deutlicher sichtbare und festlichere Geburtstagsfeier der Kirche gibt sie allzumal.

Trinitatis, Erntedank und andere Themenfeste

Zu den an bestimmten theologischen Themen ausgerichteten Tagen und Festen gehört z.B. am Sonntag nach Pfingsten das

Trinitatisfest (katholisch: *Dreifaltigkeitssonntag*), das Gottes besonderes Sein als Schöpfer, Sohn und Geist in den Blick rückt. Auch das *Erntedankfest* gehört dazu, an dem Gott heutzutage weniger für die „Ernte" im engeren Sinn als für all jene Gaben gedankt wird, die lebensnotwendig sind, die Leben ermöglichen und erhalten. In den Gottesdiensten spiegelt sich dabei in den vergangenen Jahren immer mehr das zunehmende Bewusstsein um die Gefährdung der Schöpfung als Lebensgrundlage und um die Notwendigkeit, nachhaltiger mit den Ressourcen der Natur umzugehen.

Trotz der konfessionell eigenen Gestaltungen vieler Feste im Jahreskreis gibt es eine Zeit, in der das ökumenische Miteinander im Zentrum steht: In der *Gebetswoche für die Einheit der Christen,* die auf der Nordhalbkugel immer vom 18. bis zum 25. Januar stattfindet (auf der Südhalbkugel zu Pfingsten), feiern viele Gemeinden gemeinsame Gottesdienste, ihre Pfarrerinnen und Pfarrer tauschen die Kanzeln und man trifft sich reihum zu Abendgebeten. Der Ökumenische Rat der Kirchen und der Päpstliche Rat zur Einheit der Christen geben jährlich neue Materialien heraus, mit denen die Gemeinden diese Woche gestalten können.

Gemeinsam ist den Konfessionen nicht zuletzt, dass sie am *Ende des Kirchenjahres* theologisch und in der Liturgie die großen eschatologischen Visionen in den Blick nehmen: die Erwartung, dass Zeit und Welt enden werden und Gottes endgültiges Reich unaufhaltsam auf die Menschen zukommt. Mit dieser so beunruhigenden wie hoffnungsfrohen Vorstellung gehen Christinnen und Christen in ein neues Jahr.

Mehr als bloße Wiederholung – Rhythmisch leben

Wenn Menschen ihrem Jahr einen bestimmten Rhythmus gaben und danach in verschiedene Phasen einteilten, hatte das früher zunächst ganz praktische Gründe: Man musste Zeiten zum Säen und Ernten, zum Weiden und Einholen des Viehs beachten. Mit diesem „Naturjahr" hat sich dann der christliche Festkalender verknüpft: Ostern verband sich als Auferstehungsfest mit dem Frühlingsfest; Advent und Weihnachten liegen mit in ihrer Lichtsymbolik in der dunkelsten Zeit des Jahres. Das Kirchenjahr gibt dem Jahr bis heute eine bestimmte Struktur, auch wenn für viele Menschen nicht mehr die Erntezeiten ihren Arbeitsalltag diktieren und mit der Elektrizität der Lichtmangel des Winters praktisch keine Auswirkungen auf das Leben hat. Dennoch spielen die Rhythmen christlichen Lebens nicht nur aus traditionellen oder liturgischen Gründen eine wichtige Rolle: Zeiten für Feste, für Trauer und Gedenken, für Buße und Dank vorzusehen, setzt einen sinnvollen und darüber hinaus wohltuenden Akzent gegen gesellschaftliche Trends, das ganze Jahr möglichst strukturlos und einheitlich passieren zu lassen. Dauerhafte Rabattaktionen statt des früher nur zu Saisonende stattfindenden „Schlussverkaufs" und die schon im September einsetzende Erinnerung an die „Vorweihnachtszeit" sind nur plakative Kennzeichen dessen. Gerade für die dunklen Seiten des Lebens bleibt in diesem Einerlei kaum Raum. Der christliche Jahresrhythmus lädt ein, das Leben in seinen unterschiedlichsten Dimensionen wahrzunehmen.

Ähnlich gilt dies auch für die einzelne Woche, in der mit dem Sonntag der Alltag aus Arbeit und Geschäftigkeit durchbrochen wird. Sowohl der Jahres- als auch der Wochenrhythmus bedeuten dabei mehr als eine dauernde Wiederholung des Immergleichen. Aus christlichem Verständnis lebt der Mensch in keinem Kreislauf, in dem alles einfach stets von vorn beginnt und er eigentlich nicht von der Stelle kommt, sondern befindet sich auf einem Weg, der mit Schöpfung und Eschaton, dem

G

E

K

Ende aller Dinge, der mit Geburt, Tod und Auferstehung ein Woher und ein Wohin hat. Entsprechend lassen sich die Rhythmen von Kirchenjahr und Woche bildlich eher als Spirale vorstellen, in der Menschen die unterschiedlichen Zeiten immer wieder fortschreitend passieren, aber sie aus anderen Lebens- und Glaubensperspektiven heraus erfahren.

Stefanie Schardien

KATHOLISCH

Namenstag und Patrozinium

Auffallendstes Merkmal des katholischen Festkalenders ist wahrscheinlich die starke Präsenz der Heiligen, derer in der Liturgie gedacht wird. Noch in den 1950er Jahren konnte man Katholiken und Protestanten daran unterscheiden, ob sie eher ihren Namenstag oder eher ihren Geburtstag feiern.

AUCH DIE EVANGELISCHE KIRCHE KENNT „HEILIGE" im Sinne eindrücklicher Gestalten des Glaubens. Allerdings sehen Protestanten die Gefahr, dass Verehrung zur Anbetung und damit die alleinige Heilsmittlerschaft Christi untergraben wird. In der reformatorischen Tradition ruft man „Heilige" darum auch nicht um Fürbitte an, sondern versteht sie als Zeugen von Gottes gnädiger befreiender Gegenwart – nicht mehr und nicht weniger.

Katholische Kirchen tragen den Namen eines oder einer Heiligen; die zugehörige Gemeinde gedenkt ihres Namenspatrons am sogenannten Patrozinium, dem „Namenstag" der Kirche.

Die vom II. Vatikanischen Konzil initiierte Liturgie-Reform hat u.a. den liturgischen Kalender erneuert. Gegenüber einer allzu großen Dominanz der Heiligen wurde die zentrale Bedeutung des „großen“ (Ostern) und des „kleinen“ Osterfestes (Sonntag) wieder eindeutig herausgestellt. Sie bilden die Mitte des christlichen Glaubens. Nichtsdestotrotz blieben die Heiligen im katholischen Bewusstsein präsent. Denn zu allen Zeiten und in allen christlichen Kulturen gibt es Menschen, die auf vorbildliche Weise die Nachfolge Jesu verwirklichen, Jesu Wort verkünden, seine Botschaft leben. Sie haben gelebt, wozu jeder Getaufte berufen ist: Sie haben, wie Paulus schreibt, „Christus als Gewand angezogen“ (Gal 3,27). Sie sind deshalb nicht unfehlbar, keine übermenschlichen Helden und erst recht keine Moralapostel – sondern Menschen wie du und ich, die erfahrbar machen, dass jede Christin, jeder Christ, berufen und befähigt ist, Jesus Christus in unserer Welt ein Gesicht zu geben. „Heilige“ wurden in einem genau geregelten Prozess durch die Kirche „heiliggesprochen“: Das „macht“ sie nicht zu Heiligen, vielmehr wird ihre Verehrung als Heilige kirchlich bestätigt und freigegeben. Werden Heilige in Liturgie und Volksfrömmigkeit um ihre Fürbitte angerufen, so beruht das auf der Überzeugung, dass die Todesgrenze im Glauben keine endgültige ist, dass die Heiligen bereits jetzt bei Gott leben und dass Christen aller Zeiten und Generationen füreinander einstehen, füreinander beten können *(vgl. Kapitel B1).*

Bekannte Heilige sind z.B. der hl. Martin (11. November), die hl. Barbara (4. Dezember) und natürlich der hl. Nikolaus (6. Dezember). Der katholische Heiligenkalender enthält Kirchenväter, z.B. den hl. Augustinus (28. August), Kirchenlehrer und Kirchenlehrerinnen, z.B. den hl. Thomas von Aquin (28. Januar) und die hl. Theresa von Ávila (15. Oktober), außerdem Ordensgründer (z.B. Benedikt, 11. Juli; Dominikus, 8. August; Franziskus, 4. Oktober) und zahlreiche andere, weniger bekannte Persönlichkeiten. In jüngerer Zeit wurden selig gesprochen: Karl Leisner (12. August, slg. 1996), Mutter Teresa (5.

September, sgl. 2003) und der „Löwe von Münster“: Clemens August Graf von Galen (22. März, slg. 2005). Edith Stein (9. August), die als Jüdin geboren wurde, sich taufen ließ und in den Karmeliter-Orden eintrat, wurde 1998 heilig gesprochen.

Allerheiligen und Allerseelen

Aller Heiligen gedenkt die katholische Kirche am gleichnamigen Fest am 1. November. An diesem Festtag zeigt sich, dass Christen ein anderes Verhältnis zur Zeit, aber auch zu Tod und Auferstehung haben: Wer in Gemeinschaft mit Gott ist, lebt, auch wenn er gestorben ist. Diese Gemeinschaft mit Gott verbindet die Christen aller Zeiten und Orte miteinander, so dass sie in der Eucharistie „zusammen mit allen Heiligen“ Gott loben. *Aller Seelen*, gemeint ist: aller Verstorbenen, gedenkt die Kirche am 2. November; dieser Festtag ist vergleichbar dem evangelischen Totensonntag.

Maria voll der Gnade

„Die“ Heilige schlechthin ist für katholische Gläubige *Maria*, die Mutter Jesu. Sie wird von Christen aller Konfessionen als Gottesmutter verehrt. Die katholischen Christen begehen am 1. Januar das Hochfest der Gottesmutter. In Maria zeigt sich das Handeln Gottes auf großartige Weise: Der göttliche Sohn wurde wahrer Mensch, „geboren von einer Frau“ (Gal 4,4). Mit ihrer Antwort auf die Botschaft des Engels, sie werde Mutter des Höchsten werden – festlich begangen am 25. März, also neun Monate vor Weihnachten, am Fest der *Verkündigung des Herrn* – bereitete sie der Menschwerdung Gottes den Weg. „Mir geschehe, wie du es gesagt hast“ (Lk 1,38) – ihre Antwort, dieses „Ja“, ist einzigartig: ein „Ja“ ohne Bedingungen und ohne Kleinmut. Ein „Ja“, das zeigt, wie sehr ihr ganzes Wesen von der Gnade Gottes erfüllt war. Diese einzigartige Begnadung vom Beginn ihrer Existenz an bis zu ihrem Tod und ihrer Aufnahme in die ewige Gemeinschaft Gottes feiern Katholiken in zwei Hochfesten am 8. Dezember (*Hochfest der ohne Erbsünde empfangenen Jungfrau und Gottesmutter Maria*, im Volksmund: „unbefleckte Empfängnis" oder auch „Erwählung Mariens") und am 15.8. (*Hochfest der Aufnahme Mariens in den Himmel*, im Volksmund: „Mariä Himmelfahrt").

Besonders von protestantischer, aber auch von katholischer Seite wird zu Recht immer wieder angemahnt, dass jegliche Verehrung Mariens letztlich immer auf Christus ausgerichtet sein muss. In mancher Praxis der Volksfrömmigkeit scheint diese „Christozentrik" christlicher Anbetung nicht genügend deutlich zu werden *(vgl. Kapitel B1)*.

Fronleichnam

Das Fest, mit dem sich am ehesten das Etikett „katholisch" verbindet, ist *Fronleichnam*, gefeiert am 2. Sonntag nach Pfingsten (d.h. am 1. Sonntag nach dem Dreifaltigkeitssonntag/Trinitatis). Es ist das Pendant zu *Gründonnerstag*, das Fest der Einsetzung der Eucharistie beim letzten Abendmahl. An Fronleichnam (fron = Herr, leichnam = Leib; Fronleichnam = Leib des Herrn) richtet sich der Blick v.a. auf die Wandlung bzw. Konsekration von Brot und Wein in Leib und Blut Jesu Christi. Seine Gegenwart in den Gaben von Brot und Wein hört nach katholischem Verständnis nicht auf, wenn die Eucharistiefeier abgeschlossen ist *(vgl. Kapitel B2)*. Das konsekrierte Brot wird darum im Tabernakel aufbewahrt und verehrt und eben an Fronleichnam in einer großen Prozession durch die Straßen getragen. Denn unser ganzes Leben, unser Alltag, unsere Stadt soll eucharistisch geprägt sein, in allem soll Christus gegenwärtig sein.

Dass diese „typisch katholische" Überzeugung allzu lang mit einem „anti-evangelischen Reflex" verbunden war, sei unbestritten. Heute wird die protestantische Mahnung, die Eucharistie bzw. das Abendmahl v.a. von der tatsächlichen Feier her zu verstehen und die Mitte dieser Feier – die Feier der Gegenwart Jesu Christi – nicht von ihr zu lösen und zu verdinglichen, deutlich wahrgenommen. Einige Gemeinden haben darauf z.B. reagiert, indem sie die Fronleichnamsprozession an den Häusern der Kranken der Gemeinde entlang führen, denen die Gemeinde die hl. Kommunion bringt.

Christus Sieger, Christus König, Christus Herr in Ewigkeit!

Mit *Christkönig* schließt das katholische Kirchenjahr – diese Fest wird am Sonntag vor dem 1. Advent begangen. Es ist ein recht junges Fest, das erst 1925 eingeführt wurde. Es macht deutlich, welcher Maßstab für die Christen wirklich zählen soll: nicht politische Herrscher, nicht die Gesetze von Geld und Macht, sondern Jesus Christus, seine Botschaft, seine „Gesetze": die Liebe zu Gott und zum Nächsten. Sein Königtum ist nicht von dieser Welt (vgl. Joh 18,36), und seine Macht ist die Macht des Gekreuzigten: die Macht der Liebe, die die Zeiten überdauern und am Ende der Zeiten die Vollendung herbeiführen wird.

Julia Knop

EVANGELISCH

Reformationstag

Die evangelischen Christinnen und Christen feiern den „Geburtstag" des Protestantismus jährlich am 31. Oktober. An dem Tag soll Martin Luther im Jahr 1517 seine berühmten 95 Thesen gegen die Buß- und Ablasspraxis der römischen Kirche an die

Tür der Wittenberger Schlosskirche genagelt haben. Freilich ist es kirchengeschichtlich umstritten, ob sich der Thesenanschlag tatsächlich und an dem Tag so zugetragen habe. Unumstritten ist aber, dass sich durch solche Formen der „Veröffentlichung" theologischer Gedanken der evangelische Glauben in der Bevölkerung ausbreiten konnte. Darum rechtfertigt sich die Feier eines „Reformationstages", auch wenn sein Datum möglicherweise eher symbolischen Wert hat. Das evangelische Fest sieht sich seit einigen Jahren in starker Konkurrenz zu Halloween, dem aus den USA importierten Brauch, am Vorabend zum Allerheiligen-Tag gruselige Verkleidungsparties zu veranstalten. Die Konkurrenz hat dem Reformationstag in gewisser Weise sogar neuen Schwung gegeben: Denn als Alternative zu Halloween bieten mittlerweile viele Gemeinden und besonders die evangelische Jugend sogenannte „church nights" oder „Luther-Parties" an, um den Geburtstag des Protestantismus gebührend zu feiern.

Buß- und Bettag

Not lehrt beten. Darum wurden früher in Zeiten von gesellschaftlicher Not oder Unglück häufiger gemeinsame Buß- und Bettage ausgerufen. Im Laufe der Zeit veränderte sich die Praxis. Die persönliche Not und Schuld rückten in den Vordergrund. Darum einigten sich die evangelischen Landeskirchen im 19. Jahrhundert mit dem Mittwoch vor dem Ewigkeitssonntag auf einen gemeinsamen festen Termin. Als gesetzlicher Feiertag wurde der Buß- und Bettag in Deutschland 1994 zur Finanzierung der Pflegeversicherung aufgehoben. Am Buß- und Bettag stehen das Bekenntnis der Schuld, die Fürbitte und der Wunsch, mit seinem Leben zu Gott umzukehren, im Mittelpunkt des Gottesdienstes. Der Evangeliumstext, das Gleichnis vom unfruchtbaren Feigenbaum, dem noch ein Jahr gegeben wird (Lk 13,1–9), verleiht der Hoffnung Ausdruck, dass es für die Umkehr noch nicht zu spät ist.

Ewigkeitssonntag (Totensonntag)
Der letzte Sonntag im Kirchenjahr hat in der evangelischen Kirche einen zweifachen Charakter, was schon an der Doppelbezeichnung als Ewigkeits- oder Totensonntag auffällt. Am Ende des Kirchenjahres geht es theologisch passend zum einen um die „Endzeit". Die biblischen Texte rücken das Vergehen dieser Welt in den Blick, aber auch die große Hoffnung auf die umfassende Durchsetzung von Gottes Reich, auf einen neuen Himmel und eine neue Erde. Zum anderen ordnete König Friedrich Wilhelm III. von Preußen 1916 an, an diesem Sonntag der Gefallenen zu gedenken. Der Ewigkeitssonntag wurde zum „Totensonntag". Sich an diesem Tag das Lebensende, den Tod und den Glauben auf das ewige Leben vor Augen zu führen, schließt thematisch an die eschatologische Ausrichtung des Ewigkeitssonntags sicherlich an. Dennoch muss der evangelische Gottesdienst am letzten Sonntag des Kirchenjahres beides miteinander verbinden und darf keinen Aspekt im anderen untergehen lassen: sowohl das vielen Menschen wichtige individuelle Gedenken der Verstorbenen als auch den weiten Horizont einer umfassenden Erneuerung des Lebens.

Stefanie Schardien

KIRCHE UND ÖKUMENE

C

C

1. WAS IST KIRCHE? SCHWIERIGE ANTWORTEN AUF EINE EINFACHE FRAGE

Was bezeichnet das Wort „Kirche“? Natürlich: Ein Gotteshaus. Wesentlicher: Die vom Jesus Christus gerufene und gestiftete Gemeinschaft der Getauften. Nach mancher Außenwahrnehmung: eine reformbedürftige Institution. Viele verschiedene Ekklesiologien (= Lehren von der Kirche) sind über die Jahrhunderte entwickelt worden. Immer wieder haben sie sich wichtigen Fragen anzunähern versucht: Handelt es sich bei der Kirche, von der Christinnen und Christen am Ende des Glaubensbekenntnisses sprechen, um ein Ideal, um eine Theorie oder um greifbare Wirklichkeit? Die Vielfalt der Theologien macht deutlich: Was oder wer oder wo die Kirche ist, lässt sich nicht einfach beantworten. An ihr scheiden sich die Geister … und das auch quer zu den Konfessionen.

Gemeinde in unterschiedlichsten Varianten

Erfahrbar wird die Kirche für die praktizierenden Christen in erster Linie in der Gemeinde vor Ort bzw. in der Gemeinde oder Gemeinschaft, in der sie sich geistlich und menschlich zu Hause fühlen. Hier findet – konfessionell gebunden – christliches Leben statt: im Gottesdienst, in der Katechese (z.B. der Vorbereitung auf die Erstkommunion oder Konfirmation) und Diakonie, in Gruppen und Verbänden, an Festtagen und im Alltag. In der christlichen Gemeinde, ob katholisch oder evangelisch, mischen sich Menschen in besonderer Weise: Junge und Alte, Kranke und Gesunde, Menschen mit den unterschiedlichsten Berufen und Biographien – sie alle sind gleichermaßen eingeladen, am Gemeindeleben teilzuhaben. Wenigstens sollte es so sein. Denn die einzig notwendige „Eintrittskarte" zum Christsein ist die Taufe – nicht mehr und nicht weniger *(vgl. Kapitel B2)*. Die in der Taufe geschenkte Gnade und Sendung soll in der Gemeinschaft der Getauften Hand und Fuß bekommen: indem sie den Glauben feiern, ihre Hoffnung auf Frieden und Gerechtigkeit dieser Welt und ihre Vollendung durch Gott teilen und in Respekt und Liebe miteinander umgehen.

Zu bestimmten Anlässen kann sich die christliche Gemeinde auch ganz anders zusammensetzen: So gibt es in größeren Städten Jugendkirchen und Hochschulgemeinden, die Christinnen und Christen einer bestimmten Altersgruppe zusammenbringen. Die ökumenische Gemeinschaft von Taizé, die in Frankreich zuhause ist, lädt Jugendliche aller Länder zum „Taizé-Gebet" ein. Die Gesänge und Meditationen machen christliche Gemeinde und christlichen Glauben einmal in einer ganz besonderen Weise und zudem ökumenisch erfahrbar.

Die Großveranstaltungen „Katholikentag" und „Evangelischer Kirchentag", die in Deutschland jährlich abwechselnd stattfinden, oder auch der internationale katholische Weltjugendtag führen Christinnen und Christen für einige Tage zu Gebeten und Gottesdiensten, Diskussionen und Beratungen, Austausch und Feier, eben zum gemeinsamen Christ-Sein, zusammen. 2003 (Berlin) und 2010 (München) kamen bei großen Ökumenischen Kirchentagen hunderttausende Christinnen und Christen vieler Konfessionen zusammen.

G

E

K

DER „DEUTSCHE EVANGELISCHE KIRCHENTAG" findet seit 1949 statt und versteht sich als Bewegung von „Laien", die unabhängig von der so genannten „Amtskirche" organisiert wird. Auch wenn dieser Gegenüberstellung mittlerweile die Schärfe genommen wurde und viele kirchliche Vertreterinnen und Vertreter mitwirken, bewahrt sich der Kirchentag organisatorisch und in seiner inhaltlichen Gestaltung seine Freiheit. Immer wieder wird er zum wichtigen Impulsgeber und zur Zeitansage für die Welt, für Kirche und Gesellschaft. Die Präambel zu seiner Ordnung legt die Ziele fest: „Der Deutsche Evangelische Kirchentag will *Menschen zusammenführen*, die nach dem christlichen Glauben fragen. Er will *evangelische Christen sammeln und im Glauben stärken*. Er will zur *Verantwortung in der Kirche* ermutigen, zu Zeugnis und Dienst in der Welt befähigen und zur *Gemeinschaft der weltweiten Christenheit* beitragen."

DIE „DEUTSCHEN KATHOLIKENTAGE" gibt es seit 1848. Ausgerichtet werden sie in Kooperation zwischen dem Zentralkomitee der deutschen Katholiken (ZdK) bzw. seinen Vorläufern *(vgl. Kapitel C2)* und je einem (wechselnden) Bistum. Sie bilden ein Forum für Austausch und Meinungsbildung der Katholiken und haben sich zum Impulsgeber für die gesellschaftliche Diskussion entwickelt. Nicht zuletzt ermöglichen sie es, Kirche einmal auf eine andere Art zu erleben: als „Volk Gottes" aus Laien, Priestern, Bischöfen und Ordensleuten in Ergänzung zum „normalen" kirchlichen Alltag. Thematisch prägend sind aktuelle Fragen der Zeit und Gesellschaft: im 19. Jahrhundert v.a. das Verhältnis der deutschen Kirche zur Gesamtkirche, die Soziale Frage (vgl. Kapitel D2), Kulturkampf und das Bildungsdefizit in der katholischen Bevölkerung. Im 20. Jahrhundert stehen Fragen der Zuordnung von Kirche und Gesellschaft, die Aneignung der Errungenschaften des II. Vatikanischen Konzils, die Themen Friede und Gerechtigkeit und natürlich die Ökumene im Mittelpunkt.

In Orden und vielen geistlichen Gemeinschaften leben viele Christinnen und Christen in der Nachfolge Jesu nach den so genannten „evangelischen (evangeliumsgemäßen) Räten" der Armut, der Ehelosigkeit und des Gehorsams. Darüber hinaus gibt es Kommunitäten, in denen Menschen in unterschiedlichen Lebensformen (ehelos, als Paar oder als Familie) sich gemeinsam in die Nachfolge Jesu stellen. Diese Gemeinschaften üben aufgrund ihres besonderen Charismas oft eine hohe Ausstrahlung auf ihre Umgebung aus und machen eine besondere Form christlichen Lebens erfahrbar.

Eine Typfrage

Auf den ersten Blick ähneln sich die kirchlichen Strukturen der Konfessionen – nicht nur auf Gemeindeebene, sondern auch auf übergeordneter Ebene bis hin zur weltkirchlichen Organisation: In allen christlichen Konfessionen gibt es, wenn auch mit verschiedenen Bezeichnungen, Ämter und Gremien, die Leitungs- oder Beratungsfunktionen wahrnehmen. Doch wird eine rein soziologische Beschreibung, die institutionstheoretisch argumentierte und Ämter und Strukturen über ihre Funktion für die jeweilige Gruppe definierte, dem Selbstverständnis der christlichen Kirchen nicht gerecht. Denn die Kirchen verstehen sich nicht nur als Zusammenschluss von Menschen, die eine bestimmte Gesinnung teilen und passende Strukturen der Selbstorganisation entwickeln. Die christliche Gemeinde ist mehr und in bestimmter Hinsicht auch anderes als ein Verein oder eine Institution:

Wie eine Konfession verfasst ist, hängt zunächst einmal davon ab, wie sie theologisch den Begriff „Kirche" bestimmt. Hier kommen im Wesentlichen zwei Typen in Frage: Im „dynamischen“ Typ erwächst die Kirche in erster Linie aus der Kraft der Verkündigung, aus dem *Ereignis* des Wortes Gottes. Das Wort Gottes ist die entscheidende Bezugsgröße, die der Kirche normativ vorgeordnet und gegenübergestellt wird. Der „sakramental-institutionellen“ Deutung nach bezeichnet der Begriff „Kirche“ die um das Bischofsamt versammelte Gemeinschaft der Getauften. Dieses Amt wird selbst sakramental verstanden. Hier ist es das Gegenüber von Amt und Gemeinde, in dem sich die fundamentale Gegenüberstellung von Jesus Christus und der Kirche abbildet *(vgl. Kapitel B2)*. Während der erste Typ in unterschiedlichen Ausformungen v.a. im protestantischen Christentum beheimatet ist, findet sich das Kirchenverständnis des zweiten Typs im römisch-katholischen, im altkatholischen und im orthodoxen Christentum sowie in Teilen des Anglikanismus.

Wichtig ist für beide Beschreibungstypen die Verbindung der Kirche zum apostolischen Ursprung des christlichen Glaubens, also zum Zeugnis der Apostel/der apostolischen Zeit. In dieser geglaubten Kontinuität besteht ein Aspekt kirchlicher Identität: „Wir glauben an die … apostolische Kirche.“ Je nach Typ wird diese „Apostolizität“ wieder unterschiedlich bestimmt. In der dynamischen Deutung wird Apostolizität als Sachprinzip verstanden: Kirche ist apostolisch, sofern ihr Glaube seinem Gehalt nach in Kontinuität zum Ursprung steht, sofern das Wort Gottes ursprungsgemäß verkündet wird. Innerhalb der sakramental-institutionellen Deutung wird die Apostolizität der Kirche personal rückgebunden: Apostolizität zeigt sich in der Verbundenheit der Kirche zu den Zeugen des apostolischen Glaubens: zu den Aposteln, in deren Nachfolge sich das Kollegium der Bischöfe versteht („apostolische Sukzession“).

Kirchen – Menschen oder Häuser?

Je nachdem, in welchem Lexikon man nachschlägt, findet man unterschiedliche Antworten auf die Frage, was eigentlich eine Kirche sei. In aller Regel beginnt ein Lexikon-Artikel mit dem etymologischen Hinweis, dass das deutsche Wort „Kirche“ vom griechischen „kyriaké“ abgeleitet ist, was bedeutet: das zum Herrn (dem „kyrios“) Gehörige. Aber was gehört zum Herrn?

Während ein profanes Nachschlagewerk ganz unbedarft „Haus“ ergänzt, also erklärt: „Kirche“ bezeichnet das zum Herrn gehörige *Gebäude*, kommt den Autoren theologischer Nachschlagewerke in der Regel erst ganz am Ende ihres Artikels (wenn überhaupt) die Assoziation „Kirchengebäude“. Sie sind vielmehr überzeugt: „Kirche“ meint in erster Linie die zum Herrn gehörige *Gemeinde*, d.h. diejenigen, die getauft wurden, die das Wort Gottes hören und aus ihm leben. Martin Luther nannte die Kirche deshalb auch „creatura verbi“: Geschöpf des göttlichen Wortes. Im Neuen Testament ist der Begriff „ecclesia“ der zentrale, aber noch sehr selten gebrauchte Terminus für Kirche – er bezeichnet die „Herausgerufenen“, gemeint ist: die in die Nachfolge Christi Berufenen. „Ecclesia“ liegt damit ganz auf der Linie eines personalen Verständnisses der „kyriaké“, derjenigen also, die zum Herrn gehören.

Gesucht: Ein Ort zum Feiern

Eigens für den Gottesdienst errichtete Gebäude gab es in den ersten drei Jahrhunderten nicht. Gottesdienste und Gemeindeversammlungen fanden in Privathäusern statt. Dies hängt u.a. damit zusammen, dass sich die religiöse Praxis und Überzeugung der Christen gegenüber der Religiosität ihrer Umwelt deutlich unterschied: Christlicher Gottesdienst ist kein Kult, der zum Wohle der Polis (= Stadt), d.h. im Dienst der Politik, Opfer darbringt. Zwar kann man durchaus auch von einer kultischen Dimension der christlichen Liturgie sprechen, aber damit ist natürlich nicht der geschuldete Opferdienst gegenüber einem antiken Götterhimmel gemeint. Man wollte deshalb bewusst keine Tempelanlage errichten, sondern benötigte schlicht einen Versammlungsraum. Denn der „Tempel Gottes" – also der Ort, wo Gott selbst „Wohnung nimmt" und man zu ihm betet – ist in erster Linie die Gemeinde selbst, die sich zum Gottesdienst versammelt:

> *1 Kor 3,16 Wisst ihr nicht, dass ihr der Tempel Gottes seid und der Geist Gottes in euch wohnt?*

Seit dem 3. Jahrhundert finden sich Spuren eigenständiger christlicher Kirchengebäude.

DER ERSTE OFFIZIELLE KIRCHBAU ist die im 4. Jahrhundert von Kaiser Konstantin gestiftete Lateranbasilika in Rom, „Mutter und Haupt aller Kirchen der Stadt und des Erdkreises" – so die Inschrift über dem Eingang –, deren Weihetag am 9. November bis heute in der katholischen Kirche begangen wird.

In der Folgezeit entwickeln sich ganz unterschiedliche Typen des Kirchbaus, in denen sich nicht nur der architektonische Zeitgeist, sondern immer auch das jeweilige Selbstverständnis der Kirche spiegelt. Denn dort – im Haus, das zum Herrn gehört – feiert die christliche Gemeinde Gottesdienst. Größe, Aufbau und Ausstattung des Kirchengebäudes dienen in erster Linie diesem liturgischen Zweck.

Kirchenräume – Gespiegelter Glaube

Der altkirchliche Grundtyp des Kirchenbaus, die mehrschiffige Basilika, wird mit der Zeit durch ein Querhaus zur Kreuzform erweitert. Der Grundriss des Kirchengebäudes soll damit die Berufung der Kirche abbilden, Leib des Herrn zu sein. In aller Regel sind christliche Kirchen „geostet“: Apsis (der runde Chorabschluss des Kirchenraums) und Altar finden sich im Osten, in Richtung der aufgehenden Sonne, die Sinnbild des wiederkommenden Christus ist (vgl. das Credo: „aufgefahren in den Himmel, von dort wird er kommen...“), so dass die Gläubigen dorthin ausgerichtet, „orientiert“ sind. Mit der Zeit entstehen neue Bautypen, die den zunehmenden Märtyrerkult aufnehmen und besondere Orte für die Bestattung und Verehrung der Blutzeugen vorsehen. Emporen werden eingezogen, um großen Pilgermengen Platz zu bieten. Je nach Funktion entstehen Kathedral-, Stifts- und Pfarrkirchen. Der so genannte „Lettner“ teilt seit dem Hoch- bzw. Spätmittelalter den Gottesdienstraum in den Raum einer spezifischen Kommunität – einer Ordensgemeinschaft oder der Stiftsherren – und den Raum des Gemeindegottesdienstes. Für diesen Bereich, die so genannte „Leutekirche“, wird ein Volksaltar vor dem Lettner eingeführt. Der Lettner bietet häufig neben West- und Seitenemporen auch Platz für Orgeln, Chöre und Instrumentalisten.

Wie sich Frömmigkeit entwickelt, wird stets auch an der Raumgestaltung sichtbar. Besonders die Gestaltung der eucharistischen Feier hat sich darauf ausgewirkt: durch eigene Altartische im Querhaus, später Chorschranken und heutzutage bisweilen in einer gerundeten Stufenanlage vor bzw. um den Altar, an der die Kommunion ausgeteilt wird. Kunstvolle Sakramentshäuschen demonstrieren v.a. in der Gotik die Verehrung des eucharistischen Brotes auch außerhalb der Messfeier. In Zeiten, in denen die Privatmesse der Priester üblich war, entstehen Kapellenkränze mit zahlreichen Einzelaltären ohne eigenen Gemeinderaum. Das Aufkommen

der Einzelbeichte und die Entwicklung der Beichtpraxis werden in der Zahl und Ausstattung der Beichtstühle bzw. heute Beichträume sinnenfällig. Politisch bedeutsame Kirchen bilden räumlich die Bipolarität des Mittelalters von Krone (im Westen) und Altar (im Osten) ab. Der Schaufrömmigkeit dieser Zeit entsprechen sichtbare und kunstvoll ausgeschmückte Reliquienorte.

Auch kirchliche Reformbewegungen schlagen in der Kirchenraumgestaltung zu Buche: Der Reformorden der Zisterzienser entwickelt im 12. Jahrhundert eine eigenständige Baukultur. Mit dem Aufkommen der Bettel- und Predigerorden (Franziskaner, Dominikaner, Karmeliter, Augustiner-Eremiten) im 13. Jahrhundert verbreiten sich geräumige Hallen- und Saalkirchen, die den zahlreichen Gläubigen auf Sitzbänken Platz bieten.

Reformation und katholische Reform verändern den Phänotyp der Kirchengebäude auf ihren jeweiligen Fokus hin: Im protestantischen Bereich werden die Orte der Wortverkündigung aufgewertet. Besonders in den reformierten Kirchen rücken Ambo (ein Lesepult) und Kanzel ins Zentrum. Auch die Orgel bekommt mit der wichtiger werdenden Kirchenmusik in den evangelischen Kirchen einen prominenteren Ort. Bei der Übernahme von Kirchen aus der „altgläubigen" Tradition sind die sich neu bildenden evangelischen Konfessionen im 16. Jahrhundert gleichwohl sehr unterschiedlich vorgegangen: Begnügten sich die lutherischen Gemeinden mit für ihren Glauben zentralen Veränderungen im Raum, so wurden im so genannten „Bildersturm" auf Geheiß reformierter Theologen und der zum reformierten Glauben übergetretenen Obrigkeiten Gemälde, Skulpturen und Kirchenfenster aus den Gotteshäusern entfernt. Oft sind die Kunstwerke entweder in Privatbesitz übergegangen oder gar ganz zerstört worden. Obwohl also nicht alle evangelischen Kirchräume in der beschriebenen Brutalität und Radikalität verändert wurden, lässt sich insgesamt doch eine deutlich schlichtere Gestaltung im Vergleich zum Katholizismus wahrnehmen. Diese Schlichtheit gibt vor allem dem evangelischen Glauben augenfälligen Ausdruck, dass das Wort Gottes und nicht kirchliche Traditionen relevant sind. Im Zuge der römisch-katholischen Reform konzentriert sich die Kirchenraumgestaltung auf den Ort der Eucharistie: Nebenschauplätze und Sichthindernisse werden abgebaut, um Altar und Tabernakel neu ins Zentrum zu rücken.

Malerei und bildende Kunst sollten früher wie heute in Kirchenräumen der größeren Ehre Gottes und der symbolischen Verkündigung dienen. Himmlische Deckengestaltungen – man denke nur an die üppig ausgeschmückten Kirchen des Barock und Rokoko – lenken die Blicke zu dem, was „oben ist“: zum himmlischen Jerusalem, zur ewigen Stadt. Von der festen Gottesburg der Romanik, der himmelwärts strebenden, lichtdurchfluteten Kathedrale der Gotik über die geordnete Proportionalität der Renaissance-Kirchen und die Überschwänglichkeit des Barock, die schlichte Funktionalität mancher Kirchbauten der 1970er Jahre bis hin zur visionären Gestalt einer Kathedrale Antoni Gaudís in Barcelona (Sagrada Familia) illustrieren die Kirchengebäude das mit der Zeit gewandelte Selbstverständnis und die Hoffnungsgestalt der Kirche und Konfessionen.

Theologisch bleibt über allem Wechsel der Stile deutlich: Der Kirchenraum muss *liturgiegerecht* sein, denn bei allem Wechselspiel steht er immer im Dienst des Gottesdienstes und spiegelt zugleich dessen jeweilige Gestalt. Er muss *gemeindegerecht* sein und verdeutlicht zugleich in seiner Raumgestalt das Rollengefüge der Gemeinde. Er sollte in Zeichen und Symbolen dem *Glauben* und der Hoffnung der Gläubigen Gestalt und Heimat geben. Jenseits von prunkvoller Selbstinszenierung auf der einen Seite und der Multifunktionalität manch moderner Mehrzweckbauten trägt auf diese Weise also auch das Haus, das „zum Herrn gehört", dazu bei, dass Gottes Wort verkündigt und der Glaube erlebbar wird.

KIRCHEN, deren Raumgestalt alle Gläubigen in dieselbe Richtung orientieren, machen die Gottesdienstgemeinde als pilgernde Kirche erlebbar, die ihrem Herrn entgegengeht. Die früher übliche *„celebratio ad orientem"*, die Ostung also nicht nur der Gemeinde, sondern auch des Zelebranten, greift diese Symbolsprache auf und stellt den Aspekt der gemeinsamen Anbetung bzw. des gemeinsamen Betens in den Vordergrund. Die heute im katholischen Bereich weithin übliche Zelebration zum Volk hin *(„celebratio versus populum")* ermöglicht demgegenüber allen Mitfeiernden den freien Blick auf den Altar. Das *Kreuz über dem Altar* verdeutlicht die Mitte der Eucharistie-Feier: Sie ist Verkündigung von Tod und Auferstehung Jesu Christi. *„Communio-Räume"*, die die Gemeinde um die beiden gottesdienstlichen Zentren von Wortverkündigung (Ambo) und Eucharistie/Abendmahl (Altar) gruppieren, erschließen die Liturgie als Versammlung und Feier der in Christus geeinten Kirche.

Herein!

Der Eintritt in eine Kirche steht hierzulande jedermann und jederfrau frei. Kirchen sind öffentliche Orte, in denen Menschen vor Gott zur Ruhe kommen, beten, zu Gottesdienstzeiten feiern und bei Konzerten der Musik lauschen dürfen. Die Bedeutung der „offenen Kirche", deren Türen tagsüber zuverlässig geöffnet sind und an deren Schwelle kein Eintritt erhoben wird, sollte nicht unterschätzt werden. Während man die „offene Tür" lange Zeit nur in römisch-katholischen Kirchen fand, haben mittlerweile auch zunehmend evangelische Kirchen die Bedeutung dieser Einladung entdeckt. Auch die Fluchtrichtung der meisten kirchlichen Eingangstüren macht die Aufforderung des „Herein!" deutlich: In vielen Kirchen öffnen sich die Pforten nach innen.

Institutionell betrachtet ist der Eintritt in die Kirche eine Formalität, aktenkundig und folgenreich für Personenstand und Finanzamt *(vgl. Kapitel D1)*. Liturgisch geschieht viel mehr bzw. etwas ganz anderes: Den Eintritt in die Kirche als der „zum Herrn gehörigen Gemeinschaft" eröffnet ein Sakrament *(vgl. Kapitel B2 und C2)*. Die „Schwelle", die ein Gläubiger überschreitet, der um Eintritt in die Kirche nachsucht, ist die Taufe. Sie markiert einen Unterschied – zwischen dem, der, bildlich gesprochen, die Schwelle der Kirchtür überschritten hat, und dem, der die Kirche von außen betrachtet, den Unterschied also zwischen dem Beteiligten und dem Beobachter. In der christlichen Antike wurde dies sinnenfällig deutlich: Die Gemeinde übergab dem Taufbewerber, der eine lange Vorbereitungszeit durchlaufen hatte, kurz vor seiner Taufe feierlich das Glaubensbekenntnis und das Vaterunser. In der Tauffeier selbst bekundete der Täufling dann, dass er sich diese beiden zentralen Bekenntnistexte des Christentums zueigen gemacht hat. Ging es in den Tagen vor der Taufe darum, die Texte ganz pragmatisch auswendig zu lernen, so spricht der Neugetaufte sie nun erstmals laut und im Kreis der Gemeinde mit. Die Taufe macht ihn vom Beobachter zum Beteiligten.

Von Laien und Profis

Zu den wohl missverständlichsten und unglücklichsten Bezeichnungen in der katholischen und evangelischen Kirche gehört das Wort „Laie", das jenen Getauften bezeichnet, der kein geweihter bzw. ordinierter Amtsträger ist. Unglücklich deshalb, weil zumindest im allgemeinen Sprachgebrauch das Wort

„Laie" denjenigen bezeichnet, der im Unterschied zum „Profi" in einem bestimmten Kompetenzbereich keine oder nur rudimentäre Fachkenntnisse besitzt. Im besten Fall hat er oder sie sich autodidaktisch besondere Fertigkeiten angeeignet, doch ein Zertifikat, das die entsprechende Qualifikation bescheinigen könnte, fehlt.

Nun ist aber demgegenüber allen Christen gleichermaßen eine besondere Auszeichnung zuteil geworden: Sie alle sind getauft, sie alle gehören zu Christus und sind mit der Kraft des Heiligen Geistes begabt worden. Jeder und jede Getaufte trägt das „Siegel" Jesu Christi. Die besondere Kenntnis der Christenmenschen, die sie von allen Nichtgetauften abhebt, ist ihre Kenntnis der Liebe Gottes selbst, die sie „erkannt und gläubig angenommen haben" (1 Joh 4,16). Von dieser theologischen Warte aus sind die Getauften gerade keine „Laien": keine Unwissenden. Sie gehören zum Volk: („laos"= Volk) – aber gemeint ist das Volk Gottes. Sie haben im Glauben den Sohn erkannt, den der Vater gesandt hat (Joh 17,25). Auf dieser Einsicht beruht vor aller Unterscheidung von Amtsträgern und Laien auch die Überzeugung vom „allgemeinen" (so die evangelisch gebräuchliche Bezeichnung) bzw. „gemeinsamen" (so die katholisch übliche Bezeichnung) Priestertum aller Gläubigen, das in der Taufe empfangen wird.

Anders liegen die Dinge, wenn man den Laienbegriff von profaner bzw. fachlicher Warte aus betrachtet, ihn also im gängigen Sprachgebrauch verwendet. Wer sich nach einem wissenschaftlichen Studium der Theologie per Zertifikat „Theologe" oder „Theologin" nennen darf, ist „Profi" im fachwissenschaftlichen Sinn: Fachtheologe und Fachtheologin – aber kein Profi-Christ. Christsein ist nicht steigerbar, Fachkompetenz durchaus.

Diejenigen, die ein geistliches Amt in der Kirche innehaben und gemeinhin den „Laien" gegenüberstellt werden, haben

– in der katholischen Kirche in aller Regel, in der evangelischen Kirche unbedingt – ein fachwissenschaftliches Studium absolviert, durch das sie zu theologischen „Profis“ geworden wird.

AUS KATHOLISCHER SICHT verdankt sich die Vollmacht, die dem Kleriker in der Weihe übertragen wird (zu leiten, zu lehren und die Sakramente zu spenden), die ihn von den übrigen Getauften unterscheidet, aber nicht seiner fachwissenschaftlichen Professionalität, sondern seiner besonderen Sendung *(vgl. Kapitel B2)*. Der geweihte „Diakon im Nebenberuf“ ist darum auch dann, wenn er nicht im gleichen Umfang theologische Studien betrieben haben sollte wie die professionelle Fachtheologin, Kleriker (Amtsträger) und nicht Laie (im theologischen Sinn).
AUS EVANGELISCHER SICHT wird die in der Ordination ausgesprochene Sendung und Beauftragung zum geistlichen Amt durch die Gemeinde dagegen an die *fachliche* Kompetenz, also die Professionalität von abgeschlossenem Theologiestudium und Vikariat gebunden *(vgl. Kapitel C2)*. Einige evangelische Landeskirchen ordinieren mittlerweile allerdings nach Absolvierung bestimmter theologischer Kurse auch Prädikantinnen oder Gemeindediakone, wobei die Ähnlichkeit oder Differenz zur Ordination der Pfarrerinnen und Pfarrer theologisch umstritten ist.

Gemeindereferent und Pastoralassistentin in der katholischen und Gemeindepädagogen in der evangelischen Kirche haben wie die Religionslehrerinnen und -lehrer theologische und religionspädagogische Studien betrieben – im fachwissenschaftlichen Sinn sind sie also „Profis“ wie die Priester oder Pfarrerinnen auch. Bezogen auf die Gegenüberstellung Kleriker/geistliche Amtsträger–Laie stehen sie auf der Seite der Laien:

G
E
K

Sie sind getaufte Christen, die nicht zum Klerus/zu den geistlichen Amtsträgern gehören. Ihre Sendung, ihr Auftrag ist eine besondere Ausgestaltung ihrer Taufberufung.

Julia Knop

EVANGELISCH

Evangelische Kirche – im ganz eigentlichen Sinn

Was für das Kirchesein ausreicht, hat die reformatorische Theologie wohltuend schlicht beschrieben:

> *Es wird auch gelehrt, dass allzeit eine heilige, christliche Kirche sein und bleiben muss, die die Versammlung aller Gläubigen ist, bei denen das Evangelium rein gepredigt und die heiligen Sakramente laut dem Evangelium gereicht werden. Denn das genügt zur wahren Einheit der christlichen Kirche…"*
>
> Confessio Augustana, *VII (1530)*

Mit Verkündigung, Taufe und Abendmahl ist die Kirche ihrem ganzen Wesen nach auf Christus bezogen. Dies – und keine anderen Kriterien – lässt nach evangelischem Verständnis darüber entscheiden, ob eine Gemeinschaft „Kirche" ist oder nicht. In der Konsequenz kann ein evangelisches Verständnis auch die Vielfalt der Kirchen akzeptieren und sogar als unterschiedliche Antwortversuche auf Gottes Anrede verstehen. Dass man seinen Glauben zur „einen" heiligen, christlichen Kirche bekennt, drückt sich für den Protestantismus gerade darin aus, dass man Einheit als Zusammenklang der Vielfalt der christlichen Kirchen begreift. Verschiedenheiten zwischen den Konfessionen sollen nicht abgeschafft, sondern in dem, was schmerzhafte Trennungen ausmacht, versöhnt werden. Diese

Wahrnehmung ist deshalb möglich, weil aus der Sicht des Protestantismus nicht „die" Kirche als eigenständig gedachte Größe existiert, die sich dann mehr oder weniger in den einzelnen Konfessionen zeigt. Die „eine" Kirche als Leib Christi und Gemeinschaft der Heiligen ist natürlich mehr als die Summe ihrer einzelnen Christinnen und Christen. Doch diese Einheit in aller Verschiedenheit, auch der Konfessionen, wird allein durch Christus bewegt und nicht durch ein garantierendes Einheitsamt (eines Papstes). Weil eben nur Christus das Haupt seines Leibes ist, ist es Aufgabe der als „Gemeinschaft von Brüdern und Schwestern" verstandenen Kirche, die frohe Botschaft zu bezeugen. Darüber hinaus hat sie keine eigenständige Mittlerfunktion zum Heil.

Reformation – „work in progress"

Die Reformation ist aus evangelischer Perspektive kein abgeschlossener Prozess. Die evangelische Kirche versucht immer wieder, es sich nicht in bekannten kirchlichen Strukturen gemütlich zu machen und nicht zu verharren. Gegen ein Verharren will sie ihre Strukturen und Organisation, ihre Mitarbeitenden und Glaubenden immer wieder daraufhin befragen, ob dem Auftrag der Verkündigung von Gottes Wort in der Welt Genüge getan wird. Nur in diesem Sinn, in der Rückkehr zum Auftrag, geht es bei der „Re-Formation" um ein „Wiederherstellen". Ansonsten ist sie nämlich auf die Zukunft ausgerichtet: Mitte des ersten Jahrzehnts des neuen Jahrtausends sind nicht nur in einzelnen Landeskirchen, sondern auch auf der Ebene der EKD intensive Reformprozesse eingeleitet worden. Besonders das Impulspapier „Kirche der Freiheit" (2006) und der folgende Prozess unter dem Titel „Kirche im Aufbruch" haben in den Gemeinden und in der Öffentlichkeit schon viel bewegt. Beschritten und vor allem immer weiter gesucht werden dabei

G
E
K

neue Wege und Ideen, um evangelisches Leben und evangelische Kirche den Menschen von heute nahezubringen. Viele der Initiativen, z.B. für die höhere Qualität von Gottesdiensten, missionarische Bildungsinitativen oder zur Gewinnung von Ehrenamtlichen sind aus Gemeindeerfahrungen selbst erwachen. Die Evangelische Kirche in Deutschland unterstützt diesen Um- und Aufbruch zusätzlich mit drei Zentren: für „Mission in der Region" (Greifswald, Dortmund, Stuttgart), für „Qualitätsentwicklung im Gottesdienst" (Hildesheim) und für „Predigtkultur" (Wittenberg). Zur Vorbereitung auf das 500. Jubiläum von Luthers Thesenanschlag hat die EKD außerdem eine „Reformationsdekade" bis 2017 ausgerufen: damit das Fest nicht nur ein Rückblick wird, sondern Zukunft in den Blick nimmt.

Stefanie Schardien

KATHOLISCH

Kirche – im Singular oder Plural?

Das II. Vatikanische Konzil hat die „katholische" Antwort auf die eingangs gestellte Frage danach gegeben, was „Kirche" im theologischen Sinn sei. Die Antwort des Konzils lautet: Die Kirche Jesu Christi, die im Glaubensbekenntnis bekannt wird („credo … ecclesiam"), ist nicht nur ein fernes Ziel oder ein unwirkliches Ideal, sondern es gibt sie – anfanghaft und gebrochen – schon jetzt, hier und heute. Sie nahm an Pfingsten ihren Anfang und findet nach katholischem Verständnis ihre konkrete Gestalt in der kirchlichen Gemeinschaft, die vom Nachfolger Petri, also dem Bischof von Rom, in Gemeinschaft mit dem Nachfolgekollegium der Apostel, also dem Bischofskollegium, geleitet wird.

G E K

1. Christus ist das Licht der Völker. … Die Kirche ist in Christus gleichsam das Sakrament, das heißt Zeichen und Werkzeug für die innigste Vereinigung mit Gott wie für die Einheit der ganzen Menschheit.
8. Der einzige Mittler Christus hat seine heilige Kirche, die Gemeinschaft des Glaubens, der Hoffnung und der Liebe, hier auf Erden als sichtbares Gefüge verfasst und trägt sie als solches unablässig. … Die mit hierarchischen Organen ausgestattete Gesellschaft und der geheimnisvolle Leib Christi, die sichtbare Versammlung und die geistliche Gemeinschaft, die irdische Kirche und die mit himmlischen Gaben beschenkte Kirche sind nicht als zwei verschiedene Größen zu betrachten, sondern bilden eine einzige komplexe Wirklichkeit, die aus menschlichem und göttlichem Element zusammenwächst. …
Dies ist die einzige Kirche Christi, die wir im Glaubensbekenntnis als die eine, heilige, katholische und apostolische bekennen. Sie zu weiden, hat unser Erlöser nach seiner Auferstehung dem Petrus übertragen (Joh 21,17), ihm und den übrigen Aposteln hat er ihre Ausbreitung und Leitung anvertraut (vgl. Mt 28,18 ff). … Diese Kirche, in dieser Welt als Gesellschaft verfasst und geordnet, ist verwirklicht [subsistit] in der katholischen Kirche, die vom Nachfolger Petri und von den Bischöfen in Gemeinschaft mit ihm geleitet wird. Das schließt nicht aus, dass außerhalb ihres Gefüges vielfältige Elemente der Heiligung und der Wahrheit zu finden sind, die als der Kirche Christi eigene Gaben auf die katholische Einheit hindrängen. …
II. Vatikanisches Konzil, Lumen Gentium *(21.11.1964)*

Mit dieser Formulierung verabschiedeten sich die Konzilsväter von einer glatten Identitätsaussage, die die römisch-katholische Kirche mit der Kirche Jesu Christi gleichsetzte. Weder wollten sie die römisch-katholische Kirche in all ihren Dimensionen zur „heiligen Enklave“ erklären noch wollten sie ausschließen, dass sich auch außerhalb dieser Institution „vielfältige Elemente der Heiligung und der Wahrheit“ finden. Gleichwohl hielten sie an der Überzeugung fest: Die Kirche Jesu Christi kann ihre konkrete Gestalt nicht in einem Plural untereinander zerstrittener Konfessionskirchen haben. Kirche im eigentlichen Sinn ist nur im Singular heilvoll, sichtbares Zeichen und Werkzeug (Sakrament, *vgl. Kapitel B2*) für die große Communio der Menschen mit Gott und untereinander. Kirche im Plural ist theologisch – so die katholische Position – nur vertretbar, wenn es sich nicht um *getrennte Konfessions*kirchen, sondern um echte *Teil- bzw. Schwester*kirchen einer einzigen Kirche handelt, in denen die Kirche Jesu Christi ihre konkrete Gestalt hat. Ein Plural von Konfessionskirchen, die je auf ihre Weise, aber untereinander unversöhnlich geschieden, Kirche Jesu Christi zu sein beanspruchen, ist aus dieser Perspektive nicht vorstellbar.

Dies stellte im Jahr 2000 die umstrittene Erklärung der Glaubenskongregation DOMINUS IESUS (Verlautbarungen des Apostolischen Stuhls Nr. 148) heraus, die in ihrem zweiten Teil auf den Streit um die Interpretation dieser Konzilspassage reagiert hat *(vgl. Kapitel A1)*. Sie betont diesen „theologischen Singular“ der Kirche Jesu Christi und bekräftigt deren Verbundenheit mit der römisch-katholischen Kirche.

Schwierige Verwandtschaftsverhältnisse

In dieser Antwort der römisch-katholischen Kirche auf die Frage nach der Kirche, die im Credo bekannt wird, liegt der Grund, warum sie im ökumenischen Gespräch eine Sonderrolle spielt, die es ihr z.B. unmöglich macht, Mitgliedskirche im ÖRK zu sein *(vgl. Kapitel C3)*. Dies würde aus katholischer Sicht bedeuten, den faktischen, aber unheilvollen Plural von getrennten Konfessionskirchen theologisch gutzuheißen und die Verbundenheit der Konfessionen mit der einen Kirche Jesu Christi pauschal zu egalisieren. Das ist für die römisch-katholische Kirche derzeit nicht möglich. Für sie lassen sich die „Familienbande“ für die Einheit der Christen in der Kirche Jesu Christi an drei ganz „handfesten“ Kriterien ablesen: Gemeinschaft 1. im apostolischen Glauben, 2. in den Sakramenten und 3. in der kirchlichen Leitung in sakramentaler Nachfolge der Apostel (Papst und Bischofskollegium). Sind sie voll gegeben, spricht die katholische Kirche von „Kirche“ im Vollsinn, d.h. im Sinn der Gemeinschaft, in der die eine Kirche Jesu Christi wirklich Gestalt gewinnt. In dem Maß, in dem diese drei „kirchenbildenden“ Merkmale gegeben sind, besteht Verbundenheit der Kirchen. Kirchen, die all diese Merkmale erfüllen, sind aus katholischer Sicht Teil- bzw. Schwesterkirchen der einen Kirche. Christliche Gemeinschaften, in denen sie nicht (voll) gegeben sind, nennt man im katholischen Fachjargon nicht „Kirche im eigentlichen Sinn“, sondern „kirchliche Gemeinschaften“ bzw. „kirchenbildende Elemente“, die auf die „katholische“, d.h. die allumfassende Fülle der einen Kirche Jesu Christi bezogen sind.

DIE KIRCHEN DES OSTENS sind gemäß dieser Terminologie „echte Teilkirchen“, weil sie den apostolischen Glauben überliefern, die Sakramente feiern und das sakramentale Leitungsamt in apostolischer Sukzession haben, auch wenn zwischen ihnen und der römisch-katholischen Kirche keine Einheit in Bezug auf den Primat des Papstes besteht.

Dass die protestantischen Gemeinschaften nicht „Kirche im eigentlichen Sinn“ seien – d.h. im Sinn der katholischen Kirchen-Definition die genannten Kriterien von „Kirche“ nicht (voll) erfüllen –, hat nach Erscheinen von DOMINUS IESUS zu einer Woge der Entrüstung geführt und in der Interpretation zahlreicher Kommentatoren eine neue „ökumenische Eiszeit" eingeläutet. Das aus katholischer Sicht 3. kirchenbildende Kriterium der Einheit im sakramentalen Amt in apostolischer Nachfolge mit und unter dem Nachfolger Petri wurde als hegemonialer Machtanspruch des Papstes gedeutet, unter dessen Fittiche die getrennten Christen zurückkehren sollten. Gleichwohl hat Johannes Paul II., also derselbe Papst, der die Veröffentlichung von DOMINUS IESUS angeordnet hat, in seiner Ökumene-Enzyklika *(vgl. Kapitel C3)* auch angeregt, über eine Gestalt des Petrus-Amtes in der christlichen Ökumene der Zukunft nachzudenken, die die primäre Funktion dieses Amtes, nämlich der Einheit aller Christen zu dienen und sie symbolisch zu repräsentieren, sichtbar macht.

Julia Knop

C

2. ORDNUNG IST DAS HALBE LEBEN – KIRCHENSTRUKTUREN

Der älteste „global player“ der Welt

Viele Jahrhunderte, bevor sich Wirtschaftsunternehmen international aufstellten und als Marktgrößen bestimmenden Einfluss auf die Weltwirtschaft nahmen, bevor die „Globalisierung“ unseres Lebens überhaupt thematisiert wurde, spielte die Kirche schon in der internationalen Liga. Im Zentrum ihres mittlerweile 2000 Jahre währenden „global play“ liegt allerdings nicht das Tauschgeschäft der Ökonomie, sondern die Verkündigung der frohen Botschaft in der großen Ökumene – hier dem Wortsinn nach verstanden als „ganze bewohnte Welt“ (vgl. Mt 28,19; 1 Tim 2,4).

Heute leben über 2 Milliarden getaufte Christen auf der Erde. Damit ist das Christentum die mit Abstand größte Weltreligion. Ein Drittel der Weltbevölkerung ist getauft. Weltweit betrachtet verlagert sich die Ausbreitung der christlichen Kirchen seit einigen Jahrzehnten von der nördlichen Welt auf die südliche Hemisphäre. Insbesondere wachsen derzeit v.a. in Lateinamerika die evangelikalen Gemeinden und die Pfingstkirchen. Konfessionell betrachtet ist etwa die Hälfte der Christen (1 Milliarde) katholisch, 375 Millionen Menschen sind protestantisch,

224 Millionen orthodox und 70 Millionen anglikanisch. Freikirchliche Vereinigungen zählen schätzungsweise 460 Millionen Mitglieder.

Strukturen haben alle

In welcher Weise sich die Kirchen in größeren Strukturen über die einzelne Gemeinde hinaus organisieren, wo jeweils der Ausgangspunkt dieser Organisation liegt (ob bei der einzelnen Gemeinde oder einer übergeordneten Größe), ist jedoch unterschiedlich.

Die katholische Kirche ist schon von ihrer inneren Struktur her global organisiert und hat im Bischof von Rom, dem *Papst*, ein sichtbares weltkirchliches Organ. Er stellt nach katholischem Verständnis als Haupt und Primus des Bischofskollegiums das Prinzip gesamtkirchlicher Einheit dar. Die *Bischöfe* wiederum repräsentieren und leiten ihr Bistum. Im *Bischofskollegium* ist somit der weltweite Katholizismus dargestellt. „Kirche“ bezeichnet katholisch darum nicht nur die Gemeinschaft der Getauften, sondern auch eine Gemeinschaft von Orts- bzw. Teilkirchen: Sie ist „communio ecclesiarum“. Landesweite *Bischofskonferenzen* dienen der Verständigung der Bischöfe untereinander. In der öffentlichen Wahrnehmung repräsentieren sie die katholische Kirche in ihrem Land und sind als solche ein wichtiger Faktor der gesellschaftlichen Auseinandersetzung. Die *(Welt-)Bischofssynode*, die Papst Paul VI. ins Leben rief, setzt sich v.a. aus gewählten Vertretern der Bischofskonferenzen zusammen und berät seit 1967 in etwa zweijährlichen Abständen Themen, die der Papst vorlegt. Das *Konzil* des weltweiten Episkopats hat mit und unter dem Papst die höchste kirchliche Lehrautorität. Anlass, Besetzung, Themen und Beschlussfassung der Konzilien der Vergangenheit waren sehr unterschiedlich; einen Meilenstein für die Positionierung der katholischen Kirche in der modernen Welt war das II. Vatikanische Konzil (1962–1965).

DIE KIRCHEN DES OSTENS sind in Patriarchate, Metropolien oder Erzbistümer gegliedert, die z.T. große Sprach- und Kulturräume umfassen, z.T. national strukturiert sind. Geleitet und repräsentiert werden sie jeweils durch einen gewählten Patriarchen, Metropoliten oder Erzbischof. Sie sind in der Regel „autokephal", d.h. rechtlich und geistlich selbständig, und stehen untereinander und mit dem Patriarchat von Konstantinopel, dessen Patriarch als „primus inter pares" anerkannt wird, in Kommuniongemeinschaft.

Auch in den Kirchen der Reformation gibt es Verbünde auf den unterschiedlichsten Ebenen: innerhalb Deutschlands, in Europa und auf Weltebene. Ausgehend von den Gemeinden mit ihren Kirchenvorständen (manchmal auch Presbyterien genannt) gibt es von der Ebene der Kirchenkreise und der Landeskirchen bis hin zur Evangelischen Kirche in Deutschland (EKD) jeweils Synoden, das „Kirchenparlament" mit jeweils delegierten Mitgliedern. Synoden sind Teil der Kirchenleitung. Die evangelischen Landeskirchen sind zum einen alle gemeinsam unter dem Dach der Evangelischen Kirche in Deutschland organisiert, zum anderen aber auch noch innerhalb dessen in konfessionellen Zusammenschlüssen: So existieren in Deutschland die *Vereinigte Evangelische Lutherische Kirche Deutschlands (VELKD)*, der *Reformierte Bund (RB)* und die *Union evangelischer Kirchen (UEK)*, die aus den evangelischen Kirchen der ehemalig preußischen Gebiete entstanden ist. Auf weltweiter Ebene organisieren sie sich im *Lutherischen Weltbund (LWB)* oder in der 2010 aus verschiedenen reformierten Institutionen zusammengeschlossenen *Weltgemeinschaft Reformieter Kir-*

chen (WRK). Diesen Bünden geht es darum, auf ihre eigene konfessionelle Identität zu reflektieren, um als Dialogpartner in innerevangelischen und weiteren ökumenischen Diskursen bereitzustehen, aber auch um gesellschaftliches Engagement vor ihrem jeweiligen Hintergrund zu leisten *(vgl. Kapitel D2)*. Auf europäischer Ebene gibt die *Gemeinschaft Evangelischer Kirchen in Europa (GEKE)* dem Protestantismus ein Gesicht. Hervorgegangen aus der *Leuenberger Kirchengemeinschaft*, die von den seit der Reformation getrennten evangelischen Konfessionen 1972 offiziell erklärt wurde, gehören der GEKE gegenwärtig 93 protestantische, darunter auch sieben methodistische Kirchen aus zahlreichen europäischen Ländern an *(vgl. Kapitel C3)*.

Quer zu den nach Konfessionen getrennten Organisationsformen haben die Kirchen aber auch viele gemeinsame Strukturen entwickelt, wie den *Ökumenischen Rat der Kirchen* oder die *Konferenz Europäischer Kirchen (vgl. Kapitel C3)*.

Auch wenn sowohl in der katholischen wie der evangelischen Kirche bestimmte institutionelle und organisatorische Strukturen entstanden sind, bestehen wesentliche konfessionelle Unterschiede darin, in welcher Weise (*vgl. Kapitel C1*) und aus wem diese kirchlichen Strukturen, Gremien und Ämtern zusammengesetzt werden.

Julia Knop

EVANGELISCH

Was bin ich: lutherisch, reformiert, uniert?

Die Mehrzahl protestantischer Christen in Deutschland antwortet auf die Frage nach ihrer Konfession: evangelisch. Ob sie lutherische, reformierte oder unierte Protestanten sind, können viele nicht sagen. In den meisten Fällen haben sie sich nicht bewusst dafür entscheiden müssen, sondern je nach ihrer Wohnregion eine bestimmte Variante des Protestantismus vorgefunden: entweder in einer lutherischen oder unierten Landeskirche oder vielleicht in einer Gegend mit vielen reformierten Gemeinden. Wie erklärt sich das? Ausgehend von theologischen Streitigkeiten waren im Zuge der Reformation (*vgl. Kapitel B2*) lutherische und reformierte Kirchen, dazu verschiedene Freikirchen entstanden. Bei der Einteilung in kirchliche Territorien, die sich im evangelischen Fall heute grob an den Grenzen der Bundesländer orientieren, spielte die enge Verknüpfung von Kirche und Staat mit, welche Konfession gelten solle. So waren einige Landeskirchen seit jeher lutherisch. Auf politische Veranlassung des preußischen Königs Friedrich Wilhelm III. hin vereinigten sich 1817 auf seinem Gebiet die beiderseits existierenden reformierten und lutherischen Gemeinden zu einer „unierten Kirche". In anderen Ländern, wie in Baden, schlossen sie sich aus theologischen Gründen zu einer unierten Kirche zusammen. Einen Sonderfall stellt die *Evangelisch-reformierte Kirche* dar. Anders als z.B. in der Schweiz hat die reformierte Kirche in Deutschland außer in der Lippischen Landeskirche kein eigenes Territorium. Als eine der 22 Gliedkirchen der EKD ist sie mit ihren 142 Gemeinden und etwa 185.000 Gemeindegliedern über das ganze Bundesgebiet – mit einem Schwerpunkt im Nordwesten – verteilt.

Diese nicht immer leicht vermittelbare evangelische Landschaft kann also dazu führen, dass evangelische Christinnen und Christen zumindest theoretisch mit dem Umzug in eine andere Region Deutschlands ihre Konfession wechseln. Mit selbstkritischem Humor darf man also im Zweifel auf die Frage, was man sei, auch wieder ganz beherzt wieder antworten: Evangelisch!

DIE EVANGELISCHEN KONFESSIONEN haben sich jeweils zusammengeschlossen, um gemeinsame Anliegen zu thematisieren oder auch durch eigene Synoden Entscheidungen zu treffen: Zur *Vereinigten Evangelisch Lutherischen Kirche in Deutschland (VELKD)* gehören alle lutherischen Kirchen außer Oldenburg und Württemberg. Die unierten Kirchen waren lange in der *Evangelischen Kirche der Union (EKU)* organisiert. In ihrem Willen zu ständig wachsender evangelischer Einheit haben sie 2003 die *Union Evangelischer Kirchen (UEK)* gegründet. Zu ihr gehören neben den unierten Kirchen die konfessionell „unentschiedene" Landeskirche von Kurhessen-Waldeck, sowie inzwischen auch die reformierten Kirchen und die lutherischen Kirchen Oldenburg und Württembergs mit Gaststatus. Als daneben weiterhin bestehender Dachverband aller Refomierten – ob Gemeinden oder Einzelmitglieder – versteht sich der *Reformierte Bund (RB)*.

Leitung teilen – mit allen

Zum evangelischen Verständnis der Kirche gehört sehr wesentlich die Überzeugung, dass ihre Leitung nicht durch einzelne Menschen und vor allem nicht nur durch Pfarrerinnen und Pfarrer allein ausgeübt werden soll. Die evangelischen Landeskirchen stützen sich darum in ihrer Leitung auf mehrere Säulen. Dabei haben Landeskirchen z.T. unterschiedliche Strukturen oder unterschiedliche Bezeichnungen gefunden. Die Idee dahinter bleibt grundsätzlich dieselbe. Wesentliche Entscheidungsbefugnisse haben die *Synoden*, die sich als „Kirchenparlamente" aus delegierten, z.T. berufenen theologischen und nicht-theologischen Mitgliedern zusammensetzen. Synoden gibt es nicht nur in der Landeskirche, sondern auch in den regionalen Kirchenkreisen oder auf der Ebene der *Evangelischen Kirche in Deutschland*: Bei den mindestens einmal jährlich stattfindenden Zusammenkünften (so die deutsche Übersetzung für „Synode“) diskutieren und entscheiden die *Synodalen* über wichtige Fragen der weiteren kirchlichen Entwicklung, über innerkirchliche Gesetze oder Regelungen, über „Leitlinien“ des Kircheseins. Geleitet werden Synoden von einem *Präsidenten*, einem *Präses* oder einem *Präsidium*. Die Bezeichnungen und genauen Aufgabenbereiche unterscheiden sich z.T. von Synode zu Synode. Die Landessynoden wählen auch ihre „*leitenden Geistlichen*“ (die wiederum unterschiedlich mal Bischof, mal Präses oder Kirchenpräsident heißen) und die *Kirchenleitung*, die im Auftrag der Synode arbeitet. Ihr gehören eine überschaubare Zahl haupt- wie nebenamtliche Mitglieder an – wiederum in einer Mischung aus „Amtsinhabern“, also ordinierten Theologinnen und Theologen, sowie aus nicht ordinierten Gemeindegliedern. Schließlich gibt es in jeder Landeskirche und auf der Ebene der EKD noch die „*Kirchenämter*“ als Exekutive. Die dortigen Mitarbeiterinnen und Mitarbeiter setzen die gefassten Synodenbeschlüsse um und sind gemeinsam mit der Kirchenleitung (z.T. gehören die „Oberkircheräte“ genannten Abteilungsleiter zu ihr) in der Zeit zwischen den Synoden für aktuelle Leitungsfragen zuständig.

Ein Grundanliegen des evangelischen Synodalwesens besteht darin, in der kirchlichen Leitung die Vielfalt ihrer Mitglieder und den Willen ihrer Gemeinden abzubilden. Alle evangelischen Christinnen und Christen haben darum die Möglichkeit, an der Gestaltung ihrer Kirche mitzuwirken, Verantwortung zu übernehmen und vor allem auch Leitungsfunktionen auszuüben.

Von der Gemeinde beauftragt: Amt auf evangelisch

Pfarrerinnen und Pfarrer müssen Allrounder sein: Sie sollen Gottesdienste leiten, dabei natürlich gut predigen, Seelsorge anbieten, Menschen aus der Gemeinde besuchen, in Kindertagesstätten und an der Konfirmanden-Arbeit mitwirken, taufen, trauen, beerdigen, in der Frauenhilfe spannende Vorträge halten und natürlich noch mit dem Küster über das defekte Kirchendach beratschlagen. Während angehende evangelische Pfarrerinnen und Pfarrer bei ihrer Ordination heute tatsächlich offiziell gefragt werden, ob sie bereit sind, die ganze Vielfalt solcher Aufgaben zu übernehmen, gab es früher auch deutlich kürzere „Arbeitsplatzbeschreibungen": Nach dem Augsburgischen Bekenntnis (1530) hat das Predigtamt die Aufgabe, durch die Verkündigung des Wortes und die Verwaltung der Sakramente den Glauben zu wecken (Confessio Augustana, V, 1530).

Weil der Heilige Geist im Wort und im Sakrament den Glauben weckt und ihn stärkt, müssen sich die Gemeinden darum sorgen, dass die Verkündigung und Feier der Sakramente auch regelmäßig und geordnet erfolge. Entsprechend gilt es, Menschen damit zu beauftragen. Ob in langer Version einer vielfältigen Aufgabenliste, wie sie die kirchlichen „Amtsträger" heute in der Regel erwartet, oder in der kurzen Version im Augsburgischen Bekenntnis: Beiden Darstellungen ist gemein, dass sie das Amt von dem her verstehen, was es leisten und welche Funktion es ausüben soll. Aus evangelischer Sicht macht die Ordination aus den Pfarrerinnen und Pfarrern, die dabei in einem Gottesdienst berufen, gesegnet und in ihren Dienst gesandt werden, keine anderen Menschen. Sie haben dadurch keinen engeren Draht zu Gott als die anderen Gemeindeglieder und keine damit besondere verliehene Macht.

Die verschiedenen Ämter in der Kirche begründen keine Herrschaft der einen über die anderen, sondern die Ausübung des der ganzen Gemeinde anvertrauten und befohlenen Dienstes.

Barmer Theologisches Bekenntnis, *These 4 (1934)*

Was Pfarrerinnen und Pfarrer allerdings haben sollen, ist eine theologische Ausbildung. Sie soll gewährleisten, dass die notwendigen Aufgaben auch ordentlich erfüllt würden. Herausgehoben aus der Gemeinde ist das Amt theologisch betrachtet nur dadurch, dass es an einen bestimmten Dienst gebunden ist. Neben der geistlichen Leitung nehmen Pfarrerinnen und Pfarrer auch andere gemeindeleitende Aufgaben wahr, aber nur, indem sie Mitglied des Kirchenvorstands (auch Presbyterium oder Gemeinderat) sind und so gemeinsam mit den anderen gewählten Kirchenvorständen Entscheidungen treffen.

Müssen Pfarrerinnen und Pfarrer bessere Menschen sein? Nach christlichem Verständnis sind Amtsträger einerseits Menschen wie du und ich. Sie sind ebenso Sünder und Gerechter wie alle anderen Menschen und hoffen auf Gottes Vergebung. Andererseits müssen sie ihren Dienst nicht nur irgendwie, sondern verantwortungsvoll ausüben. Dies heißt auch, sich ihrer Rolle in der Gemeinde bewusst zu sein. Vor allem durch ihre Aufgabe in der Verkündigung wird an Pfarrerinnen und Pfarrern besonders deutlich und rasch wahrgenommen, wenn deren Leben dem widerspricht, was sie predigen.

In der evangelischen Gemeinde hatte in dieser Hinsicht das evangelische Pfarrhaus lange Zeit eine gewichtige Rolle inne. Es diente der Gemeinde als Vorbild eines gelingenden christlichen Familienlebens *(vgl. Kapitel E2)* und erschien Beobachtern der Gesellschaft als Hort des Bildungsbürgertums. Aus dieser hohen gemeindlichen und gesellschaftlichen Erwartung an das Pfarrhaus erklärt sich, warum sein Wandel so ausdrücklich zur Kenntnis genommen und von vielen bedauert wurde. Denn die Erfahrungen gescheiterter Ehen betrafen das Pfarrhaus ebenso wie die nicht mehr unbedingt auf Familie angelegte Lebensform von Pfarrerinnen und Pfarrern und die zunehmende Eigenständigkeit aller Familienmitglieder. Wenn das Idealbild des Pfarrhauses augenblicklich nicht zuletzt an den überzogenen Erwartungen zerbrochen zu sein scheint, so kann darin auch eine Chance für ein Neuverständnis des Pfarrberufs liegen – die gilt es allerdings auch zu ergreifen.

Ganz ähnlich zum Gemeindepfarramt lässt sich auch das Amt der *Bischöfinnen* und *Bischöfe* (oder: *Präses, Kirchenpräsidentin/Kirchenpräsident*) verstehen. Die leitenden Geistlichen einer Landeskirche üben wie alle Pfarrerinnen und Pfarrer den Dienst der Wortverkündigung und Sakramentsverwaltung aus, allerdings natürlich in besonderer Ausprägung. Ihr Seelsorgedienst richtet sich auf die Pfarrerinnen und Pfarrer, sie sollen sich um die Einheit der Kirche in ihrer eigenen Kirche und in der Ökumene sorgen und sie übernehmen bestimmte Aufgaben, etwa die Ordination. Bischöfinnen und Bischöfe stehen wiederum in ihrem Dienst nicht allein, sondern ihre Leitungsaufgaben erfüllen sie im Rahmen der geteilten kirchlichen Verantwortung.

Nimmt man vor diesen Grundlagen eines evangelischen Amtsverständnisses die Realität in den Blick, fällt auf: So manche Gemeinde ist doch arg an ihren Amtsträgern orientiert. Pfarrinnen und Pfarrer rücken – nicht zuletzt, weil sie hauptberuflich in dem Dienst tätig sind – mehr ins Zentrum in der Gemeinde als dies aus evangelisch-theologischer Sicht nötig wäre. Dagegen gilt es, immer wieder nicht nur auf die Notwendigkeit, sondern auf die Chancen einer gemeinsamen Verantwortung der Gemeinde hinzuweisen und die Beteiligung möglichst vieler Mitglieder an den verschiedenen Diensten zu fördern. Denn die Vielfalt der Gaben verteilt sich über das ganze Volk Gottes. Es tut deshalb auch den Kirchenleitungen gut und macht sie in besonderer Weise lebendig, wenn sie die Vielfalt der christlichen Berufungen und Berufe widerspiegeln.

Stefanie Schardien

G
E
K

KATHOLISCH

Räte, Konferenzen, Konsistorien

Hauptgliederungsprinzip innerhalb der katholischen Kirche ist nicht die Nation, sondern die *Diözese*, d.h. die Bischofskirche. Weltweit gibt es fast 3.000 katholische Diözesen. Der Bischof ist der „Vorsteher" („episkopos") und der „erste Liturge" seines Bistums; die Priester eines Bistums sind ihm als Mitarbeiter zugeordnet. Er wird nach einem bistumsinternen Konsultationsprozess vom Papst ernannt. Im deutschsprachigen Raum ist die Beteiligung des Bistums bei der Ernennung der Bischöfe durch Konkordate (völkerrechtliche Verträge zwischen dem Staat und dem Hl. Stuhl) geregelt.

Eine Diözese ist i.d.R. territorial bestimmt: Der Wohnort der Gläubigen markiert ihre Zugehörigkeit zu einem Bistum. Jede Diözese ist in *Pfarreien* gegliedert, die ihrerseits in *Dekanate* zusammengefasst sein können. Auf Bistums-, Dekanats- und Pfarreiebene bestehen verschiedene Gremien (z.B. Diözesanrat, Pfarrgemeinderat, Vermögens-/Stiftungsrat/Kirchenvorstand), in denen Fragen, die die jeweilige Ebene betreffen, beraten, koordiniert und z.T. auch entschieden werden. Gegenwärtig wird die Pfarrstruktur in vielen deutschsprachigen Bistümern neu geordnet, es werden Pfarreiengemeinschaften oder Seelsorgsverbände bzw. -einheiten gegründet. Entsprechend verschieben sich derzeit auch Besetzung und Aufgabenbeschreibung der Gremien.

DAS „ZENTRALKOMITEE DER DEUTSCHEN KATHOLIKEN" (ZDK), bekannt v.a. als Ausrichterin der Katholikentage, ist ein Zusammenschluss von Vertreterinnen und Vertretern der Diözesanräte und der katholischen Verbände sowie von Institutionen des Laienapostolates und von weiteren Persönlichkeiten aus

Kirche und Gesellschaft. Seine Aufgabe ist es, die Kräfte und Anliegen der katholischen Laienverbände zu fördern und zu koordinieren, kirchliche und gesellschaftliche Entwicklungen zu beobachten, zu diskutieren und zu gestalten *(vgl. Kapitel C1 und D2).* Es setzt seit über 150 Jahren wichtige Impulse in Politik, Wirtschaft und im Sozialwesen, in Medien, Kunst, Kultur und Wissenschaft. Es ist nicht nur ein Ort des Austausches und der Meinungs- und Willensbildung, sondern wirkt beratend auch an kirchlichen Entscheidungen auf überdiözesaner Ebene mit: Es ist das nach dem Konzilsdekret APOSTOLICAM ACTUOSITATEM (Nr. 26) von der DBK anerkannte Laiengremium, das auf überdiözesaner nationaler Ebene den Bischöfen beratend gegenübertritt.

Das *weltweite Bischofskollegium* hat zusammen mit seinem Haupt, dem Papst, die höchste Lehrgewalt innerhalb der katholischen Kirche inne. Diese Lehr- und Leitungsbefugnis kann auch vom Papst, dem Prinzip und Repräsentanten der Einheit, allein ausgeübt werden.

In der *römischen Kurie* werden gesamtkirchliche Fragen beraten und entschieden. Die Kurie besteht aus dem Papst selbst sowie verschiedenen Ämtern und Einrichtungen („Dikasterien"), darunter das Staatssekretariat, verschiedene Kongregationen (u.a. die Kongregation für die Glaubenslehre, für das katholische Bildungswesen, für die Evangelisierung der Völker), denen wiederum Kommissionen zugeordnet sind, drei päpstliche Gerichtshöfe sowie diverse päpstliche Räte (u.a. der Rat für die Einheit der Christen, für die Familie, für Gerechtigkeit und Frieden). Die *Kardinäle* bilden ein wichtiges Beratungsgremium des Papstes. Ihrem Kollegium (zumindest den unter 80Jährigen) obliegt die Sorge für die Papstwahl, die in der Sixtinischen Kapelle im Konklave geheim vollzogen wird.

G
E
K

„Hochwürden"

Don Camillo, Peppone und ihre Zuschauer kannten ihn noch: den „hochwürdigen Herrn". Aus dem heutigen Katholizismus hat sich – wenigstens im deutschsprachigen Raum und im alltäglichen Sprachgebrauch – diese Anrede des Klerikers weitgehend verabschiedet. Die Person dahinter gibt es natürlich weiterhin: den geweihten Kleriker.

Das Weiheamt gliedert sich in der katholischen Kirche heute in drei Stufen: den Diakon („Diakonat"), den Priester („Presbyterat") und den Bischof („Episkopat"). Der Diakonat wurde im Anschluss an das II. Vatikanische Konzil als eigenständige Weihestufe wiederhergestellt – deutlich sichtbar im so genannten „ständigen" Diakon, der den Dienst des Diakons nicht nur im Durchgang zum Priesteramt eine Zeit lang übernimmt, sondern dauerhaft. Während Priester und Bischof zölibatär leben, bleibt der „ständige" Diakon in dem Lebensstand, in dem er geweiht wurde: verheiratet oder zölibatär *(vgl. Kapitel E2).*

MIT DIESEN DREI WEIHESTUFEN hat die katholische Kirche die Praxis der alten Kirche wieder aufgenommen, nachdem sich im Laufe der Jahrhunderte verschiedene Ämter als „niedere Weihen" herausgebildet hatten, die praktisch jedoch immer mehr an Bedeutung verloren hatten und denen zudem kein sakramentaler Charakter zukam.

Die sakramentale Weihe – durch Gebet und Handauflegung des Bischofs vollzogen – verleiht nach katholischem Verständnis einen unauslöschlichen Charakter *(vgl. Kapitel B2).* Der Priester empfängt in der Weihe die Vollmacht, „an Christi statt" (2 Kor 5,20), „in persona Christi" zu handeln: die Sakramente zu spenden, die Gemeinde zu unterweisen und zu leiten. Diese Vollmacht ist keine persönliche Auszeichnung und auch

G

E

K

kein Freibrief für machtverliebte Alphatiere. „Selbstdarsteller" sind im Priesteramt nicht gefragt, dies würde dem Sinn katholischer Amtstheologie gerade entgegenlaufen: Denn der Priester repräsentiert in der Feier der Sakramente nicht sich selbst, sondern Jesus Christus. Im Gegenüber von Amt und Gemeinde bildet sich strukturell ab, was für die Kirche als ganze gilt: der Vorrang Christi, des Hauptes der Kirche, die sich das, woraus sie lebt – seine Gnade, sein Heil – nicht selbst, nicht aus eigener menschlicher Kompetenz, geben kann *(vgl. Kapitel C1)*. Dieses Verständnis geistlicher Vollmacht, die dem Kleriker in der Weihe anvertraut wird, ist durchaus als entlastend zu verstehen: die „Güte" und die Kraft eines Sakraments hängen nicht vom Charisma, von der Rhetorik oder schlimmstenfalls der bloßen Tagesform des Amtsträgers ab. Er gibt nichts, was er nicht empfangen hätte, und spendet nichts, was er selbst machen könnte. Nicht die Bestätigung der persönlichen Ausstrahlung oder fachlichen Kompetenz durch die Gemeinde „macht" darum jemanden zum Pfarrer. Sondern die Gemeinde ist Gemeinde, insofern sie sich von Christus her empfängt: insofern sie sich von seinem Wort und seinem Sakrament aufbauen lässt. Diese theologische „Entlastung" entbindet den Geweihten natürlich überhaupt nicht von der Herausforderung, der priesterlichen (diakonalen/bischöflichen) Existenz ein authentisches Gesicht zu geben – eine Herausforderung, die er mit allen Getauften teilt: in Privatleben und beruflicher Tätigkeit seinem Glauben und seiner Aufgabe zu entsprechen, nicht „Wasser zu predigen und Wein zu trinken".

Möglicher Empfänger der Weihe ist nach katholischem Kirchenrecht der getaufte Mann (c. 1024 CIC). Im Apostolischen Schreiben ORDINATIO SACERDOTALIS vom 22. Mai 1994 hat Papst Johannes Paul II. erklärt, „dass die Kirche keinerlei Vollmacht hat, Frauen die Priesterweihe zu spenden". Die Frage, ob

Frauen zu Priestern geweiht werden können, steht dem Schreiben zufolge also nicht im Ermessensspielraum der Kirche. Ausschlaggebend war allerdings nicht, wie man bisweilen meint, schlichte Rückständigkeit oder die sexistische Verbohrtheit einer Männergesellschaft, sondern, wie Johannes Paul II. formuliert, die Intention, dem „Vorbild Christi, der nur Männer zu Aposteln wählte", und der Lehre und Praxis der Kirche treu zu bleiben, der der Papst Einhelligkeit attestiert. Ausdrücklich betont er, dass mit der fraglichen Entscheidung keine Diskriminierung oder Herabwürdigung der Frau verbunden sei. Es geht in dieser Erklärung nicht um die unbestrittene Würde der Frau, nicht um ihre (kirchlicherseits durchweg bejahte) Fähigkeit, öffentliche Ämter zu bekleiden oder in Bildung und Beruf die gleiche Qualifikation wie der Mann zu erreichen. Thema des Schreibens ist weder „die Frau an sich" noch „der Mann an sich" noch eine geschlechtsspezifische Rollenzuweisung, sondern das Weiheamt als Sakrament.

An diesem umstrittenen Beispiel zeigt sich eine Grundlinie katholischer Amtstheologie: Das Amt der Leitung wird *als Sakrament* letztlich auf Jesus Christus selbst zurückgeführt *(vgl. Kapitel B2)*. In seinem Grundbestand – dessen Konturen freilich theologisch genau ausgelotet werden müssen, eine Frage, die zwischen den Konfessionen diskutiert und unterschiedlich beantwortet wird – ist das geistliche Amt aus römisch-katholischer Sicht unveränderbar („göttlichen Rechts"). Auch das kirchliche Lehramt kann nach katholischem Verständnis über das, was zu diesem Fundament gehört, nicht verfügen.

Unfehlbar?

Irren ist menschlich. Dieser Grundsatz des gesunden Menschenverstands gilt auch in der katholischen Welt. Die Unfehlbarkeit, die in der katholischen Kirche dem Papst bzw. der Gesamtheit der Bischöfe mit und unter dem Papst zugesprochen wird, meint nämlich nicht, dass sie persönlich nicht im Stande wären, sich zu irren. Natürlich können sie das. Vielmehr geht es um die Glaubensüberzeugung der Kirche, dass sie in Glaubens- und Sittenfragen im Letzten vor Irrtum bewahrt ist, weil Gott, der allein unfehlbar ist, die Kirche in der Wahrheit erhält.

DIE ALTKATHOLISCHE KIRCHE bildete sich Ende des 19. Jahrhunderts v.a. aus Protest gegen zwei Beschlüsse des I. Vatikanischen Konzils, das in einer kirchenpolitisch angespannten Zeit stattfand und durch den deutsch-französischen Krieg abgebrochen wurde: die Dogmatisierung des Jurisdiktionsprimates und des Unfehlbarkeitsanspruches des Papstes.

Letztlich handelt es sich bei der dogmatischen Definition der Unfehlbarkeit um eine institutionelle Entfaltung des Bekenntnisses zur Einheit und Heiligkeit der Kirche („Wir glauben … die eine heilige … Kirche"). Die „Gnadengabe der Wahrheit und des nie versagenden Glaubens" wurde, so formuliert das I. Vatikanische Konzil, Petrus und seinen Nachfolgern verliehen, „damit sie ihr Amt *zum Heil aller* ausübten", damit die Kirche „von Irrtum ferngehalten … werde, damit … die ganze Kirche *einig* erhalten werde".

Das Dogma zur Unfehlbarkeit im Wortlaut:
Wenn der römische Bischof ex cathedra spricht, d.h. wenn er in Ausübung seines Amtes als Hirt und Lehrer aller Christen kraft seiner höchsten Apostolischen Autorität entscheidet, dass eine Glaubens- oder Sittenlehre von der gesamten Kirche festzuhalten ist, so besitzt er mittels des ihm im seligen Petrus verheißenen göttlichen Beistands jene Unfehlbarkeit („infallibilitas"), mit der der göttliche Erlöser seine Kirche bei der Defini-

> *tion der Glaubens- oder Sittenlehre ausgestattet sehen wollte; und daher sind solche Definitionen des römischen Bischofs aus sich, nicht aber aufgrund der Zustimmung der Kirche unabänderlich.*
> *I. Vatikanisches Konzil,* PASTOR AETERNUS, *18.07.1870*

G E K

Diese Definition umschreibt den engen Bereich und die formalen Bedingungen einer „*ex-cathedra*"-Entscheidung, in der der Papst Unfehlbarkeit in Anspruch nehmen kann. Tut er dies, so handelt es sich nicht um seine „normale" Lehrverkündigung, sondern um einen außerordentlichen (und dabei außerordentlich seltenen) Akt der Ausübung des höchsten kirchlichen Lehramts, das auf die Bewahrung der Einheit des Glaubens bezogen und auf sie verpflichtet ist.

EINE EX-CATHEDRA-DEFINITION gilt nicht kraft der formalen „Zustimmung der Kirche", sondern „aus sich" – denn wenn etwas wahr ist, ist es unabhängig davon wahr, wer und wie viele es als wahr anerkennen. Aufgrund der strukturell konservativen (glaubensbewahrenden) Bedeutung der Unfehlbarkeit stützt sich eine dogmatische Definition auf den in Geschichte und Gegenwart gelebten Glauben der Gesamtkirche. Seit der Definition des Unfehlbarkeitsdogmas 1870 kam es bisher nur ein einziges Mal zu einer *ex-cathedra*-Definition: Pius XII. erklärte 1950 die leibliche Aufnahme Mariens in den Himmel zum Dogma, d.h. zum festen Glaubensbestandteil der Kirche. Dieser Dogmatisierung ging ein weltweiter Konsultationsprozess voraus, in dem alle katholischen Bischöfe befragt wurden, ob die „Himmelfahrt Mariä" in ihrem Bistum geglaubt werde.

Julia Knop

C

3. DASS ALLE EINS SEIEN – ÖKUMENE UND IHRE ZIELE

Meistens sieht man mindestens zwei in jedem Dorf und noch viel mehr in jeder Stadt: Kirchtürme. Dass es mehr als eine Kirche gibt, die katholische und evangelische, daneben auch noch viele andere, wie z.B. die methodistische oder altkatholische Kirche, erscheint normal – doch genau eine *Norm* ist es eigentlich nicht. Während sich vieles von dem, was Christinnen und Christen tun, etwa mit welchen Worten sie beten oder was sie glauben, mit biblischen Texten begründen lässt, finden sich zur Aufspaltung des Christentums in zahlreiche unterschiedliche Konfessionen wohl kaum konkrete „Aufträge" im Neuen Testament. Im Gegenteil. So betet Jesus nach der Überlieferung des Johannesevangeliums, als er von den Jüngerinnen und Jüngern Abschied nimmt, für etwas anderes:

> ***Joh 17,20*** *Ich bitte aber nicht allein für sie, sondern auch für*
> *die, die durch ihr Wort an mich glauben werden,* ***21*** *damit sie*
> *alle eins seien. Wie du, Vater, in mir bist und ich in dir, so sollen auch sie in uns sein, damit die Welt glaube, dass du mich*
> *gesandt hast.* ***22*** *Und ich habe ihnen die Herrlichkeit gegeben,*
> *die du mir gegeben hast, damit sie eins seien, wie wir eins sind,*

23 ich in ihnen und du in mir, damit sie vollkommen eins seien und die Welt erkenne, dass du mich gesandt hast und sie liebst, wie du mich liebst.

In diesem Ausschnitt aus dem sogenannten „Hohepriesterlichen Gebet“ bittet Jesus bei Gott um Einigkeit und Einheit all derjenigen, die ihm nachfolgen. In ihm spiegelt sich der Glaube, dass Streit, Zwietracht und Abgrenzung zwischen christlichen Gemeinden nicht im Sinne Gottes sind.

Die Gemeinschaft und Zusammenarbeit der christlichen Kirchen mit dem Ziel der Einheit wird als „Ökumene“ bezeichnet.

DER BEGRIFF ÖKUMENE, der sich aus dem griechischen Wort „oikos“ (= Haus, Haushalt) ableitet, hat sich sehr langsam von der zunächst eher politischen Bezeichnung eines Kulturkreises zu seiner heutigen Bedeutung entwickelt. Immer häufiger wird Ökumene heute als „die ganze bewohnte Erde“ übersetzt. Das kommt nicht nur dem ursprünglichen Wortsinn nahe, sondern weist auch darauf hin, dass es um ein umfassendes gemeinsames „Haushalten“ der Gläubigen auf der Welt gehen soll.

Wer bewegt die „Ökumenische Bewegung“?

Die *Ökumenische Bewegung*, die sich im heutigen Sinn um die Zusammenarbeit der christlichen Konfessionen bemüht, entsteht zu Beginn des 20. Jahrhunderts aus unterschiedlichen Wurzeln: Sie geht zurück auf die Studenten- und Laienbewegungen des 19. Jahrhunderts, die Weltmissionskonferenz von 1910, die man symbolisch als Beginn der institutionalisierten Zusammenarbeit begreift, und auf die kirchenpolitische Forderung nach einem dem Völkerbund vergleichbaren Kirchenbund. Erst nach dem Zweiten Weltkrieg kommt es 1948 in Amsterdam zur Gründung des *Ökumenischen Rates der Kir-*

chen (ÖRK). Sein Ziel ist auf keinen Fall eine Art „Überkirche". Sein Selbstverständnis formuliert der ÖRK in einer bis heute gültigen „Basisformel":

> *Der ÖRK ist eine Gemeinschaft von Kirchen, die den Herrn Jesus Christus gemäß der Heiligen Schrift als Gott und Heiland bekennen und darum gemeinsam zu erfüllen trachten, wozu sie berufen sind, zur Ehre Gottes, des Vaters, des Sohnes und des Heiligen Geistes.*

Die mittlerweile 349 Mitgliedskirchen des ÖRK aus 110 Ländern aller Kontinente respektieren einander als Kirchen in aller Unterschiedlichkeit. Da dies dem römisch-katholischen Selbstverständnis und ihrer Wahrnehmung anderer Kirchen nicht entspricht, schließt sie ihre Mitgliedschaft als „Kirche unter Kirchen" aus. Häufig sind ihre Vertreter aber als Gäste oder mit beratender Stimme beteiligt; seit 1969 gehören der Kommission für Glauben und Kirchenverfassung etliche katholische Theologen als Vollmitglieder an.

Der ÖRK bildet zunächst das Dach für zwei Bewegungen, die bereits nach 1910 ihre Arbeit aufgenommen hatten: die *Bewegung für Glaube und Kirchenverfassung*, die sich mit zentralen theologischen Themen befasst (z.B. Sakramente, Anthropologie, Amt), und die *Bewegung für Praktisches Christentum*, die sich auf soziale Dienste, internationale Zusammenarbeit und Nothilfe konzentriert. Im Laufe der folgenden Jahre hat der ÖRK auch den *Internationalen Missionsrat* und den *Weltrat für christliche Erziehung* integriert. Bis heute macht sich allerdings eine Spannung und mehr oder weniger leise Konkurrenz zwischen den beiden ursprünglichen Bewegungen und ihren ökumenischen Grundeinstellungen bemerkbar. „Lehre trennt, Dienst vereint" war ein Schlagwort der „Praktiker": Die Kirchen sollten zunächst gemeinsam an Frieden, Gerechtigkeit und Bewahrung der Schöpfung arbeiten in der Hoffnung, aus der praktischen Kooperation vielleicht auch in den für zweitrangig befundenen Lehrfragen weiterzukommen. Dagegen meinen die „Theoretiker", es gelte zunächst, die Unterschiede in der theologischen Lehre zu klären, bevor man solche nachrangigen praktischen Fragen ernsthaft gemeinsam angehen könne. Dass einseitige Antworten unmöglich sind und die Lösung wie so häufig in der goldenen Mitte liegt, darüber ist man sich mittlerweile einig. Zumindest theoretisch.

Trotz der wichtigen historischen Rolle des ÖRK wäre es allzu verengt, die Ökumenische Bewegung auf ihn zu reduzieren, zumal er gegenüber allen Mitgliedern nur beratende Funktion hat. Hinter ihr steht vielmehr eine schier unüberschaubare Breite von Institutionen und Initiativen: So hat jede Kirche je für sich ökumenische Referate oder Institute eingerichtet. Von den höchsten kirchenleitenden Ebenen bis in die Kirchenkreise oder Diözesen hinein gibt es offizielle Stellen, die etwa zur Bearbeitung ökumenischer Themen, zur Repräsentation in ökumenischen Gremien oder zur Fortführung der kirchlichen Partnerschaften beauftragt sind. Daneben existieren zahlreiche, schon in sich ökumenische Institutionen: Die *Arbeitsgemeinschaft christlicher Kirchen (AcK)*, der aktuell 17 Kirchen angehören, hat sich als offizielle Vertretung der christlichen Kirchen in Deutschland die Förderung von deren Einheit zum Ziel gemacht. Sie arbeitet auf nationaler, aber auch auf regionaler Ebene. Über Deutschland hinaus bildet die 1959 gegründete *Konferenz Europäischer Kirchen (KEK)* mit Sitzen in Genf, Brüssel und Straßburg ein vergleichbares Gremium, das ebenfalls an der kirchlichen Einheit arbeitet und zugleich eine möglichst gemeinsame christliche Stimme in den europäischen politischen Gremien vertritt. Die KEK zählt rund 120 katholische, protestantische, orthodoxe, anglikanische und altkatholische Kirchen und etwa vierzig kirchliche Organisationen als Mitglieder. Jenseits dieser offiziellen Institutionen existieren unzählige selbständige Basisinitiativen, die mit unterschiedlichen Akzenten, mal an konfessionellen Lehrthemen, häufiger noch an praktischen oder spirituellen Fragen arbeiten: dazu zählen z.B. die Plattform *Ökumenisches Netz in Deutschland (ÖNiD)*, die Nachwuchsinitiative *More Ecumenical Empowerment Together (MEET)* genauso wie die *Eine-Welt-Läden*, das *Netzwerk Ökumene* für konfessionsverbindende Paare, das Institut für Ökonomie und Ökumene *Südwind*, die *Ökumene-Ideenbörse*, die universitären Ökumene-Institute und und und …

„Christliche" oder „katholische" Kirche?

Das Glaubensbekenntnis eint die Christen aller Konfessionen. Dennoch fallen Katholikinnen und Katholiken, die einen protestantischen Gottesdienst besuchen, spätestens dann auf, wenn sie es sprechen – dann nämlich, wenn sie, der Tradition ihrer Kirche folgend, sagen: „Ich glaube an die heilige *katholische* Kirche". Die protestantischen Banknachbarn bekennen die „heilige *christliche* Kirche". Hinter diesem kleinen, aber feinen Unterschied verbirgt sich zunächst schlicht auf beiden Seiten das Anliegen, Missverständnisse zu vermeiden. Denn im allgemeinen Sprachbewusstsein scheint „christlich" weiter gefasst zu sein als „katholisch". Dies allerdings nur, solange „katholisch" als Bezeichnung einer Konfession, nämlich der römisch-katholischen, verwendet wird. Das Glaubensbekenntnis, das vor aller Trennung der Kirchen voneinander formuliert wurde, meint aber natürlich nicht eine bestimmte Konfession. Sondern bekannt wird die eine, heilige Kirche Jesu Christi, die, auf die Überlieferung der Apostel gegründet, „kat' holon" (= überall), in der gesamten Ökumene, also der gesamten bewohnten Welt, verbreitet ist.

DAS SOGENANNTE „GROSSE" GLAUBENSBEKENNTNIS, das auf die altkirchlichen Konzilien von Nizäa 325 und Konstantinopel 381 zurückgeht und sowohl im *Evangelischen Gesangbuch* wie im katholischen *Gotteslob* abgedruckt ist, formuliert diesen Absatz so: „credo ... unam sanctam catholicam et apostolicam ecclesiam" – „Ich glaube die eine, heilige, katholische und apostolische Kirche".

Zur Konfessionsbezeichnung wurde „katholisch" erst mit der Aufklärung: Reformatorische Kirchen und Glaubenslehren wurden unter dem eigentlich recht abstrakten und dabei missverständlichen Begriff „Protestantismus" zusammengefasst, während sich für die „Altgläubigen", die sich weiterhin dem römischen Papst verbunden wussten, der ältere Begriff „Katholizismus" etablierte. Die Geschichtsforschung deutet das 16. und 17. Jahrhundert als Prozess der „Konfessionalisierung", in dem die verschiedenen Bewegungen des abendländischen Christentums nach und nach als eigenständige, unterscheidbare Gruppierungen, eben als „Konfessionen", sichtbar wurden. „Katholisch" war nun im allgemeinen Sprachgebrauch nicht mehr das Attribut der einen Kirche Jesu Christi, sondern eine Konfessionsbezeichnung. Aus einem Begriff, der ursprünglich auf das große Ganze, das Verbindende und Umfassende der Kirche und des Glaubens zielte, wurde ein Begriff der Abgrenzung.

Was bewegt die Ökumene?

Im Zentrum der Ökumene steht der Glaube an die Einheit in Jesus Christus und die Überzeugung, dass die Trennungen zwischen den Kirchen und Menschen überwunden werden sollen. Das klingt plausibel. Dennoch stellt die Forderung nach solcher Einheit der Christenheit keine leichte Aufgabe dar. Denn wer wollte bestreiten, dass Vielfalt nicht nur in manchen

Situationen reizvoller ist als Uniformität, sondern auch ihre guten Gründe haben kann. Immer wieder ringen die Kirchen mit sich und miteinander um die Frage der Wahrheit: darum, wie man dem Willen Gottes authentisch Ausdruck verleiht, was die zentralen Inhalte der christlichen Verkündigung sind und welche Konsequenzen daraus für die Gestaltung der Gesellschaft und des individuellen Lebens folgen. In vielen Fragen sind sich die Kirchen sehr nah, doch noch immer gibt es auch Aspekte, wie z.B. das unterschiedliche Amtsverständnis *(vgl. Kapitel B2 und C2)* oder manch ethische Frage *(vgl. Kapitel E1–3)*, in denen die Kirchen ihr eigenes Profil nicht leichtfertig aufgeben wollen.

Der Ruf zur Einheit der Kirche lässt sich also in zweifacher Hinsicht verstehen: Auf der einen Seite erinnert er daran, dass die Einheit in Jesus Christus, zu dem sich alle Christinnen und Christen bekennen, schon besteht und nicht erst den Vorstellungen von Mensch oder Kirche entspringt. Solche Einheit wird schon erlebbar im Glauben an die Taufe, im gemeinsamen Bekenntnis zum dreieinigen Gott und nicht zuletzt in einem christlichen Leben, das von Glaube, Hoffnung und Liebe geprägt ist. Auf der anderen Seite bedeutet der Ruf zur Einheit auch, dass die gespaltenen Kirchen, wie sie im Hier und Jetzt in der Welt existieren, diese Einheit noch nicht abbilden und sie entsprechend verwirklichen sollen. Diese doppelte Dimension von bestehender und noch nicht erfüllter kirchlicher Einheit wird manchmal auch als „Vorgabe“ und „Aufgabe“ oder, angelehnt an die Sprachlehre, als ökumenischer „Indikativ“ und „Imperativ“ bezeichnet: Einheit gibt es schon und zugleich doch noch nicht. Diese Einsicht bewahrt die Kirchen zweifach davor, die ökumenischen Hände in den Schoß zu legen: Durch die schon vorgegebene Einheit kann man die Ökumene nicht zur bloß menschlichen Idee ohne Anhaltspunkt degradieren;

durch die aufgegebene Einheit dürfen sich die Kirchen nicht im status quo der gegenwärtigen Trennungen einigeln und das Projekt Ökumene auf Gottes Handeln in fernster Zukunft verschieben. Diese Erinnerungen haben in den vergangenen Jahren an Relevanz gewonnen. Immer wieder wurde darüber diskutiert, welchen Stellenwert die Ökumene bei den Kirchen, bei ihren prominenten Vertreterinnen und Vertretern, aber auch auf der Gemeindeebene noch einnehme. Die jahrzehntelange Begeisterung für die gemeinsame Sache und über die bereits erreichten ökumenischen Klärungen wich dabei immer öfter der Rede von der „ökumenischen Eiszeit". Sie geht von einer starken Abkühlung der Beziehungen, besonders zwischen der katholischen und evangelischen Kirche, aus, und stellt das ökumenische Engagement in Frage. Einen Grund dazu gibt die Wahrnehmung, dass es nach den großen – einfachen – Fortschritten der ersten Jahrzehnte der ökumenischen Bewegung seit einiger Zeit nun die zentralen – schwierigen – Konflikte zu bearbeiten gälte, bei denen Kompromisse oder gar Einigkeit nicht in Sicht sind.

Heiße Eisen und offene Baustellen

Zu den „heißen ökumenischen Eisen" zählt vor allem die Diskussion um die Bedeutung des Amtes in der Kirche und damit verbunden auch die Frage, ob sich die Kirchen mit ihren unterschiedlichen Selbstverständnissen im ökumenischen Dialog wechselseitig überhaupt als Partnerinnen auf Augenhöhe anerkennen können *(vgl. Kapitel C1 und C2)*. Viele im katholisch-evangelischen Dialog engagierte Menschen verzeichnen für das vergangene Jahrzehnt nicht nur eine Verlangsamung der ökumenischen Fortschritte, sondern sogar bewusste Rückschritte. Zumindest in Ansätzen lässt sich tatsächlich ein ökumenischer Mentalitätswechsel auf der Ebene der Kirchenleitungen erkennen: Viele Menschen haben den Eindruck, dass nach einer fundamentalen Öffnung für ökumenische Fragen im II. Vatikanischen Konzil (1962–1965) gegenwärtig, besonders prägnant im Jahr 2000 in der Erklärung Dominus Iesus *(vgl. Kapitel A1 und C1)*, eine römisch-katholische Profilierung in Abgrenzung zu den anderen christlichen Konfessionen gepflegt werde. Dieser Erklärung nach seien die „kirchlichen Gemeinschaften" der Reformation nicht Kirche „im Vollsinn". Die evangelische Kirche sah sich dadurch provoziert und in der Konsequenz motiviert, ihr eigenes Profil zu schärfen und von früheren Formen der dann ironisch so genannten „Kuschelökumene" Abstand zu nehmen. Unter dem Schlagwort der „Profilökumene" wollte sie mehr als zuvor ihre eigenen Stärken auch im Sinne der Abgrenzung gegenüber der katholischen Kirche formulieren.

Lässt sich diesen Entwicklungen bei allen Frustrationen und Verletzungen etwas abgewinnen? Zum einen wurde sehr nüchtern einsichtig, wie scharf die Kirchen an manchen Stellen noch getrennt sind, dass man sich aber, fast wie ein altes Ehepaar, traut, einander auch Kritik zuzumuten; zum anderen haben die Entwicklungen die ökumenisch engagierten Menschen und Gemeinden in ihrer Überzeugung gestärkt, dass ihre Arbeit an der Gemeinschaft der Kirchen notwendig ist und dass es oft gerade die kleinen Schritte jenseits der offiziellen Dialoge diejenigen sind, die die Ökumene vorantreiben. Es war mithin kein unwichtiges Zeichen, dass die katholische und evangelische Kirche in dieser nicht unkomplizierten Zeit gemeinsam den *Ökumenischen Kirchentag* 2010 vorbereitet haben. Trotz der dort eher kleinen ökumenischen Fortschritte im Blick auf die strittigen Fragen haben sie damit demonstriert, dass der Streit nicht das letzte Wort haben darf und sie sich der Aufgabe der Ökumene nicht entziehen können.

Denn nach den vorherigen Überlegungen zum ökumenischen Indikativ und Imperativ liegt es nicht einfach im Belieben der Kirchen, sich für die Ökumene stark zu machen oder eben auch nicht. Dass sie eins seien, dies ist die Vorgabe und die Aufgabe, die eben nicht von Menschen oder Kirchen, sondern aus christlicher Sicht von Jesus Christus selbst gesetzt ist. Darum dürfen die Kirchen das ökumenische Engagement nicht für eine Kür in dem breiten Bereich ihres Wirkens halten – es gehört eindeutig zum Pflichtprogramm.

Uneinheitliche Einheitsvorstellungen

So sehr Einigkeit darüber besteht, dass Einheit das große Ziel aller Christinnen und Christen und mit ihnen folglich auch aller Kirchen formuliert, so unterschiedlich gestalten sich die Vorstellungen davon: Diskutiert wird: 1. wie diese Einheit eigentlich aussehen soll (Geht es um gemeinsame äußere Strukturen, z.B. eine gemeinsame Verwaltung oder Kirchgebäude, oder um Übereinstimmung im Glauben und Handeln?), 2. auf welche Weise man sie herbeiführt (in kleinen Einzelschritten oder auf einmal, „von unten“ durch die Basis oder „von oben“ durch die Kirchenleitung) und 3. ob sie ein Ziel für diese Zeit und Welt beschreibt oder allein zu den eschatologischen Hoffnungen für das Ende aller Tage zählt.

Zum Ziel der Einheit, das lässt sich daran erahnen, führen unterschiedliche Wege: Neben der Suche nach *Konsens*, also nach ganz oder teilweise schon vorhandenen Übereinstimmungen, können Kirchen auch echte, nicht faule *Kompromisse* eingehen, so dass beide Kirchen etwas von ihrer Position aufgeben, um eine gemeinsame dritte zu finden. Nicht zuletzt setzen viele Dialoge auch auf *Konvergenz*, also eine langsame, aber immer stärkere Annäherung der Positionen durch Gespräche und Begegnungen.

Dass sie zu Lebzeiten die restlos verwirklichte Einheit der Kirchen noch selbst erleben, würden wohl selbst die jüngsten ökumenisch Engagierten kaum unterschreiben. Trotzdem scheint es aus guten praktischen Gründen und der tiefen Überzeugung an Gottes Willen zur Einheit geboten, in kleinen Schritten die großen Themen zu bearbeiten und wo immer möglich, die Gemeinschaft mit Christinnen und Christen anderer Konfessionen zu vertiefen. In einzelnen Begegnungen und kleinen Fortschritten lässt sich dann schon in aller Tiefe, wenn auch nur kurz und vorläufig erkennen, um was Jesus mit „dass sie eins seien“ gebeten hat.

Stefanie Schardien

KATHOLISCH

Rückkehr oder Umkehr?

„Rückkehr-Ökumene“ sei, so die vielfache Wahrnehmung, das römisch-katholische Ziel der Gespräche zwischen den Konfessionen. Einheit der Kirchen sei für die katholische Kirche dann akzeptabel, wenn die anderen christlichen Konfessionen, verlorenen Töchtern gleich, umkehrten und den Weg zurück zum bewährten Alten fänden, kurz: zum Katholizismus römischer Prägung, getreu dem Motto: „Früher war alles besser.“ Da ist es befreiend festzustellen, dass Kircheneinheit – das Ziel aller ökumenischen Bemühungen – nach katholischem Verständnis keine plumpe Angleichung der Konfessionen und auch nicht einfach Rückkehr meint.

Papst Johannes Paul II. hat 1995 dem Thema Ökumene eigens eine Enzyklika gewidmet (Verlautbarungen des Apostolischen Stuhls, Nr. 121). Sie trägt bezeichnenderweise den Titel: UT UNUM SINT – DASS SIE EINS SEIEN! (Joh 17,21).

An Christus glauben heißt, die Einheit wollen; die Einheit wollen heißt, die Kirche wollen; die Kirche wollen heißt, die Gnadengemeinschaft wollen, die dem Plan des Vaters von Ewigkeit her entspricht. Das also ist die Bedeutung des Gebetes Christi: „Ut unum sint".

Ut unum sint (25.5.1995), Nr. 10

Darin betont er, dass der Weg der Ökumene 1. alternativlos und für alle christlichen Konfessionen eine *Pflicht* ist, was selbstverständlich auch für die römisch-katholische Kirche gilt, und dass 2. neben allen theologischen Bemühungen, sich mit den Differenzen in Lehre, Liturgie und Leben auseinanderzusetzen, dieser Weg *für alle* ein Weg der Umkehr ist. Gegenseitige Verurteilungen, Polemik und nicht zuletzt eine unselige Kultur der Profilierung durch Abgrenzung haben die Christentumsgeschichte verschattet und Christen aller Konfessionen gegeneinander aufgebracht, sie haben das christliche Zeugnis verdunkelt und allen Konfessionen zum Nachteil gereicht.

Gemeinsames Ringen um die Einheit der Christen lautet darum, so Johannes Paul II., das Gebot der Stunde – um der Glaubwürdigkeit des christlichen Zeugnisses willen. Die Stunde, die geschlagen hat, nennt er „ökumenische Epoche", und die Aufgabe, sich mit aller Kraft für die Einheit der Christen einzusetzen, schreibt er allen Katholiken als „Imperativ des vom Glauben erleuchteten und von der Liebe geleiteten christlichen Gewissens" ins Stammbuch. Er betont, „dass das, was die Christen trennt, im Vergleich zu dem, was sie verbindet, gering ist", und ist überzeugt: es gibt bereits jetzt „reale, obgleich noch nicht volle" Gemeinschaft der Kirchen. Er gesteht freimütig zu, dass in den nichtkatholischen Kirchen und Gemeinschaften „gewisse Aspekte des christlichen Geheimnisses bisweilen sogar wirkungsvoller zutage treten" als in der römisch-katholischen Kirche.

Umkehr, gegenseitiges Verständnis, geschichtsbewusster Umgang mit einer gemeinsamen unseligen Vergangenheit – das sind Leitlinien, die die Möglichkeit, Ökumene als schlichte „Rückkehr" zum Katholizismus römischer Prägung betreiben zu wollen, ausschließen. Das wäre schon darum unmöglich, weil sich natürlich auch die römisch-katholische Kirche seit der reformatorischen Krise vielfach entwickelt und gewandelt hat. Das II. Vatikanische Konzil stellt 400 Jahre nach der Reformation einen unhintergehbaren Bezugspunkt des katholischen Selbstverständnisses dar. Zu welchem Stadium des real existierenden Katholizismus also sollten die Konfessionen zurückkehren?

Angesichts der Tatsache, dass „katholisch" erst seit der Trennung der Christen in verschiedene Konfessionskirchen eine Konfessionsbezeichnung ist, bedeutete eine Hinwendung zum „katholischen Original" zudem keine simple Überschreibung der Konfessionen mit dem „römischen Code", sondern die gemeinsame Ausrichtung an dem, was im Glaubensbekenntnis „katholisch" bedeutet: an der Einheit der Christen aller Räume und Zeiten im apostolischen Glauben. Maßgebliche theologische Entwürfe wurden entwickelt (vgl. z.B. den Vorschlag, den K. Rahner und H. Fries 1980 unter der hoffnungsfrohen Überschrift: „Einheit der Kirchen – reale Möglichkeit" gemacht haben), um zu bestimmen, in welchen Bereichen notwendigerweise Einheit bestehen muss und worin Differenzen tragbar, womöglich sogar fruchtbar sind.

Nicht Rückkehr, sondern *Umkehr* zum gemeinsamen und normativen Ursprung der Kirche, und nicht Rückschritt, sondern hoffnungsvolles Ausschreiten nach vorn: auf dass die Kirche nicht durch Zerstrittenheit ihre eigene Berufung konterkariere, Zeichen und Werkzeug der Einheit mit Gott und untereinander zu sein (vgl. II. Vatikanisches Konzil, LUMEN GENTIUM, Nr. 1).

Alle sollen eins sein. Um eins zu sein, müssen aber nicht alle dieselben sein. Ziel der Ökumene ist aus katholischer Sicht weder die Rückkehr zu einem (künstlich revitalisierten) Stadium der (noch gemeinsamen) kirchlichen Vergangenheit noch Angleichung auf Zukunft hin, also eine Einheitskirche. Ziel ist nicht paternalistisch die Rückkehr „abtrünniger" Töchter, sondern echte Gemeinschaft von Schwestern, deren Familienbande dieselben sind, die einander darum auf Augenhöhe begegnen können: Versöhnte Verschiedenheit, in der in allen zentralen Fragen des Glaubens ein wahrer Konsens besteht, der den legitimen Besonderheiten der Teilkirchen zugrunde liegt. In dieser angestrebten Form von Einheit bedeutet Differenz also nicht „stiefschwesterliche" Entzweiung, sondern fruchtbare Vielfalt. In der konkreten Bestimmung dieser Familienbande kommen die Konfessionen nicht überein – wohl aber darin, dass Einheit der Kirchen nicht „Einheitskirche" bedeutet. „Katholische Differenzökumene" im „schwesterlichen" Sinn gibt es schon jetzt: z.B. in der Ökumene zwischen römisch (lateinisch)-katholischer Kirche und gut 20 mit Rom unierten Kirchen unterschiedlicher Ritenfamilien z.B. mit der griechisch-katholischen und der ukrainisch-katholischen Kirche, die nach byzantinischem Ritus Liturgie feiern, mit der syrisch-katholischen (antiochenischer Ritus) oder der armenisch-katholischen Kirche (armenischer Ritus).

Julia Knop

G
E
K

EVANGELISCH

Wohin soll die ökumenische Reise gehen?

Ausschlaggebend für die unterschiedlichen Zielperspektiven der Ökumene ist, in welcher Weise die gegenwärtige Vielfalt der Konfessionen gedeutet wird und was man als Kennzeichen einer solchen Einheit für unbedingt notwendig hält. Mittlerweile teilen die Konfessionen die Ansicht, dass sie – greift man zur Veranschaulichung auf das Bild eines Baumes zurück – alle aus einem Stamm erwachsen sind. Die römisch-katholische Kirche geht nun davon aus, dass *sie* in Kontinuität zu diesem Stamm steht, die anderen Konfessionen hingegen nur mehr oder weniger. Aus evangelischer Sicht erwartet die römisch-katholische Kirche also in gewisser Weise eine Rückkehr zu ihren Vorstellungen von kirchlichem Sein, um das Ziel der Einheit zu erreichen. Bildlich gesprochen würde es am Ende so wieder nur einen Stamm geben. Getragen von dem maßgeblichen Glauben, die „wahre" Kirche verwirkliche sich bereits am meisten im römischen Katholizismus, stehen bei allem ernsthaften Willen zur Ökumene aus römisch-katholischer Perspektive manche Fragen schlicht nicht zur Diskussion, so etwa die Notwendigkeit eines „Einheitsamtes", wie es der Papst ausübt. Mit dem evangelischen Ökumene-Verständnis, wie es auch die Grundlage der Arbeit im Ökumenischen Rat der Kirchen bildet, lassen sich solche vorausgehenden Einschränkungen in den Zielperspektiven nicht vereinbaren. Aus guten theologischen Gründen lehnen die evangelischen Kirchen ein einendes „Amt", das Jesus Christus auf Erden repräsentieren soll, ab. Aus der Überzeugung ihres Glaubens heraus befürworten sie ausdrücklich, dass Männer und Frauen das Pfarramt ausüben dürfen und dass die Leitung der Gemeinden auf allen Ebenen mit „Laien" geteilt wird *(vgl. Kapitel C2)*. Gegenüber einem in der ökumenischen Umgangssprache gemeinhin als „Rückkehr-Ökumene“ bezeichneten Modell unterstützen die evangelischen Kirchen also ein weites ökumenisches Modell von „Einheit in versöhnter Verschiedenheit“. Danach können die Konfessionen mit ihren je unterschiedlichen theologischen Vorstellungen und kirchlichen Ausdrucksformen Einheit bilden. Nicht die Vielfalt der Kirchen soll abgeschafft werden, sondern nur das, was sie schmerzhaft voneinander trennt und für Zwietracht sorgt.

Auf dieser Basis und der Erkenntnis, dass die alten Verwerfungen nicht mehr zuträfen, haben die protestantischen Kirchen in Europa 1974 in der *Leuenberger Konkordie* ihre Kirchengemeinschaft erklärt. Sie erlaubt den lutherischen, reformierten und unierten Kirchen nicht nur den „Kanzeltausch“ ihrer Pfarrer, sondern auch das gemeinsame Abendmahl. Vergleichbar mit dem rechtlichen Akt der Eheschließung und der folgenden offiziellen Ehe geht dabei die *Erklärung* der Kirchengemeinschaft ihrer *Verwirklichung* voraus. Die Mitgliedskirchen verpflichten sich darum zum gemeinsamen Zeugnis und Dienst sowie zu fortdauernden Lehrgesprächen. Dieser Verpflichtung kommen sie mittlerweile in der *Gemeinschaft Evangelischer Kirchen in Europa (GEKE)* nach, die aus der Leuenberger Kirchengemeinschaft erwachsen ist *(vgl. Kapitel C2)*. Während es ursprünglich um dogmatische Fragen, z.B. nach dem Verständnis der Schrift oder des kirchlichen Amtes, ging, thematisieren die protestantischen Kirchen in der jüngeren Vergangenheit auch zunehmend ethische Fragen und bringen sich damit in gesellschaftliche Fragen auf europäischer Ebene ein.

Stefanie Schardien

KIRCHE ALS GESELLSCHAFT-LICHE AKTEURIN

D

1. DER ORT DER KIRCHE IN DER GESELLSCHAFT

„Lass mal die Kirche im Dorf!" Das geflügelte Wort, das man anbringt, wenn jemand zu Überheblichkeiten oder Übertreibungen neigt, hat seinen Ursprung in einer früher gängigen kirchlichen Prozessionspraxis: War ein Ort zu klein, zogen die Gläubigen an den jeweiligen Festtagen „mit der Kirche" um das Dorf herum statt durch es hindurch. Weiß man um diesen ursprünglichen Sinn, dann lässt sich doppeldeutig überlegen, wie es um die Kirche in der Gesellschaft heute bestellt ist: ob sie im Dorf gelassen oder gewichtig herum getragen werden soll. Welchen Ort und welche Rolle nehmen die christlichen Kirchen im gesellschaftlichen Leben ein? Wie weit ist ihr Spielraum und wo liegen ihre Handlungsgrenzen? Auch wenn aktuelle Diskussionen um eine zunehmende Säkularisierung oder Statistiken über zurückgehende Kirchenbindung gern den Anschein erwecken wollen: Neu sind die genannten Fragen nicht. So haben zum Beispiel schon das mittelalterliche Machtspiel zwischen „Papst und Kaiser" und in besonderer Weise die Instrumentalisierung der Kirchen im Zweiten Weltkrieg das Verhältnis von Kirche und politischer Macht in den Blick gerückt. Immer wieder, so etwa während der Industrialisierung, beklagten sich Theologie und Kirche auch schon über den wahrgenommenen Bedeutungsverlust der Kirchen und des christlichen Glaubens. Neu gegenüber diesen historisch also bekannten „Ortsfragen“ erscheint allerdings, dass sich die Kirchen heute in einer anderen Konkurrenzsituation befinden. Sie sehen sich umgeben von einer immer größeren Vielfalt an unmittelbar zugänglichen religiösen und weltanschaulichen Sinnangeboten. Notwendig ist somit nicht nur die Reflexion auf die Kirche als gesellschaftliche Akteurin im Gegenüber zu Staat und zivilgesellschaftlichen Gruppen, sondern auch auf ihr Verhältnis zu anderen „Anbietern“ in Sachen Sinn und Glauben.

Drinnen oder draußen? Kirche in oder gegenüber der Gesellschaft?

Bevor man die Außenbeschreibungen der Kirchen betrachtet, lohnt es sich, nach ihrer Selbstwahrnehmung zu fragen. Verstehen sie sich selbst als Teil der Gesellschaft oder eher als Kontrast zu ihr? Wie die Antworten auch ausfallen: Sie prägen die Rolle und die Aufgaben, die die Kirchen übernehmen oder sich von anderen antragen lassen. Bei dieser Überlegung geht es weniger darum, ob die Kirchen sich stets einverstanden mit allen gesellschaftlichen Entwicklungen erklären oder nicht auch im gesunden Streit einmal Kritik üben und sich gegen Entscheidungen aussprechen können, wie z.B. im Fall der schleichenden Aushöhlung des Sonntagsschutzes. Vielmehr geht es darum, ob die Kirchen sich selbst grundsätzlich als Mitglieder der Zivilgesellschaft sehen, die mit den gleichen Möglichkeiten, aber auch unter den gleichen Bedingungen die Gesellschaft von innen her mitgestalten wollen, oder eher als Gemeinschaft jenseits dessen, die gerade durch den alternativen Blick „von außen“ auf die Gesellschaft einwirken wollen. Zweifellos nimmt auch das jeweilige staatliche Klima Einfluss auf diese Grundhaltung. Unter kirchenfeindlichen Regimen, wie in der ehemaligen DDR, gingen die Kirchen notgedrungen auf kritische Distanz oder in klare Opposition zum Staat und wurden gerade so zu einem Rad im Motor der Wende. Fragt man nach der heutigen Verortung der evangelischen und der katholischen Kirche in Deutschland, dann lässt sich sicherlich konstatieren, dass sie versuchen, einen Mittelweg zu gehen. Sie fahren nicht einen einfachen Konfrontationskurs gegenüber gesellschaftlichen oder politischen Prozessen. Oftmals gehen sie mit anderen zivilgesellschaftlichen Gruppen Schulterschlüsse ein, z.B. im Engagement für ein friedliches, gerechtes und nachhaltiges Zusammenleben. Auch in so manchen internen Herausforderungen – das fängt schon beim Umgang mit dem kirchlichen Finanzhaushalt an – sehen sie sich den Bedingungen der Welt gleichermaßen ausgesetzt wie alle anderen. Auf die Gefahr, die für die Kirchen in einer unkritischen Anpassung an den jeweils herrschenden Zeitgeist liegen kann, weisen theologische Texte wie das Barmer Theologische Bekenntnis in aller Nachdrücklichkeit hin:

> *Lasst uns aber wahrhaftig sein in der Liebe und wachsen in allen Stücken zu dem hin, der das Haupt ist, Christus, von dem aus der ganze Leib zusammengefügt ist. (Eph 4,15f)*
> *Die christliche Kirche ist die Gemeinde von Brüdern, in der Jesus Christus in Wort und Sakrament durch den Heiligen Geist als der Herr gegenwärtig handelt. Sie hat mit ihrem Glauben wie mit ihrem Gehorsam, mit ihrer Botschaft wie mit ihrer Ordnung mitten in der Welt der Sünde als die Kirche der begnadigten Sünder zu bezeugen, dass sie allein sein Eigentum ist, allein von seinem Trost und von seiner Weisung in Erwartung seiner Erscheinung lebt und leben möchte.*
> *Wir verwerfen die falsche Lehre, als dürfe die Kirche die Gestalt ihrer Botschaft und ihrer Ordnung ihrem Belieben oder*

> *dem Wechsel der jeweils herrschenden weltanschaulichen und politischen Überzeugungen überlassen.*
>
> BARMER THEOLOGISCHE ERKLÄRUNG, *These 3 (1934)*

Notwendig behalten sich die Kirchen darum stets vor, immer wieder auch aus der gesellschaftlichen Binnenperspektive herauszutreten und die Welt mit anderen Augen zu betrachten – nämlich aus der Perspektive des Glaubens, der in dieser Welt allein eben nicht aufgeht. Je nach konfessionellem Hintergrund mag dies unterschiedliche Konsequenzen haben. Beispiele dafür liefern nicht selten ethische Konflikte. Wie mit Homosexualität oder mit Schwangerschaftsabbrüchen *(vgl. Kapitel D3, E2 und E3)* umzugehen ist, dies bewerten die katholische und die evangelische Kirche unterschiedlich. Der Akzent liegt entweder auf der in diesen Fällen für notwendig geglaubten kritischen Distanz zur Gesellschaft oder auf der kirchlich kritischen Solidarität innerhalb und mit den gesellschaftlichen Realitäten.

Staatskirchenrecht – Religion und Verfassung

Jenseits dieser unterschiedlichen und sich auch manchmal verändernden Selbstwahrnehmung der Kirchen im Blick auf ihren gesellschaftlichen Ort ist dieser in verfassungsrechtlicher Hinsicht wesentlich geklärt. Als „hinkende Trennung" wird das spezielle deutsche Verhältnis von Kirche und Staat beschrieben. Damit soll ausgedrückt werden, dass es sich bei der deutschen Situation weder um ein Staatskirchentum handelt, in dem es eine „offizielle" Religion gäbe, noch um einen Laizismus mit radikaler Trennung von Staat und Kirche, sondern um die im Rahmen der grundsätzlichen Trennung gegebene Möglichkeit, teils Notwendigkeit von Kooperationen.

G
E
K

EINE SOLCHE STRIKTE TRENNUNG fordern übrigens nicht nur Vertreter eines radikalen Atheismus, sondern – quasi mit umgekehrten Vorzeichen – auch manche Freikirchen, die ihre absolute Unabhängigkeit vom Staat behalten wollen.

Bereits die Weimarer Reichsverfassung (1919) hatte Religion nicht zur reinen Privatsache erklärt, sondern, und darauf greift Art. 140 unseres heutigen Grundgesetzes zurück, als öffentliche Angelegenheit verstanden, die aber wiederum nicht dem Staat unterliegt. Die weltanschauliche Neutralität des Staates bedeutet, dass er sich nicht mit einer Religionsgemeinschaft, aber eben auch mit keiner anderen Weltanschauung, wie z.B. dem Atheismus, identifiziert. Umgekehrt gewährt das Grundgesetz nach Art. 4 allen Bürgerinnen und Bürgern Religionsfreiheit. Menschen dürfen die Zugehörigkeit zu einer Religion frei wählen und die damit verbundenen religiösen und kultischen Praktiken ausüben (positive Religionsfreiheit). Sie dürfen aber zu all dem nicht gezwungen werden (negative Religionsfreiheit). Dass gerade beim Versuch, beide Freiheiten gleichzeitig zu gewähren, manche Reibungen entstehen, wird noch zu behandeln sein.

Die evangelische und katholische Kirche (sowie daneben auch manche andere Religionsgemeinschaft oder weltanschauliche Gruppierung) haben den Status einer Körperschaft öffentlichen Rechts (KdöR) „sui generis" inne. „Eigener Art" ist diese Körperschaft u.a., weil sie nicht staatlich, wie z.B. die meisten Universitäten oder die Deutsche Rentenversicherung, sondern selbstbestimmt verwaltet wird. Als KdöR haben die Kirchen wie auch alle anderen Religions- oder Weltanschauungsgemeinschaften mit diesem Status bestimmte Rechte: Sie dürfen u.a. eigene Arbeitsverhältnisse begründen, erhalten Vergünstigungen bei Steuern oder Abgaben und haben Mitspracherecht in bestimmten Gremien, wie etwa den Rundfunkräten. In der Konsequenz all dessen gestaltet sich das Verhältnis zwischen Staat und Kirche in Deutschland grundsätzlich partnerschaftlich, was sich an den gemeinsamen Angelegenheiten, den sogenannten „res mixtae“, zu beweisen hat. Dazu gehören der schulische Religionsunterricht und Theologische Fakultäten an staatlichen Universitäten, die Möglichkeit von Seelsorge in Krankenhäusern, im Gefängnis oder beim Militär, das Angebot kirchlicher Bestattung auf kommunalen Friedhöfen oder – allerdings oftmals unerwähnt: gegen ein kirchliches Entgelt – die Einziehung der Kirchensteuer von ihren Mitgliedern durch den Staat.

Darf's ein bisschen mehr sein? Streit um die Sichtbarkeit von Kirche und Religion

Kritiker richten sich gegen das mit dem Körperschaftsstatus verbundene „Privilegienbündel“, weil es eine unrechtmäßige Bevorzugung darstelle. Allerdings vergessen sie oft, dass die Beantragung dieses Status gar nicht Kirchen allein vorbehalten ist, sondern auch anderen religiösen und weltanschaulichen Gemeinschaften offen steht. Allerdings gibt es keinen Rechtsanspruch darauf und auch bestimmte Voraussetzungen müssen erfüllt sein: Offiziell müssen Gruppierungen nur anhand ihrer Mitgliederzahl und ihres inneren Zustands ihre eigene Dauerhaftigkeit gewährleisten können. Ungeschrieben gilt zudem die Verpflichtung, dass die verfassungsgemäßen Grundlagen des Staats anzuerkennen und das Recht einzuhalten sind.

In vielen Fällen fordern die Kritiker aber letztlich weniger die Zuerkennung des KdöR-Status an andere Gruppen als vielmehr eine Säkularisierung der Gesellschaft. Dazu berufen sie sich einerseits auf die negative Religionsfreiheit, die vor Belästigungen durch die Religionen schützen solle. Andererseits werde, so eine teils ausdrücklich genannte, teils nur implizite Begründung, nur die Abkehr von allen weltanschaulichen und religiösen Prägungen, das Verbot aller Symbole oder die Verwehrung der Mitgestaltungsmöglichkeiten, der Situation einer pluralistischen Gesellschaft am ehesten gerecht. Umformuliert könnte dies heißen, dass, wenn keiner beachtet werde, doch an alle gedacht sei. Schon daran lässt sich die Crux dieser Argumentation erkennen. Der vermeintlich kleinste gemeinsame Nenner einer Gesellschaft taugt zu ihrer Gestaltung nicht, weil dafür ja gerade die Menschen mit ihren jeweiligen Bedürfnissen, Hoffnungen und Normen, und das heißt also mit ihren Weltanschauungen und Religionen ins Spiel kommen müssen. Die Verpflichtung auf eine strikt säkulare Position würde eine alleinige Orientierung an denen bedeuten, deren Weltanschauung dies ist. Betrachtet man die jüngeren Entwicklungen in Deutschland, so lassen sich gewisse Tendenzen wahrnehmen: Als „Kruzifixurteil" und „Kopftuchstreit" in unserem Sprachgebrauch eingegangen haben diese Fälle die möglichen Reibungen zwischen den beiden Dimensionen der Religionsfreiheit vor Augen geführt. Beide Konflikte bezogen sich auf den Ort der Schule, was aufgrund der zusätzlichen Sorge um die Kinder als Schutzbefohlene nicht unwichtig war. Dürfen sie dem Anblick des Kreuzes und einer Kopftuch tragenden muslimischen Lehrerin ausgesetzt werden? Darf man umgekehrt den Schulen verbieten, das Kreuz aufzuhängen oder – noch persönlicher – der Muslima das Tragen des Kopftuchs, das sie vom Islam her geboten sieht?

Ganz abgesehen von der kaum behandelten Frage, ob Kinder tatsächlich in ihren eigenen Überzeugungen so leicht „korrumpierbar" sind, und abgesehen von der viel diskutierten Deutung des Kopftuchs als Zeichen der Unterdrückung oder Identität der muslimischen Frau weisen die Urteile einen zumindest juristischen Trend aus: In beiden Fällen wurde der negativen Religionsfreiheit Vorrang vor der positiven gegeben. Kruzifixe und Kopftücher sind verboten. Damit lässt sich eine Spirale in

Gang setzen, die – mit Berufung auf diese Verbote religiöser Symbolik – auch viele weitere Symbole aus dem öffentlichen Raum verdrängen kann. Als anfällig erweisen sich bereits die christlichen Feste: Während es hierzulande auffällt, dass Verkäufer nur noch unspezifisch „Schöne Feiertage“ anstatt „Frohe Ostern“ wünschen, gab es in manchen Orten Großbritanniens und der USA bereits ein Verbot von öffentlichem Weihnachtsschmuck, der Menschen anderen Glaubens belästigen könne. Ein Aus für Santa-Claus und den geschmückten Weihnachtsbaum, auch wenn gerade diese beiden gar nicht allzu ursprünglich mit dem Christfest verbunden sind. Gegenüber solchen minimalistisch und reduktionistisch ausgerichteten sozialen Konzepten erscheint es wirklichkeitsgemäßer, die in der Gesellschaft vorhandene Fülle nicht zu unterdrücken, sondern möglichst einzubeziehen und im Zweifelfall den Streit und das Ringen um Wege des Zusammenlebens zu befördern. So lässt es sich halten wie in der digitalen Fotografie: Mehr Pixel geben ein schärferes Bild von der Wirklichkeit.

Kirche im Pluralismus von Religionen und Weltanschauungen

Toleranz gilt als wichtige Tugend. Die meisten Menschen verstehen sich vermutlich selbst als tolerant. Immer dann, wenn es um religiöse Konflikte geht, oder aber um gesellschaftliche Konflikte, die mit religiösen Hintergründen verbunden werden – so wie z.B. in der Integrationsdebatte häufig etwas kurzschlüssig mit „dem Islam“ argumentiert wird – dann stellt sich die Frage nach der Toleranz der Religionen. Können sie eigentlich einander gegenüber tolerant sein, wenn sie doch letztlich von der Wahrheit ihres eigenen Glaubens ausgehen wollen und müssen? So glauben die christlichen Kirchen, dass die Offenbarung Gottes in der Schöpfung, in Jesus Christus und im Heiligen Geist „wahr“ ist

G
E
K

(vgl. Kapitel A1); dass also die Ausrichtung des eigenen Lebens daran keiner Utopie aufsitzt und dass stattdessen diese Wahrheit am Ende aller Zeiten umfassend sichtbar werden wird. An die Wahrheit ihrer Überzeugungen glauben aber auch andere Religionen. Gibt es also nur die Alternative von „wahr oder tolerant"?

Klassischerweise hat die christliche (Religions-)Theologie mit drei Modellen auf die Frage, wie mit anderen Religionen umzugehen sei, geantwortet: Mit dem *Exklusivismus*, dem *Inklusivismus* und dem *Pluralismus*. Ersteres Modell geht davon aus, dass ausschließlich der eigene Glaube die Wahrheit beanspruchen und das Heil garantieren könne, während alle anderen Religionen als Irrwege, teils sogar als Sünde zu betrachten seien. Inklusivistische (d.h. einschließende) Positionen sehen in anderen Religionen bestimmte Heilsmomente, die aber letztlich schon als Ausdruck christlichen Glaubens bzw. auf diesen hingeordnet betrachtet werden. Menschen anderer Religionen könnten entsprechend, wie Karl Rahner es bezeichnete, bereits „anonyme Christen" sein. Pluralistische Religionstheologien schließlich favorisieren den Gedanken eines Nebeneinanders aller Religionen, die sich von unterschiedlichen Richtungen aus gemeinsam auf dem Weg zur Wahrheit befänden oder diese bereits unterschiedlich darstellten.

Keines der drei Modelle vermag in seiner Reinform recht überzeugen. Exklusivismus und Inklusivismus wohnt die Gefahr einer intoleranten Überheblichkeit inne, die zu wenig berücksichtigt, dass nicht die Glaubenden oder die Kirche selbst die Wahrheit „besitzen", sondern dass sie „nur" von dieser Wahrheit Zeugnis geben. Insofern hat das Christentum allein die Hoffnung, aber keinen „Anspruch" auf Absolutheit. Der Pluralismus umgekehrt scheint im Sinne einer vermeintlich breitestmöglichen Toleranz den eigenen Glauben und das Geglaubte zu wenig zu bedenken. Aus dem möglichen Ringen und

Streiten der Religionen um ihren jeweiligen Glauben und seine Bedeutung für z.B. das gesellschaftliche Zusammenleben der Menschen droht belangloser Austausch, belangloses Nebeneinander zu werden, bei dem die Wahrheitsfrage aufgegeben oder unterschwellig doch für sich allein entschieden wird.

Die Auseinandersetzung mit dem Anderen und dem Fremden scheint in der Vielfalt der heutigen Gesellschaft dennoch unerlässlich. Lässt sich also aus christlicher Sicht etwas konstruktiv Alternatives über die drei Modelle hinaus sagen? Die biblischen Erzählungen und Berichte geben ein spannungsreiches Zeugnis: Zum einen spiegeln sie Gottes offensichtliche *Liebe zur Vielfalt*, die sich ebenso sehr in der Schöpfung mit ihrer von Tieren, Pflanzen und Menschen wimmelnden Welt zeigt wie in den vielfältigen Gaben einer Gemeinde, die der Apostel Paulus preist. Egoistische Monokulturen scheinen gefährlich – das dokumentiert der „Turmbau zu Babel"; darauf stößt aber auch Jesu ständige Einbeziehung all jener Menschen, die aus der Sicht heutiger Stimmungsmacher in „Parallelgesellschaften" gelebt haben. Zum anderen verweisen die biblischen Zeugnisse auf die *Suche nach Einheit*, in der sich die Menschen gerade in ihrer Vielfalt verbunden wissen und an der sie sich ausrichten. Diese Einheit, wie es der Pfingstbericht (Apg 2) mit dem Wirken des Geistes bildlich beschreibt, vermögen sich nicht die Menschen selbst zu schaffen, sondern sie kann allein in und durch Gott entstehen. Was sie anstelle einer bloßen Bestätigung der Beliebigkeit stiftet, ist Gerechtigkeit und Erbarmen zwischen den Menschen und eine zunehmende Erkenntnis Gottes. Sich in diesem Geist – und nicht etwa in egoistischer Rechthaberei – auf eine vertieftere Einheit mit den „Anderen" und den „Fremden" zuzubewegen, scheint dem christlichen Glauben angemessen. Das Leben aus den biblischen Erzählungen von Vielfalt, aus der Hoffnung auf die beschriebene Einheit und aus dem Wissen um die eigene Verdanktheit von Gott – all das begründet, warum der christliche Glaube gegenüber Menschen anderen Glaubens tolerant sein kann. Toleranz aus christlichem Verständnis bedeutet dann im passiven Sinn die Möglichkeit, den anderen in seinem So-Sein gewähren zu lassen – auch wenn man ihn eben nicht schlicht gutheißt – und umgekehrt auch im aktiven Sinn nach Einheit zu suchen, die das Zusammenleben gerechter und barmherziger macht.

Stefanie Schardien

KATHOLISCH

Gewissensfragen

„Die politische Gemeinschaft und die Kirche sind auf je ihrem Gebiet unabhängig und autonom" – so formulierte am 7.12.1965 das II. Vatikanische Konzil in der Pastoralkonstitution GAUDIUM ET SPES (Nr. 76). Diese Unabhängigkeit beider Seiten hat es nicht immer so gegeben. Auch nachdem sie gesellschaftlich einmal durchgesetzt war, wurde sie kirchlicherseits längst nicht direkt gutgeheißen. Im Gegenteil – das konziliare Bekenntnis zur „rechtmäßigen Autonomie der weltlichen Dinge" (GAUDIUM ET SPES, Nr. 36) bildet den Abschluss einer langen und durchaus schwierigen Entwicklung, mit dem die katholische Kirche schließlich den Souveränitätsanspruch des säkularen bzw. religiös neutralen Staates, die Eigenständigkeit von Recht und Moral, Politik und Religion nicht nur zähneknirschend duldete, sondern positiv anerkennen konnte (vgl. II. Vatikanisches Konzil, DIGNITATIS HUMANAE, Nr. 7). Religiöser Integralismus, der demgegenüber eine religiöse/kirchliche Souveränität auch über politische Belange fordert, wird von offizieller kirchlicher Seite heute also klar abgewiesen.

Mit der Erklärung Dignitatis humanae (7.12.1965) hat die katholische Kirche die Religionsfreiheit explizit als ursprüngliches Recht der Person anerkannt:

Das Vatikanische Konzil erklärt, dass die menschliche Person das Recht auf religiöse Freiheit hat. Diese Freiheit besteht darin, dass alle Menschen frei sein müssen von jedem Zwang sowohl von Seiten Einzelner wie gesellschaftlicher Gruppen, wie jeglicher menschlichen Gewalt, so dass in religiösen Dingen niemand gezwungen wird, ***gegen*** *sein Gewissen zu handeln, noch daran gehindert wird, privat und öffentlich …* ***nach*** *seinem Gewissen zu handeln. Ferner erklärt das Konzil, das Recht auf religiöse Freiheit sei in Wahrheit auf die* ***Würde der menschlichen Person*** *selbst gegründet, so wie sie durch das geoffenbarte Wort Gottes und durch die Vernunft selbst erkannt wird. Dieses Recht der menschlichen Person auf religiöse Freiheit muss in der rechtlichen Ordnung der Gesellschaft so anerkannt werden, dass es zum bürgerlichen Recht wird.*
II. Vatikanisches Konzil, Dignitatis humanae, *Nr. 2 (7.12.1965)*

Die christliche Überzeugung von der Letztgültigkeit der Offenbarung Gottes in Jesus Christus *(vgl. Kapitel A1)*, des Erlösers aller Menschen, dessen Heil alles Heil, das auf Erden erfahrbar wird, umfasst („inkludiert“), wurde damit ebenso wenig relativiert wie die moralische Pflicht des Menschen, nach der Wahrheit zu streben und an der erkannten Wahrheit festzuhalten (vgl. Dignitatis humanae, Nr. 1). Die innere Anerkenntnis dieser Wahrheit und ihrer Implikationen für Glaube und Ethos aber kann nicht von außen verordnet werden. Sie hat ihren Ort im Innersten der Person: in ihrem Gewissen. Eine Alternative zur Freiheit der Person gibt es nicht.

G
E
K

Die Verkündigung der Kirche, die in religiösen oder ethischen Fragen und Konflikten katholische Überzeugungen in Erinnerung ruft, richtet sich darum nicht an die exekutiven Organe des Staates, sondern an das Gewissen der Gläubigen *(vgl. auch Kapitel E1)*, seien Sie Privatpersonen oder Politiker.

SPÄTESTENS MIT DEM KONZIL hat die katholische Kirche also ihre historische Reserve gegenüber den Menschenrechten endgültig überwunden, die ideengeschichtlich an die jüdisch-christliche Überzeugung der Gottebenbildlichkeit eines jeden Menschen anschließen und heute fester Bestandteil der christlichen Anthropologie und kirchlichen Soziallehre sind. Die früheren Konfliktlinien zwischen Kirche und Menschenrechtsethos verlaufen soziohistorisch v.a. entlang dessen antikirchlichen Kontextes im Rahmen der französischen Revolution. Zudem wurde die moderne anthropozentrische Orientierung der Anerkennung von Glaubens- und Wahrheitsansprüchen lange Zeit als Relativierung des Geltungsanspruchs der Wahrheit und Entthronung Gottes selbst begriffen.

Julia Knop

EVANGELISCH

Die Barmer Theologische Erklärung

Aus den frühen Erfahrungen des Dritten Reiches heraus hat eine Gruppe von evangelischen Theologen 1934 die Barmer Theologische Erklärung verfasst, die das Verhältnis der Kirche zu anderen gesellschaftlichen Mächten und im Besonderen zum Staat beschreibt. Die sechs Thesen werden jeweils von einem Bibelvers eingeleitet, dann anhand einer positiven Erläuterung und einer negativen „Verwerfung der falschen Lehre" entfaltet. So lautet z.B. die berühmte erste These:

> *Jesus Christus spricht: Ich bin der Weg und die Wahrheit und das Leben; niemand kommt zum Vater denn durch mich.“ (Joh 14,6) „Wahrlich, wahrlich, ich sage euch: Wer nicht zur Tür hineingeht in den Schafstall, sondern steigt anderswo hinein, der ist ein Dieb und Räuber. Ich bin die Tür; wenn jemand durch mich hineingeht, wird er selig werden. (Joh 10,1.9)*
> *Jesus Christus, wie er uns in der Heiligen Schrift bezeugt wird, ist das eine Wort Gottes, das wir zu hören, dem wir im Leben und im Sterben zu vertrauen und zu gehorchen haben.*
> *Wir verwerfen die falsche Lehre, als könne und müsse die Kirche als Quelle ihrer Verkündigung außer und neben diesem einen Worte Gottes auch noch andere Ereignisse und Mächte, Gestalten und Wahrheiten als Gottes Offenbarung anerkennen.*
> BARMER THEOLOGISCHE ERKLÄRUNG, *These 1 (1934)*

Auf diese Weise thematisiert die Erklärung die einzige, alle Lebensbereiche umfassende und nicht den jeweilig gesellschaftlich dominanten Mächten angleichbare Offenbarung in Jesus Christus (1–3), die von anderen „Führern“ unabhängige Leitung der Kirchen (4), die notwendige Unterscheidung der Aufgaben von Staat und Kirche bzw. die Ablehnung wechselseitiger Übergriffigkeit (5) und schließlich die alleinige Orientierung allen kirchlichen Dienstes an Gott, nicht an eigenmächtigen Wünschen (6).

In den evangelisch-reformierten Kirchen sogar zu den „Bekenntnissen“, von den lutherischen Kirchen zu wichtigen „Lehrzeugnissen“ gezählt haben die Barmer Thesen bis heute überraschende Aktualität – gerade dann, wenn man sie nicht allein auf das Staat-Kirche-Verhältnis hin liest, sondern als weite Ortsangabe für die Kirchen innerhalb der vielfältigen Machtansprüche in der Gesellschaft, z.B. durch manche wirtschaftliche Akteure, begreift.

D

2. IM GUTEN KONTAKT – KIRCHE UND GESELLSCHAFTLICHE AKTEURE

Ein Orchester funktioniert nicht, wenn nur ein Instrument zu hören ist. Der Reiz eines Konzertes besteht ja gerade im Miteinander der verschiedenen Stimmen. Gleiches gilt für die Gesellschaft: Sie entsteht aus dem Neben- und Miteinander, manchmal auch aus dem Gegenüber vieler verschiedener Akteure wie Politik und Kultur, Wirtschaft, Sport, Medien oder eben Religion. Ihnen allen ist gemein, dass sie die Gesellschaft mitgestalten und dass sie in unterschiedlicher Weise verbunden sind. Nicht selten erleben sie sich zudem aufeinander angewiesen. Darum müssen sie nach gemeinsamen Zielen und Kooperationsmöglichkeiten sowie nach Chancen des wechselseitigen Lernens voneinander suchen und immer wieder Schnittstellen ihrer Tätigkeitsbereiche gemeinsam bearbeiten. Bisweilen macht es das Miteinander notwendig, über unterschiedliche Haltungen oder Absichten zu streiten und Grenzen einfordern. Die verschiedenen christlichen Konfessionen widmen sich diesem Zusammenspiel mit der gesellschaftlichen „Welt“ in unterschiedlicher Intensität. Manche Freikirchen und Kommunitäten verstehen eher das Gebet oder diakonisches Handeln im Nahbereich als das christliche Kerngeschäft, so dass sie sich zurückhaltend etwa gegenüber sozialpolitischem Engagement verhalten. Innerhalb der beiden großen Kirchen in Deutschland bestehen auf vielen Ebenen zu allen genannten gesellschaftlichen Bereichen intensive Beziehungen.

Kirche und Politik

Mit dem Satz „Nichts ist gut in Afghanistan" hat die ehemalige EKD-Ratsvorsitzende Margot Käßmann für deutschlandweite Diskussionen gesorgt: Haben Christen, haben die Kirchen überhaupt das Recht, sich politisch zu äußern und auf diese Weise in die Sphäre der Politik einzugreifen? Oder ist es vielleicht sogar geradezu ihre Pflicht? So sehr dieser eine Satz in seiner klaren Schärfe eine besonders hitzige Debatte anfachte, steht dahinter doch eine grundlegende Anfrage an die Art und Weise des politischen Engagements von Theologie und Kirche. Dass sie dies selbst für unerlässlich halten, ist unübersehbar: Mit zahlreichen Denkschriften oder gemeinsamen Texten bringen sich die evangelische und katholische Kirche, je für sich oder in ökumenischer Gemeinschaft, in aktuelle Entwicklungen und Konflikte ein – manchmal mit viel Resonanz: bis heute wird z.B. das gemeinsame Sozialwort der Kirchen „Für eine Zukunft in Solidarität und Gerechtigkeit" aus dem Jahr 1997 wegen seiner klaren und kritischen Worte zitiert. Zahlreiche kirchliche Arbeitsgruppen von der Gemeindeebene bis hin zur DBK und EKD arbeiten immer wieder an gesellschaftspolitisch relevanten Themen, sei es die Gesundheitsversorgung, der Sonntagsschutz oder Bildungsgerechtigkeit. Dieses Engagement erklärt sich aus der theologischen Überzeugung heraus, dass der Ruf Jesu in die Nachfolge die Aufforderung zum christlichen Wirken in der Welt beinhaltet. Ein solcher „Öffentlichkeitsauftrag“ und damit das Streben nach Gerechtigkeit, Frieden und Bewahrung der Schöpfung kommt nicht ohne, und das heißt manchmal eben auch nicht ohne unbequeme politische Stellungnahmen aus.

Jenseits der eigenen Beschäftigung mit gesellschaftspolitischen Themen suchen die Kirchen auch den direkten Kontakt zur Politik. Sowohl die beiden großen, als auch kleinere Kirchen, wie z.B. die Vereinigung der Evangelischen Freikirchen oder die Altkatholische Kirche, entsenden Beauftragte an den Sitz der Bundesregierung. Die Deutsche Bischofskonferenz ist mit dem Kommissariat, dem sogenannten „Katholischen Büro Berlin“, die Evangelische Kirche in Deutschland durch den „Bevollmächtigten“ ihres Rates vertreten. Beide großen Kirchen begleiten zudem über Außenstellen in Brüssel die europäische Politik. Alle Entsandten fungieren als Bindeglieder zwischen ihrer Kirche und den politischen Organen. Dieses Engagement gibt den Kirchen zum einen die Möglichkeit, ihr eigenes sozialpolitisches Interesse zu verfolgen. Im Sinne der vorrangigen Option für die Benachteiligten können die Vertreter an den politischen Schaltstellen besonders darauf achten, dass auch die gesellschaftlich schwächeren Stimmen zu Gehör kommen. So stellen sie bisweilen eine Art „öffentliches Gewissen“ dar und übernehmen eine „Wächterfunktion“. Darüber hinaus signalisieren die Kirchen ihre Bereitschaft, im Fall von Anfragen, etwa in ethischen Konflikten, beratend tätig zu werden. Umgekehrt sind auch die politischen Parteien an dem Kontakt zu den Kirchen und Religionen interessiert. Sie richten eigene Referate ein, beauftragen einzelne Politiker mit der Zuständigkeit für diesen Diskurs und werden durch christliche Arbeitskreise an der Parteibasis unterstützt.

Die Grenzen der Diskurse liegen immer dort, wo die Kirche und Politik nicht die Eigenständigkeit des je anderen achten *(vgl. Kapitel D1 und D3).* Zu dieser Achtung gehört es anzuerkennen, dass Kirche und Politik unter eigenen Bedingungen, mit eigenen Arbeitsmethoden wirken und eben teils auch andere Ziele verfolgen müssen. Ob also ein Afghanistan-Satz diese Grenze überschreitet oder hingegen als Ausdruck der christlichen Zielsetzung für das Leben notwendig ist, darüber darf und muss gestritten werden. Denn die religiöse Dimension des Lebens kann nicht einfach nach der Logik der Politik, die Politik nicht nach den Regeln der Religion gestaltet werden. Sonst droht im Konzert doch wieder nur eine Stimme hörbar zu sein.

Von gerechten Haushaltern und Heuschrecken: Kirche und Wirtschaft

Wer in den Evangelien blättert, stößt auf zahlreiche Geschichten und Gleichnisse, die vom Wirtschaften handeln, vom reichen Kornbauern, dem armen Lazarus und dem Scherflein der Witwe, von Neid und dem nutzlosen Anhäufen irdischer Schätze. Viele Erzählungen unterstreichen, dass Reichtum und irdische Güter keinen Platz im Himmelreich garantieren, dass sich Gott vielmehr ganz besonders den Armen zuwendet. Dennoch gibt es – vor allem im Lukasevangelium – viele Verse, die aufhorchen lassen. Das Gleichnis von den anvertrauten Talenten (Lk 19,12–26) gehört dazu: Wird doch der Knecht, der das anvertraute Gut seines Herrn nur treu bewahrt, nicht aber wie seine Kollegen vermehrt hat, gescholten, in der Version bei Matthäus (Mt 25,14–30) sogar bestraft. Kaum kann dieses Gleichnis einfach radikal im Widerspruch zu den sonstigen biblischen Relativierungen des Besitzes darum gehen, die persönliche Raffgier einzelner Reicher gut zu heißen. Viele Deutungen erklären diese scharfe Verurteilung des Knechts vielmehr so, dass Besitz einen verantwortlichen Umgang fordert. Was für eine gute Sache eingesetzt werden kann, soll natürlich vermehrt werden. Ein unbekümmerter Umgang mit weltlichen Gütern wäre fehl am Platz. Die Kirchen machen sich diese Haltung heute nicht selten zu eigen. Schon allein die deutschlandweite Stiftungsdatenbank nennt über 200 Stiftungen mit christlichem Hintergrund.

Während die Möglichkeit, Gutes mit Geld zu tun, sofort als gut christlich gelten kann, sehen sich die Kirchen gesellschaftlich und in ihren eigenen Strukturen vor ökonomische Herausforderungen gestellt, die weniger eindeutig zu beurteilen sind. Zur Zeit der Weltwirtschaftskrise haben viele Gemeinden und offizielle Vertreter der Kirchen zu Recht an die Gerechtigkeit und Nachhaltigkeit des Wirtschaftens appelliert. Vielen Menschen, ob in oder außerhalb der Kirchen, haben sie aus dem Herzen gesprochen. Die Probleme beginnen indes dort, wo etwa die Bedeutung von Gerechtigkeit zu klären ist. Wirtschaftsethische Theorien können sehr unterschiedliche Wege vorschlagen: wäre z.B. die gleichmäßige Verteilung der Güter, ohne Ansehen der jeweiligen Leistung, gerecht? Oder wäre genau dies ungerecht? Zentral ist für eine christliche Wirtschaftsethik vor allem, dass der erste Blick immer denen gelten muss, die benachteiligt sind. Dies gilt auf der Bühne des globalen Wirtschaftens im Blick auf arme und reiche Länder, wie im Blick auf den Nahbereich einzelner Familien. Sie zu befähigen, die Teufelskreise von „Einmal arm, immer arm“ zu durchbrechen, erscheint aus christlicher Sicht als ein wichtiges Ziel.

Allerdings müssen auch die Kirchen selbst, von Beginn an „global player“, die auf Vermehrung, Vergrößerung und in vielen Zeiten der Kirchengeschichte auch auf wirtschaftliche Macht zielten, ihr eigenes Wirtschaften stets hinterfragen. Sie und ihre diakonischen Institutionen sind große Arbeitgeber *(vgl. Kapitel D3)*; sie unterhalten Gebäude, verwalten finanzielle Einnahmen und können folglich nicht ohne das Einhalten ökonomischer Grundspielregeln auskommen. Im Besonderen gilt das in Zeiten knapper werdender Ressourcen.

In den kirchlichen Reformprozessen streitet man entsprechend besonders um das Maß der „Verwirtschaftlichung". Kommen die kirchlichen Werke ohne die Professionalisierung der Mitarbeiterführung aus oder sollten sie im Dienste größtmöglicher Rentabilität von den weltlichen Unternehmen lernen? Das Nachdenken über die rechte Verteilung ebenso wie über die mögliche nachhaltige Anlage und Vermehrung des Geldes spielt heute in den Gemeinden eine wichtige Rolle. Wie sehr man sich dabei an wirtschaftliche Dynamiken, wie sie die Finanzwelt vorlebt, annähert oder abgrenzt, erscheint als zunehmend schmaler Grat. Die Entscheidung, ob die Anlage der kirchlichen Gelder in Hedgefonds sinnvoll ist oder sich dem schnöden Mammon zu sehr unterwirft, lässt sich aus der Außenperspektive oft leichter verurteilen als durch die Verantwortlichen treffen. Der unnütze Knecht lässt grüßen.

Wie so oft, scheinen jene Kompromisse angemessen, in denen man sich marktwirtschaftlichen Prinzipien und Strukturen weder ganz anvertraut noch sie billig verteufelt. Ob bestimmte ökonomische Entscheidungen, im Privatleben wie in den kirchlichen Institutionen, vor dem Hintergrund der jesuanischen Botschaft verantworten lassen, muss immer wieder aufs Neue sorgfältig geprüft werden. Was dabei als christliche Richtlinie feststeht – und daran scheiden sich Christentum und Wirtschaft fundamental – ist die vorrangige Option für die Benachteiligten.

Kirche, Kunst und Kultur

Kirche, Kunst und Kultur haben weit mehr als die K's gemeinsam. Sie teilen sich Räume, haben ähnliche Ausdrucksformen und eröffnen Dimensionen des Lebens, die jenseits des „Notwendigen" liegen.

Beschreibt man *Kultur* als Gegenüber zur *Natur*, dann lässt sie sich als Ausübung jener menschlichen Freiheit begreifen, die den vorgegebenen Lebensraum – christlich gesprochen: die Schöpfung – gestaltet. In diesem weiten Verständnis wäre Kultur das Ergebnis allen Wirkens, mit dem sich der Mensch in der Natur eingerichtet hat: Von der Sprache über Gemeinschaftsformen bis hin zur Fortbewegung und die Liste ließe sich schier unendlich fortsetzen. Meistens wird dagegen im engeren Sinn von Kultur gesprochen und so ein spezifischer „Spielraum der Freiheit" bezeichnet, nämlich alles, was als Kunst gilt, wie Literatur, Musik oder Malerei, oder was zu ihr gehört, wie die Kulturpolitik und -industrie. In diesem engeren Kulturbegriff werden die Nähe und Überschneidungsflächen zu Theologie und Kirche besonders bewusst: Kein Gottesdienst ohne Lied, kein Kirchraum ohne kunstvolle Gestaltung. Umgekehrt haben sich viele der Künste gerade innerhalb der kirchlichen und theologischen Kontexte entwickelt: Für kirchliche Festtage wurden Kantaten oder Orgelwerke komponiert; der Kirchbau bot Architekten wie Malern ungeahnte Möglichkeiten der künstlerischen Entfaltung; und so manches Buch greift bis heute auf biblische Motive zurück *(vgl. Kapitel C1)*.

Trotz oder gerade aufgrund dieser Nähe war das Verhältnis von Kirche und Kultur, ähnlich wie bei Geschwistern, nicht immer spannungsfrei: So geben etwa die Bilderstürme der Reformation beredtes Zeugnis von den Versuchen der Abgrenzung, um die eigene Identität zu wahren. Dagegen demonstrieren Fußballer, die auf ihre Tore ein Kreuzzeichen folgen lassen, wie der Glaube so manche kulturelle Praktik auch religiös überhöhen kann.

In der jüngeren Vergangenheit wagen Kirche und Kultur viele neue Kooperationen. Mit der Suche der Kirchen nach Möglichkeiten, den Glauben modern zu vermitteln, und mit einer anscheinend erstarkenden Offenheit von Kulturschaffenden dafür, ihre Sinnfragen auch im religiösen Horizont zu bedenken, lassen sich zumindest zwei Gründe für das Interesse an der Zusammenarbeit finden. Von Seiten der Kirchen sind darum eigene Kommissionen (DBK) oder Beauftragte (EKD) für Kulturfragen eingesetzt worden. In den Gemeinden schlagen Film- oder Theatergottesdienste Brücken zwischen den Inszenierungen und biblischen Themen. Künstler verwandeln Kirchräume und regen durch die Verfremdung zu Glaubensgesprächen an. Pop-Oratorien erzählen die alten Bibelgeschichten mit neuen Klängen. Fast immer stoßen derartige Angebote auf reges Interesse. Sie werden als niederschwellige Möglichkeiten wahrgenommen, an den christlichen Glauben anknüpfen zu können – und dies nicht nur von jenen, die kaum religiös sozialisiert wurden. Mit dem Erfolg solcher Initiativen kommen zwangsläufig auch kritische Stimmen auf. Sie befürchten, dass die Glaubensinhalte in einer Eventkultur untergehen, die mit Wesen der Kirche wenig vereinbar sei. Diese Bedenken gilt es so ernst zu nehmen wie auch den neuen Wegen zu vertrauen ist. Aus theologischer Sicht kann und muss dem Glauben daher zweierlei zugetraut werden: dass er kulturschöpferische und zugleich kulturkritische Kraft besitzt. Der christliche Glaube schafft Kultur, schon allein, weil er der Ausdrucksformen bedarf, sei es im Sprechen, Singen oder Bauen. Diese Ausdrucksformen haben sich im Laufe der Jahrhunderte immer wieder gewandelt und genau so zum heutigen Reichtum kirchlicher Kunst und Kultur beigetragen. *(vgl. Kapitel B1)* Der Glaube warnt aber vor der religiösen Selbstüberhöhung dort, wo kulturelle Praktiken oder Künste den Raum des Transzendenten allein auszufüllen beanspruchen. Dann hätte der Glaube an Gott als den „ganz Anderen“, der in nichts Irdischem – auch nicht in den schönsten Künsten – aufgehen kann, keinen Platz mehr.

Kirche im Medienzeitalter

Im Medienzeitalter zu leben, ist dem Christentum nicht fremd. Genau genommen hat es die – je nach Zeitalter – „neuen" Medien schon immer genutzt: Zuerst waren dies die Schriftrollen, dann zur Zeit der Reformation der Buchdruck, vor einigen Jahrzehnten kam der Rundfunk und schließlich jüngst das Internet hinzu. Schon seit jeher nutzen Christinnen und Christen also Medien zur Vermittlung ihrer Botschaft. Die gute Nachricht möglichst weit verbreiten zu wollen, gehört zu den zentralen Merkmalen christlichen Handelns. Im Unterschied zu Religionen, die den Glauben als rein individuelles Geschehen begreifen, ist das Christentum von seinem ganzen Wesen her auf Gemeinschaft und Begegnung angelegt. Vor allem das Internet eröffnet den christlichen Konfessionen früher ungeahnte Möglichkeiten, sich der Welt zu präsentieren. Informationen über Glaubensinhalte, über Angebote vor Ort oder kirchenpolitische Entwicklungen lassen sich blitzschnell kommunizieren. Das demonstrieren Seiten wie www.evangelisch.de oder www.kath.de.

Doch mittlerweile geht es nicht mehr nur um Information über den Glauben, sondern auch um den gelebten Glauben selbst: getwitterte Bibelverse, Online-Seelsorge oder im Internet gehaltene Fürbitten erscheinen jüngeren Generationen als ganz zeitgemäße Formen des Glaubens. Für andere wirken diese Wege der neuen Medien bedrohlich, funktionieren sie doch ohne unmittelbare Begegnung von Angesicht zu Angesicht, die christliches Leben ausmacht. Auch diese Bedenken sind nicht neu: Vergleichbare Diskussionen gab es bereits bei der Einführung von Radioandachten oder Fernsehgottesdiensten. In der Tat gibt die Nutzung der Medien theologisch viele Fragen auf, vor allem nach der „Echtheit" des medial vermittelten Geschehens und nach der Möglichkeit der Teilnahme daran. Es lässt sich darüber nachdenken, welche Rolle das „leibhafte“ Miteinander der christlichen Gemeinde spielt oder ob der Heilige Geist durch den Äther wehen kann – bzw. warum ihm dies umgekehrt etwa nicht möglich sein sollte. Im Vergleich mit dem „normalen“ gottesdienstlichen Geschehen in der Gemeinde fallen die Antworten gar nicht so leicht. Nur ein Beispiel: Grundsätzlich scheint die Möglichkeit der persönlichen Ergriffenheit für jene Menschen größer, die den Gottesdienst selbst vor Ort besuchen, denn sie sind umgeben vom Kirchraum, erleben sich als Teil der feiernden Gemeinde und können die Sakramente empfangen. Trotzdem kennt wohl jeder auch Zeiten innerer Abwesenheit im Gottesdienst, in denen das Geschehen fern bleibt und trotz der Anwesenden kein Gemeinschaftsgefühl entsteht. Umgekehrt kann ein guter Gedanke der Radio-Andacht den zufälligen Hörer berühren oder der (zumal ja oft besonders schön gestaltete) Fernsehgottesdienst gerade von Menschen im Alter oder in Zeiten der Krankheit ganz „echt“ mitgefeiert werden.

Die neuen Medien lassen sich also als zusätzliche Angebote begreifen, die das Wegenetz, auf dem Menschen heute erreicht werden können, vergrößern. Die direkten, leibhaften Begegnungen des Gemeindelebens können und wollen die medialen Angebote gar nicht ersetzen. Auch der Buchdruck hatte die Predigt nicht verdrängt … Für die Gemeinden stellt sich allerdings die Aufgabe, immer wieder an das Besondere und Wertvolle dieser Begegnungen zu erinnern. So wie der Pfarrer, der jede seiner Emails mit der kleinen angehängten Frage beendet: Sehen wir uns am Sonntag im Gottesdienst?

Stefanie Schardien

KATHOLISCH

Prinzipien und Enzykliken: Katholische Soziallehre

Die christliche Botschaft richtet sich nicht nur an den einzelnen Menschen. Sie bezieht sich auch nicht nur auf die Ebene des geistlichen Lebens. Sie hat gesellschaftspolitische und sozialethische Implikationen, welche die Kirchen in die öffentliche Diskussion einbringen. Im katholischen Bereich ist besonders auf die wichtige Rolle einzugehen, die die kirchliche Soziallehre gespielt hat und bis heute spielt.

Auf die so genannte „Soziale Frage", die im 19. Jahrhundert die katastrophale Verschlechterung der Lebens- und Arbeitsverhältnisse v.a. der Industriearbeiter aufwarf, reagierten die Kirchen zunächst durch vermehrtes caritatives Handeln, zunehmend aber auch durch sozialphilosophische und wirtschaftsethische Reflexionen sowie durch handfestes sozialpolitisches Engagement. Die Ausgestaltung der Arbeiterschutz- und Sozialversicherungspolitik seit dem Kaiserreich verdankt sich nicht zuletzt den Impulsen des entstehenden „Sozialkatholizismus" (Wilhelm E. von Ketteler, Georg von Hertling, Franz Hitze).

In der modernen katholischen Soziallehre sind drei Prinzipien, drei „Baugesetze der Gesellschaft" (Oswald von Nell-Breuning) ganz zentral, die sich dem christlichen Verständnis des Menschen als *Person* verdanken: das *Gemeinwohlprinzip*, das *Solidaritätsprinzip* und das *Subsidiaritätsprinzip*. Sie orientieren die Reflexion und Gestaltung gesellschaftlicher Handlungsfelder, Institutionen und sozialer Ordnungen sowie das Zusammenspiel von Individuum, Gemeinschaft und Institution auf das Wohl des Menschen, der *als Person* Ursprung, Mittelpunkt und Ziel allen gesellschaftlichen Handelns ist.

G
E
K

Mit Papst Leo XIII. hält am Ende des 19. Jahrhunderts ein neues Genre Einzug in die kirchliche Verkündigung: die „Sozialenzyklika". Die so bezeichneten Lehrschreiben richten sich ab 1963 nicht nur an die binnenkirchliche Öffentlichkeit, sondern an „alle Menschen guten Willens". Die Päpste erörtern vor dem Hintergrund der sozialethischen Implikationen des christlichen Menschenbildes und der im Liebesgebot gründenden Verantwortung und Verpflichtung für eine menschenwürdige Gesellschaftsordnung jeweils anstehende wirtschaftsethische und gesellschaftspolitische Probleme und Handlungsoptionen.

IM ENGEREN SINN werden zur kirchlichen Sozialverkündigung gezählt:
Leo XIII., Enzyklika RERUM NOVARUM (1891)
Pius XI., Enzyklika QUADRAGESIMO ANNO (1931)
Johannes XXIII., Enzyklika MATER ET MAGISTRA (1961)
Johannes XXIII., Enzyklika PACEM IN TERRIS (1963)
II. Vat. Konzil, Pastoralkonstitution GAUDIUM ET SPES (1965)
Paul VI., Enzyklika POPULORUM PROGRESSIO (1967)
Paul VI., Apostolisches Schreiben OCTOGESIMA ADVENIENS (1971)
Paul VI., Apostolisches Schreiben EVANGELIUM NUNTIANDI (1975)
Johannes Paul II., Enzyklika LABOREM EXERCENS (1981)
Johannes Paul II., Enzyklika SOLLICITUDO REI SOCIALIS (1987)
Johannes Paul II., Enzyklika CENTESIMUS ANNUS (1991)
Benedikt XVI., Enzyklika CARITAS IN VERITATE (2009)

Julia Knop

G

E

K

EVANGELISCH

Wo berühren sich Himmel und Erde?

In der Verhältnisbestimmung von Kirche und Welt zeigen sich besonders auf dem Feld der Wirtschaftsethik bestehende innerevangelische Differenzen zwischen reformierter und lutherischer Theologie: 2004 hat der *Refomierte Weltbund* bei seiner Vollversammlung in Accra einen „processus confessionis" initiiert. Ein aufsehenerregender Schritt, denn dieser Bekenntnisprozess macht nicht weniger als das wahre Sein der Kirchen davon abhängig, ob sie sich gegen die neoliberal orientierte Globalisierung stellen. Aus reformierter Sicht gilt es, die Maßstäbe des Evangeliums auch an die Wirtschaft der Welt anzulegen und sie danach zu verändern. Die lutherischen Kirchen haben sich entschieden gegen ein solches Vorgehen ausgesprochen. Im Nachklang der lutherischen Zwei-Reiche-Lehre gestehen sie dem „Reich der Welt" eigene Gesetze und Spielregeln des Lebens zu. In diese kann und darf die Kirche nicht einfach mit dem Evangelium wie mit einer Brechstange eingreifen.

Wie sehr die Theologie sich der Gesellschaft anpassen darf oder muss, darüber streiten in der evangelischen Theologie seit langem zwei „Schulen": der „Kulturprotestantismus" einerseits, der sich auf die Theologie Friedrich Daniel Ernst Schleiermachers zurückführen lässt, und die „Wort-Gottes-Theologie" andererseits, deren Gründungsvater der große Schweizer Pfarrer und Professor Karl Barth ist. Die Wort-Gottes-Theologen erwarten den quasi senkrechten Einbruch von Gottes Wort in die Welt. Betont wird dabei vor allem die Unabhängigkeit der christlichen Botschaft vom jeweiligen Zeitgeist, von kulturellen oder geschichtlichen Gegebenheiten. Dagegen suchen die Kulturprotestanten ihrem Namen entsprechend innerhalb der Kultur nach Phänomenen des Religiösen und rechnen mit Glaubensinhalten, die sich der Zeit, dem Ort und persönlichen Erleben anpassen. Der Streit lässt sich kaum entscheiden. Vielmehr scheint es geradezu theologisch wertvoll, dass durch ihn immer wieder die Spannung zwischen beiden, je für sich unerlässlichen Perspektiven aufrecht erhalten wird – von der Theologie auf die Kultur und aus der Kultur heraus auf die Theologie.

Stefanie Schardien

D

3. MIT HERZ UND HAND – KIRCHLICHE ARBEITSFELDER IN DER GESELLSCHAFT

„Die Kirchen tun ja viel Gutes." Auch für Menschen, die den Kirchen eher fern stehen, ist deren gesellschaftliches Engagement nicht selten ein Grund, dennoch offiziell Kirchenmitglied zu bleiben oder die Existenz christlicher Gemeinden zumindest für wichtig zu erachten. Kindertagesstätten und Krankenhäuser, Altenpflege und Suppenküchen, Schulen, Bahnhofsmission, Besuchsdienste, Einrichtungen für Menschen mit Behinderung oder Obdachlosenarbeit: Die kirchlichen Angebote im Sozial- und Bildungsbereich der Gesellschaft reichen weit. Denn für das Christentum gehört dieses Engagement notwendig zum eigenen Selbstverständnis. Glaube besteht für die meisten Christinnen und Christen nicht nur in Kontemplation und Gebet, sondern er äußert sich auch im Dienst am Nächsten und in der Welt.

Ernstfälle der Nächstenliebe: Diakonisches und caritatives Engagement

Die Fürsorge für Menschen in Alter, Krankheit und sozialen Notlagen war in der Geschichte gesellschaftlich keine Selbstverständlichkeit. Umfassend organisierte wohlfahrtsstaatliche Sicherungssysteme, wie sie heute in allen europäischen Ländern existieren, sind erst als Reaktion auf die sozialen Nöte zur Zeit der Industrialisierung entwickelt worden. Für das Christentum ergab sich die Verpflichtung, sich diesen Menschen zuzuwenden, aus dem Kernbestand des Glaubens heraus schon immer *(vgl. Kapitel D2)*. Darum entstanden bereits im 4. Jahrhundert n.Chr. erste Hospitäler und Hospize, die sich um Bedürftige kümmerten. Meist boten sie Herberge und Krankenpflege zugleich. Letzteres oftmals als einzige, denn in Zeiten von Epidemien wie der Pest bedeutete die Krankenpflege das Risiko des eigenen Todes. Trotz dieses durch die Jahrhunderte hindurch anhaltenden Einsatzes engagierter Christinnen und Christen und im Besonderen von Ordensleuten entstanden erst im 19. Jahrhundert eigenständige Vereinsstrukturen. Auf evangelischer Seite wurde, vor allem auf Initiative des Pfarrers Johann Hinrich Wicherns hin, auf dem Wittenberger Kirchentag 1848 die „Innere Mission“ gegründet. Ihr Anliegen war es, analog zur bis dahin bekannten missionarischen Hilfe in anderen Ländern, verstärkt die sozialen Nöte im eigenen Land wahrzunehmen und zu lindern.

AUCH WENN AUS DER „INNEREN MISSION“ 1976 gemeinsam mit dem „Kirchlichen Hilfswerk“ der EKD das „Diakonische Werk“ wurde, erinnert dessen Logo, das Kronenkreuz, noch heute an die Vorläuferorganisation, lassen sich doch in ihm die Buchstaben I und ein gerundetes M erkennen.

Wichern selbst bot zu der Zeit bereits in seinem „Rauhen Haus“ sozial gefährdeten oder straffällig gewordenen Kindern und Jugendlichen aus Hamburger Elendsvierteln ein neues, christlich geprägtes Heim. Parallel entstanden ähnliche Initiativen, wie das „Hallesche Waisenhaus“ oder die „Bodelschwinghschen Anstalten“ in Bielefeld-Bethel. Auf Drängen katholischer Sozialpolitiker und durch das Engagement des jungen Priesters Lorenz Werthmann wurde 1897 in Köln dann der „Caritasverband für das katholische Deutschland“ gegründet, der sich wie die Innere Mission rasch um die unterschiedlichsten sozialen Arbeitsfelder von der Seemannsfürsorge bis zur Erziehungshilfe verdient machte. Manche Initiativen sind im Laufe der Zeit ökumenisch organisiert worden, wie etwa die „Bahnhofsmission“, die sich zunächst um allein reisende Frauen kümmerte und heute auf fast 100 deutschen und vielen österreichischen und schweizerischen Bahnhöfen eine Anlaufstelle in kleinen und großen Notlagen bietet. Die große Breite der sozialen Dienste, die heute von den kirchlichen Verbänden übernommen werden, spiegelt sich auch statistisch: Gegenwärtig sind der Caritasverband mit knapp 500.000 hauptamtlichen und ebenso vielen ehrenamtlichen Mitarbeitern und das Diakonische Werk mit rund 435.000 Hauptamtlichen und 400.000 Ehrenamtlichen die beiden größten privaten Arbeitgeber in Deutschland. In Österreich beschäftigt die Diakonie rund 6.000, der Caritasverband rund 11.000 Mitarbeiter.

Neben das Engagement von Diakonie und Caritas tritt seit vielen Jahrzehnten auch die Initiative der kirchlichen Hilfswerke „Brot für die Welt“ und „Misereor“, die in den bedürftigen Ländern dieser Welt tätig sind. An vielen Orten der Welt unterstützen sie die Menschen vor Ort in den zahlreichen humanitären Katastrophen einerseits mit Soforthilfe und andererseits mit langfristiger Hilfe zur Selbsthilfe. „Brot für die Welt“ auf evangelischer und „Misereor“ auf katholischer Seite arbeiten eng mit den internationalen Zweigen ihrer Wohlfahrtsverbände, mit der „Diakonie Katastrophenhilfe“ und mit „Caritas International“ zusammen. Aus den Erfahrungen der Tsunami-Katastrophe 2005 haben die kirchlichen Werke zudem mit „Terre des hommes", der „Welthungerhilfe" und „medico international" das „Bündnis Entwicklung hilft" geschlossen, um die Energien und Ressourcen ihrer Einsätze besser zu koordinieren.

Doch was zeichnet das kirchliche Engagement im Sozialwesen, ob im Inland oder Ausland, eigentlich aus? „Diakonie" leitet sich ab vom griechischen Wort „diakonos", was „Diener" bedeutet, und in der Geschichte schon früh in den Begriff „diakonia" eingeflossen ist, um eine Wesensäußerung christlicher und kirchlicher Existenz zu beschreiben. „Caritas" ist das lateinische Wort für „Nächstenliebe". Die Herkunft der beiden Begriffe erhellt: Es geht um eine besondere Form der Hilfe für und Unterstützung von bedürftigen Menschen. Natürlich sind heute die kirchlichen Wohlfahrtsverbände nicht die einzigen, die sich um kranke, alte oder benachteiligte Menschen sorgen. Auch andere staatliche Institutionen, andere Verbände oder Vereine tun dies. Unterschiede lassen sich allerdings in der Begründung und in der spezifischen Gestaltung des Handelns finden. Die Leitbilder, unter die Diakonie und Caritas ihre Arbeit stellen, geben davon eindrücklich Auskunft: Beide kirchlichen Wohlfahrtsverbände begreifen ihr Handeln ausdrücklich als eine Form der christlichen Verkündigung, die sich an der Botschaft der Bibel orientiert. Maßstab und Ziel dieser Botschaft bilden aus christlicher Sicht vor allem Jesu Leben und Wirken. Dies bedeutet, stets jene im Auge zu behalten, die von anderen aus dem Blick verloren oder verdrängt wurden. Auf einem vor allem in der Pflege stark wachsenden Markt positionieren sich Caritas und Diakonie unter den zahlreichen Anbietern dadurch, dass sie ihre Hinwendung zu allen Bedürftigen, unabhängig von deren Finanzkräftigkeit, versprechen. Diakonisches Handeln erkennt und achtet die Würde jedes Menschen.

G

E

K

Die Selbstverpflichtung zur Orientierung an der allgemeinen Menschenwürde bringt eine sozialethische Dimension des Leitbildes ins Spiel, die über die *individuelle* Zuwendung hinausgeht. Beide Leitbilder unterstreichen in diesem Sinne den notwendigen Zusammenklang zwischen der einklagbaren Gerechtigkeit und der ungeschuldeten Barmherzigkeit. Es ist Ausdruck einer gerechten Gesellschaft, dass sie sich Bedürftigen zuwendet und dass diese umgekehrt Gerechtigkeit auch einfordern dürfen und nicht nur auf den guten Willen der Barmherzigkeit hoffen müssen. Schon die Propheten des Alten Testaments wollten sich nicht mit Almosen als Gesellschaftskonzept zufrieden geben und verlangten nach Gerechtigkeit:

> ***Am 5,24*** *Es ströme aber das Recht wie Wasser und die Gerechtigkeit wie ein nie versiegender Bach.*

Vor diesem Hintergrund entlarvt sich dann manche Ungerechtigkeit von sozialphilosophischen Phantasien, wie der von Peter Sloterdijk eingebrachten Vorstellung, das Sozialstaatsprinzip auf ein rein freiwilliges Spendenmodell umzustellen. Gerechtigkeit meint nach christlichem Verständnis eben etwas anderes als den „good will“ der Wohlhabenden. In der Konsequenz bedeutet das für die Arbeit von Diakonie und Caritas, dass sie nicht nur individuelle Not lindern, sondern mit ihren Diensten auch die Gesellschaft insgesamt gestalten wollen: Es gilt, den Stimmen benachteiligter Menschen Gehör zu verschaffen und sich motiviert durch Glauben, Hoffnung und Liebe für ein gerechtes Miteinander einzusetzen.

Während Gerechtigkeit also gesellschaftlich auch von Nicht-Christen gefordert werden kann, so ist das, was darüber hinaus für Bedürftige aus Nächstenliebe und Barmherzigkeit geleistet wird, nicht in vergleichbarer Weise einklagbar. Der Samariter aus dem Lukasevangelium (Lk 10,25–37) galt ja gerade darum als „barmherzig", weil seine Sorge um den aus Israel stammenden Menschen nicht selbstverständlich war. Anders als der Priester und der Levit, die den Verwundeten liegen ließen, war der Mann aus Samarien dem für ihn „Fremden" gegenüber zu nichts verpflichtet. Dass er ihm dennoch geholfen hat, gilt als Paradebeispiel von nächstenliebendem Handeln. Es überschreitet die Grenzen all jener Konventionen, die den *Regelfall* von Hilfeleistungen und Zuwendungen festlegen.

Die christliche Ausrichtung soll auch Einfluss auf das Selbstverständnis der Leitung und Mitarbeiter von Diakonie und Caritas nehmen. Sie verstehen sich nicht als Firma, sondern als „Dienstgemeinschaft", die sich gemeinsam für Menschen stark macht und auch untereinander ein partnerschaftliches Miteinander von Dienstgebern und Mitarbeitenden avisiert. Das kirchliche Arbeitsrecht geht damit den so genannten „Dritten Weg". Dieser sieht eine von Dienstgebern und Mitarbeitenden paritätisch besetzte „Gemischte Kommission" vor. Tariflösungen und Konflikte sollen auf diese Weise kooperativ gefunden und nicht durch Streik oder Arbeitskämpfe erstritten werden. In Zeiten knapper werdender finanzieller Ressourcen und des wachsenden Wettbewerbs müssen die Wohlfahrtsverbände zunehmend danach fragen, welche Prioritäten sie in ihren Angeboten setzen wollen und wie sie die Finanzierung gewährleisten können. Das führt immer wieder zu schmerzhaften Einschnitten und zu veränderten Arbeitsstrukturen. Das Outsourcing, also die Auslagerung bestimmter Arbeitsbereiche an privatwirtschaftliche Unternehmen, sorgt ebenso für Diskussionen wie die Frage nach gerechtem Lohn. Aufgrund der beschriebenen christlichen Ausrichtung und Ideale richten sich an die Mitarbeitenden wie an die Dienstgebenden zu Recht gleichermaßen hohe Erwartungen: Denn in der Arbeit soll die

Nächstenliebe Ausdruck bekommen und umgekehrt auch das hohe Engagement der Mitarbeiter angemessen wertgeschätzt werden. Diese Ziele nicht den Bedingungen finanzieller Krisen unterzuordnen, muss Christinnen und Christen aus ihrem Selbstverständnis heraus ein wichtiges Anliegen sein und in der Konsequenz auch innerkirchliche Rückendeckung bekommen.

Mission impossible? Die Schwierigkeit und Notwendigkeit des Sendungsauftrags

So angesehen und willkommen das soziale Engagement der Kirchen in der Gesellschaft meistens ist, so problematisch empfinden viele Menschen jede Form von „Mission". Der Begriff erinnert an Berichte über Zwangskonversionen von Menschen in Afrika oder Asien, an die Ausnutzung kolonialistischer Macht und an die unfaire Verknüpfung von Hilfeleistungen, wie den Bau von Krankenstationen oder Schulen, an die Bedingung des christlichen Bekenntnisses. Die Missionsgesellschaften und die missionswissenschaftliche Forschung haben sich mit diesem dunklen Kapitel der Kirchengeschichte mittlerweile intensiv befasst. Dabei galt es, diese Geschichte aufzuarbeiten, ohne die Fakten zu beschönigen oder in einer ebenso ungerechten Weise pauschal jedes missionarische Handeln zu kritisieren. Dass auch und gerade die besten christlichen Absichten sich ins Gegenteil verkehren können, wenn die notwendige Nächstenliebe fehlt, ließ sich daran ebenso erkennen, wie die für frühere Generationen zunächst überraschende Tatsache, dass die anderen Kulturen Einfluss auf das Gesicht des Christentums genommen und es für sich „passend" verändert haben. Viele Kirchen haben mittlerweile ihre Schuld in der Missionsgeschichte öffentlich bekannt und begonnen, mit den missionierten Gemeinden neue Wege zu beschreiten – diesmal aber gemeinsam.

Auch vor dem Hintergrund der Verfehlungen können sich Christinnen und Christen jedoch nicht einfach von der Mission an sich verabschieden. Sie ist schließlich keine verbrämte Idee einiger fundamentalistischer Missionare gewesen, sondern gehört zu den zentralen Beauftragungen des christlichen Lebens in der Welt. Im so genannten biblischen Missionsbefehl, wie ihn der Evangelist Matthäus überliefert, fordert Jesus von den Jüngern:

> ***Mt 28,18*** *Mir ist alle Macht gegeben im Himmel und auf der Erde.* ***19*** *Darum geht zu allen Völkern und macht alle Menschen zu meinen Jüngern; tauft sie auf den Namen des Vaters und des Sohnes und des Heiligen Geistes,* ***20*** *und lehrt sie, alles zu befolgen, was ich euch geboten habe. Seid gewiss: Ich bin bei euch alle Tage bis zum Ende der Welt.*

Geht es um die gesellschaftliche Rolle von Religion und Kirche, wird nicht selten die Meinung laut, die Kirchen dürfe es schon geben, aber sie sollten bitte nicht andere Menschen missionieren. Mit diesem jesuanischen Auftrag im Gepäck kann das Christentum dieser Forderung nun nicht einfach nachkommen. Es gehört zum Wesen des Christentums, dass es sich nicht nach außen abschließt, sondern auf andere Menschen zugeht, dass es die gute Nachricht, das Evangelium, weiterträgt und neue Glaubende gewinnen will.

Den entscheidenden Unterschied machen allerdings das Selbstverständnis und die Gestalt dieser „Mission“. Wurde in früheren Zeiten unter dem Schlagwort der „missio Dei“ der angebliche Wille Gottes den eigentlich menschlichen und kirchlichen Interessen bisweilen untergeordnet, so begreift ihn die gegenwärtige Missionstheologie gerade in seinem Wortsinn als „Sendung Gottes“: Christinnen und Christen sollen sich als Gesandte in den Dienst Gottes stellen und sich stets bewusst sein, dass sie als Menschen nicht über Gottes Handeln verfügen können. Auf diese Weise verliert missionarisches Handeln seinen zwanghaften und überheblichen Charakter. Stattdessen besteht die Sendung zu großen Teilen aus recht schlichten Dingen: Der Gottesdienst bleibt keine Geheimwissenschaft, sondern öffnet seine Türen für alle Menschen; Christinnen und Christen geben in Wort und Tat Auskunft darüber, was ihr Leben trägt; die sozialen Dienste setzen für ihre Unterstützung gerade kein bestimmtes religiöses Bekenntnis voraus. Schon dabei waren die Kirchen in der Vergangenheit allerdings aus der Furcht heraus, auf dem „Missionsgelände" wieder etwas falsch zu machen, übervorsichtig und zurückhaltend geworden. In den letzten Jahren lässt sich dagegen ein neues kirchliches Selbstbewusstsein wahrnehmen, das die „Kirchenfernen" als Zielgruppe wieder mehr in den Blick nimmt. Diese „Sendung" ist nichts anderes als kirchliche Mission – aber eben Mission in der Hoffnung, dass ein offen und einladend gelebter Glaube die Botschaft am besten ausbreitet.

Lernen von Gott und fürs Leben – Religionsunterricht

Mit Christentum und Kirche kommen nicht wenige Menschen nach ihrer Taufe erst in der Schule wieder in intensiveren Kontakt. Auf einem wachsenden Markt von nicht-konfessionellen Kindertagesstätten und mit der abnehmenden Kirchlichkeit von Familien findet religiöse Sozialisation für viele Kinder und Jugendliche gegenwärtig ganz wesentlich im schulischen Religionsunterricht statt. „Reli" auf dem Stundenplan weckt ganz unterschiedliche Gefühle und Erinnerungen: Geliebt als Ort, an dem es einmal um den Sinn des Lebens gehen durfte, oder belächelt als letztlich doch irrelevanter Zeitvertreib.

Die grundlegende Legitimation erhält der Religionsunterricht an den öffentlichen Schulen in Deutschland dadurch, dass Religion als öffentliche Angelegenheit verstanden wird *(vgl. Kapitel D1)*. Religionsgemeinschaften mit Körperschaftsstatus können sich für ihren Wunsch, Religionsunterricht zu erteilen, auf Art. 7 Abs. 3 des Grundgesetzes berufen: „Der Religionsunterricht ist in den öffentlichen Schulen mit Ausnahme der bekenntnisfreien Schulen ordentliches Lehrfach." Sofern die Erziehungsberechtigten dies nicht untersagen, müssen katholische und evangelische Schülerinnen und Schüler in Deutschland also am Religionsunterricht teilnehmen, bis sie mit 14 Jahren als religionsmündig gelten und über ihre Teilnahme entscheiden können. Prinzipiell steht das Schulwesen in Deutschland unter staatlicher Aufsicht, doch wird der Religionsunterricht „in Übereinstimmung mit den Grundsätzen der Religionsgemeinschaften erteilt." Diese wirken z.B. bei der Festlegung der Lehrpläne und Auswahl der Lehrbücher mit und sie erteilen den Religionslehrerinnen und -lehrern die notwendige „Vocatio" (evangelisch) oder „Missio" (katholisch): die kirchliche Lehrerlaubnis.

Die Deutsche Bischofskonferenz hat in der Verlautbarung „Der Religionsunterricht vor neuen Herausforderungen" (2005) wie der Rat der Evangelischen Kirche in Deutschland in „Zehn Thesen" (2006) die besondere Aufgabe und Funktion des Religionsunterrichts herausgestellt. Was er leisten kann und soll, beschreiben beide sehr ähnlich: Religionsunterricht dient der *Identitätsfindung* und *Wertebildung* von Kindern und Jugendlichen. Er gibt ihnen *Orientierungswissen* für das Leben an die Hand und schult die *religiöse Dialog- und Urteilsfähigkeit*. All diese Aufgaben sind eingebettet in den *Gottesbezug*. Die daran notwendig gebundene Frage nach Wahrheit geht einer reinen Werteerziehung voraus und verlangt die kritische Auseinandersetzung mit Grund und Ziel von Normen und Werten.

Die kirchlichen Dokumente wurden genau zu der Zeit veröffentlicht, als in Berlin und Brandenburg das Fach „Lebenskunde, Ethik und Religion“ (LER) verpflichtend eingeführt und der Religionsunterricht als freiwilliges Zusatzangebot damit geschwächt wurde.

Bundesländer, in denen am 1. Januar 1949 bereits eine individuelle landesrechtliche **REGELUNG ZUM RELIGIONSUNTERRICHT** bestand, sind von Art. 7 Abs. 3 ausgenommen. Sie können entscheiden, in welcher Form sie Religionsunterricht anbieten. Er wird außerdem nicht gemeinsam mit den Religionsgemeinschaften verantwortet. Da die Ausnahme vor allem im Blick auf die Stadt Bremen ins Grundgesetz (Art. 141) aufgenommen wurde, heißt sie umgangssprachlich „Bremer Klausel“.

Im Unterschied zu LER oder dem Fach „Normen und Werte“ gründet sich der Religionsunterricht auf die Überzeugung, dass eine eigenständige Positionierung gerade nicht durch die Vogelperspektive gelingt, in der alle Inhalte vermeintlich objektiv vermittelt und nur von außen kennengelernt werden. Aus diesem Grund unterstützen die evangelische und katholische Kirche auch die neuen Initiativen zur Einrichtung eines islamischen Religionsunterrichts. In der Unübersichtlichkeit der gesellschaftlichen und religiösen Vielfalt soll der Religionsunterricht die Möglichkeit zur Verwurzelung stärken. Ziel ist dabei nicht das einfache Über- und Hinnehmen der Inhalte, sondern das kritische Abarbeiten daran. Anders als alternative Werte- oder Ethikunterrichtsangebote, die ihre Objektivität behaupten, aber zwangsläufig – nur meist unausgesprochen – ebenfalls bestimmte Weltanschauungen vertreten, macht der Religionsunterricht darum sein eigenes „Beteiligtsein“ sehr transparent und stellt seine christlich geprägten Welt- und Menschenbilder in das Feld der kritischen Diskussion.

Der Religionsunterricht nimmt somit ausdrücklich die Innenperspektive des Glaubens ein. Dies zeigt sich auch daran, dass er im Unterricht oder etwa mit dem zusätzlichen Angebot von Schulgottesdiensten neben den überwiegenden „Bildungsanteilen" auch den Raum für spirituelle Erfahrungen eröffnen kann. Christlicher Glaube lässt sich auch damit nicht einfach lehren oder lernen. Anders als die vor allem früher herrschende Vorstellung von „Katechese", die zielgerichtet in die Glaubenspraxis einführt, wollen die beschriebenen Angebote daher nicht mehr und nicht weniger, als die Möglichkeit zum „Probeaufenthalt" in christlichen Einstellungen, in Riten oder Ausdrucksformen des Glaubens zu geben. Ob und wie sich Glaubenserfahrungen von Kindern und Jugendlichen im Religionsunterricht einstellen, lässt sich nicht vorhersagen. So sehr der Religionsunterricht davon profitiert, dass er ordentliches Schulfach ist, wird er damit auch vor die größte Herausforderung gestellt: Er muss die Gratwanderung bewältigen, den notwendigen schulischen Pflichten inklusive Notengebung nachzukommen und gleichzeitig viele Ziele zu verfolgen, die nicht der „Beurteilung" unterliegen können, weil sie schlicht nicht abprüfbar sind.

Religionsunterricht ist, so sieht es das Grundgesetz vor, konfessionell getrennt anzubieten, um die jeweils konkrete, in der Welt existierende Gestalt des Christentums zu reflektieren. Trotzdem findet er in vielen deutschen Schulen heute konfessionsübergreifend statt. Damit scheint er der weitläufigen Wahrnehmung zu entsprechen, die Inhalte glichen sich ohnehin, oder auch der Überzeugung, der gemeinsame Unterricht sei logische Folge des kirchlichen Willens zur Ökumene. In der Realität findet der konfessionsübergreifende Religionsunterricht allerdings in den meisten Fällen aus der Not des Lehrermangels heraus statt und nur in seltenen Fällen aufgrund explizit ökumenischer Interessen mit arbeitsintensiven Konzepten. Tatsächlich gibt es mittlerweile viele verschiedene religionspädagogische Ansätze für einen sinnvollen konfessionell-kooperativen Unterricht, der die Chancen des Miteinanders nutzt, sowohl zur Entdeckung von Gemeinsamkeiten, wie zum Vergleich und zur Diskussion des Trennenden. Weil auch die konfessionellen Charakteristika für die Kirchen zur Identitätsbildung und Verwurzelung gehören, unterstützen sie zwar die Kooperationen nachhaltig, fordern aber zugleich den Erhalt des konfessionellen Unterrichts.

Stefanie Schardien

KATHOLISCH

Beratung, Unterstützung und Solidarität

Die katholische Kirche ist durch ein dichtes Netz von Beratungsstellen, v.a. von Seiten der „Caritas" und des „Sozialdienstes katholischer Frauen" (SKF), in der Beratung und Unterstützung von Frauen und Familien tätig, die im Kontext von Sexualität, Kinderwunsch, Schwangerschaft und Geburt in psychische, physische oder wirtschaftliche Not geraten sind. 1999 wurde um der Eindeutigkeit der kirchlichen Botschaft und des kirchlichen Handelns willen entschieden, keine Beratungsscheine im Sinne der Schwangerschaftskonfliktberatung nach §§218–219 StGB mehr auszustellen, die in Deutschland Voraussetzung für eine rechtswidrige, aber straffreie Abtreibung sind. Trotzdem haben die Beratung von Schwangeren und die Gewährleistung existenzieller und handfester Unterstützung durch die katholische Kirche seitdem weiter zugenommen; auch wurde das gesellschaftliche Engagement der Kirche in der Bewusstseinsbildung für den Schutz des Lebens intensiviert.

Etwa ein Viertel aller an AIDS Erkrankten weltweit (in Afrika deutlich mehr) wird in katholischen Einrichtungen betreut und gepflegt. Sie erhalten umfassende medizinische Versorgung, menschliche Begleitung, soziale und wirtschaftliche Unterstützung. Katholische Christen, darunter eine große Zahl von Ordensleuten, tun hier einen kaum zu überschätzenden Dienst. Die immer wieder zu hörende Behauptung, die katholische Kirche realisiere nicht das Ausmaß der Not der AIDS-Erkrankung, reagiere schlichtweg naiv oder weltfremd und trage gar selbst zu ihrer Verbreitung bei, ist vor diesem Hintergrund unsachlich, bisweilen zynisch. Im Rahmen ihrer Präventionsarbeit setzt die katholische Kirche ganz basal an: Indem sie bewusst macht, dass die sexuelle Beziehung ihren genuinen Ort in der verbindlichen, treuen und verantwortungsbewussten Partnerschaft, der Ehe zwischen Mann und Frau hat, indem sie sich für eine echte Personalisierung der Sexualität stark macht *(vgl. Kapitel E2)*, die insbesondere die Würde und Gleichberechtigung der Frau betont, indem sie auf die regional/kontinental sehr verschiedenen Ursachen und Kontexte der Verbreitung des Virus hinweist, und indem sie das Bewusstsein wach hält, dass eine nachhaltige effektive Eindämmung der Seuche nicht nur Geld und Präservative, sondern vor allem einen grundlegenden Bewusstseinswandel aller Beteiligten hin zu einer ganzheitlichen Sicht des Menschen erfordert.

Julia Knop

EVANGELISCH

Konsequenzen ethischer Entscheidungen

Beim tatkräftigen Engagement in der Welt lässt sich ein besonders hohes Maß an Übereinstimmungen zwischen den Kirchen erkennen. Sie verfolgen die gleichen Interessen, gehen ähnlich und manchmal auch in ökumenischer Gemeinschaft vor. Manche konfessionellen Differenzen spiegeln sich dennoch, wenn es um die Konsequenzen bestimmter ethischer Haltungen der Kirchen für ihre soziale Praxis geht. Ein Beispiel dafür gibt die Beratung in Schwangerschaftsberatungsstellen als Teil des diakonischen Handelns. Auch wenn die evangelische Kirche den Schwangerschaftsabbruch keinesfalls als gleichberechtigte Option unter anderen versteht und sich so grundsätzlich wie ausdrücklich für den Lebensschutz ausspricht, will sie Paaren, die ein Kind erwarten, auch in schwersten Konflikten bleibend zur Seite stehen. Dazu gehört aus evangelischer Sicht, dass die diakonischen Anlaufstellen in nicht zu lösenden Konfliktfällen auch den Beratungsschein ausstellen dürfen, der in Deutschland für eine Abtreibung rechtlich verlangt wird. „Gelöst" wird der Konflikt auch damit nicht und die daraus entstehende Schuld wird nicht geleugnet. Dennoch werden die Eltern in der von ihnen zu treffenden und zu verantwortenden Entscheidung ernstgenommen und begleitet.

Insofern die evangelischen Kirchen den Lebensschutz nicht im Sinne eines starren Prinzips in absoluter Form vertreten, agieren sie z.B. auch in ihrem weltweiten sozialen Engagement im Kampf gegen AIDS anders. Sie unterstützen Aufklärungskampagnen, die auf Prävention setzen und dabei auch die Nutzung von Verhütungsmitteln propagieren. Anders als im Konflikt um den Schwangerschaftsabbruch halten es die evangelischen Kirchen und ihre Hilfswerke an dieser Stelle sogar für geboten, um den Preis möglicherweise nicht entstehenden Lebens die Krankheit einzudämmen und vor allem Frauen die Chance zum Selbstschutz zu geben.

Stefanie Schardien

CHRISTSEIN IM ALLTAG

E

E

1. WO GEHT'S LANG? VERANTWORTLICHES LEBEN

Wer in eine Buchhandlung geht, erlebt dort seit einigen Jahren, dass die Zahl der Regale mit „Ratgebern“ und „Lebenshilfe“ stetig wächst. Hilfe wird in jeder Problemlage des Lebens geboten. Keine Frage zur vernünftigen Geldanlage, zum ökologisch nachhaltigen Einkauf oder zu Konflikten in Partnerschaft und Erziehung, auf die nicht bereits mindestens eine Antwort echter oder selbsternannter Experten gefunden wäre. Ohne damit die Qualität der Ratgeber zu beurteilen, spiegelt ihre bloße Existenz nicht zuletzt auch eine gewisse Unsicherheit in Entscheidungen und die offenbar wachsende Suche nach Wegweisern für ein gutes und richtiges Leben. Diese Unsicherheiten steigern sich immer dort, wo es um ethische Konfliktfälle geht, für die es selten glatte Lösungen gibt, sondern in denen am Ende auch immer ein Rest an Ungelöstem oder Schuld übrig bleibt.

Neue Möglichkeiten – neue Herausforderungen

Mit wachsenden Handlungsspielräumen entstehen neue ethische Fragen: Moderne Techniken erleichtern das Leben, konnten manche Konflikte lösen und haben zugleich neue gebracht.

Durch nahezu alle Lebensbereiche lässt sich diese Beobachtung deklinieren: Der medizinische Fortschritt hilft, Leben zu verlängern und führt zur Frage, wann ein Mensch sterben darf. Die Gesellschaften nutzen Atomkraftwerke und müssen sich nun mit dem Problem der Atommüll-Lagerung auseinandersetzen. Mit Autos, Zug und Flugverkehr ist die Flexibilität des Lebens erleichtert worden, dafür bringen sie ökologische Probleme mit sich. Die neuen Medien geben Zugang zu unzähligen Informationen, die nun aber die Fragen nach ihrer Verarbeitung aufwerfen.

Da „Fortschritt" an sich kein neues Phänomen darstellt, ist auch die Aufgabe schon alt, sich mit den dadurch entstehenden Herausforderungen auseinanderzusetzen. Deren Komplexität hingegen nimmt in den heutigen Gesellschaften zu. Waren Aufgabenfelder mit ihren spezifischen Anforderungen früher überschaubar abgegrenzt, so weiten sich die Verantwortungsbereiche mit den immer größeren Mengen an verfügbarem Wissen und mit der zunehmenden Erkenntnis, wie verwoben die Herausforderungen sind, aus. Eltern sehen sich in der Erziehung heute nicht mehr nur verpflichtet, ihre Kinder zur Schule zu schicken, sondern wissen um ihre Verantwortung, dass sie je nach Wahl einer bestimmten Kita und Schule, je nach Ernährung und Frühförderung möglicherweise entscheidende Weichen für das spätere Leben der Kinder stellen. Zahlreiche Firmen arbeiten nicht mehr allein gegen die Konkurrenz innerhalb ihrer Stadt, sondern in Europa oder weltweit an. Zugleich soll ihre Produktion nicht nur günstig und von guter Qualität, sondern nach heutigen Maßstäben auch ökologisch nachhaltig sein und unter fairen Arbeitsbedingungen erfolgen. Fälle von Not und Ungerechtigkeit kennt man nicht mehr nur aus dem Nahbereich der eigenen Städte oder Länder. Die immer schnellere weltweite Berichterstattung in den Medien über Katastrophen und Kriege führt das Elend der Welt vor Augen und stellt nicht nur die Politik oder Institutionen, sondern theoretisch jeden Einzelnen täglich vor die moralische Herausforderung, nach Möglichkeit zu helfen oder das Leid zu ignorieren.

Diese Entwicklungen stellen Errungenschaften dar, fordern aber zugleich eine wachsende Kompetenz, sich zu orientieren, auszuwählen und verantwortliche Entscheidungen zu treffen. Es kommt somit nicht von ungefähr, dass in vielen gesellschaftlichen Bereichen, sei es in der Finanzwelt oder in den modernen Lebenswissenschaften, der Ruf nach „Ethik" immer lauter geworden ist. Sie soll die Kompetenz liefern, nicht nur die Konflikte zu analysieren, sondern in ihnen auch Orientierung – und vor allem aus katholischer Sicht auch konkrete Handlungsoptionen – zu geben.

Wie entscheiden?

Viele Institutionen wie Krankenhäuser, Firmen oder politische Gremien ziehen für ihre Arbeit heute Ethikkommissionen oder einzelne Experten zu Rate. Die Fähigkeit zur ethischen Urteilsbildung stellt aber keine Geheimwissenschaft dar. Alle Menschen bilden sie normalerweise im Laufe ihres Lebens aus. Tagtäglich treffen sie, meist ganz unbewusst und automatisch, Tausende kleiner Entscheidungen. Verlangsamt und unsicherer, dabei bewusster, wird dieser Prozess in moralischen Konfliktsituationen. Wenn gewichtige Entscheidungen über medizinische Maßnahmen, über die Fortführung einer Ehe oder die Betreuung der altwerdenden Eltern anstehen, dann kommen die altbekannten Wege, auf denen sonst rasch das Für und Wider abgewogen wird, an ihre Grenzen, und die im Normalfall recht sichere Intuition gibt keine klare Botschaft mehr. Um dann zu einem Urteil zu kommen, beginnt ein ethischer Reflexionsprozess, dessen Ziel eine möglichst gute Balance aus unterschiedlichsten entscheidungsleitenden Aspekten ist: Dazu zählen die *Faktenlage*, wie etwa medizinische, ökonomische oder rechtliche Informationen, *allgemein anerkannte moralische Prinzipien*, wie z.B. die „Goldene Regel" oder die Orientierung an der Menschenwürde, aber auch *persönliche Moralvorstellungen*, wie das jeweilige Welt- und Menschenbild der Betroffenen oder die Grundlagen ihres Werte- und Normensystems. Hier kommen auch kulturelle Prägungen oder religiöse Überzeugungen ins Spiel.

So einfach sich der Weg der Entscheidungsfindung in Konflikten theoretisch beschreiben lässt: In der Realität gestaltet er sich oft schwierig. Denn dann findet er meistens begleitet von zahlreichen Gefühlen und inmitten vieler unterschiedlicher Meinungen und Wünsche von Angehörigen oder Freunden statt. Menschen müssen diese Entscheidungsprozesse nicht allein bewältigen. Zahlreiche Beratungsangebote stehen ihnen zur Verfügung. Auch die Kirchen bieten in diesen Situationen praktische Hilfe an: sei es durch psychologische Beratungsstellen zum Ausloten der Handlungsalternativen oder durch seelsorgerliche Angebote, in denen oft weniger das Ergebnis als die Begleitung in der Entscheidungszeit im Mittelpunkt steht. Anders als etwa städtische Angebote machen die Kirchen deutlich, dass sie dabei nicht nur aus christlicher Motivation heraus arbeiten, sondern in der konkreten Begleitung und Beratung auch das zur Sprache bringen, was den Glauben ausmacht.

Dahinter steht die Überzeugung, dass sich Christinnen und Christen an der christlichen Botschaft orientieren können, dass sie ethische Implikationen hat und nicht nur Glasperlenspiel oder spirituelle Kulturtechnik ist. Auch dies scheint leichter gesagt als getan. Denn wie kommt man von dogmatischen Glaubensaussagen, etwa über die Schöpfung, das Leiden Christi oder die Erlösung, zu konkreten ethischen Wegweisungen? Wie lassen sich uralte biblische Texte auf hochaktuelle Fragen beziehen und welches Gewicht haben kirchliche Traditionen oder offizielle Verlautbarungen der Kirchen für die individuelle Entscheidung?

Kompass Bibel

Besondere Aufmerksamkeit verlangt die Heilige Schrift: Gerade weil ihre zentrale Bedeutung für den christlichen Glauben außer Frage steht, bedarf es eines sensiblen und kritischen Umgangs, wenn in ihren Texten nach ethischer Wegweisung gesucht wird.

Konservative christliche Kreise, wie z.B. die evangelikale Bewegung, halten es für geboten, die Aussagen der Bibel wortwörtlich zu verstehen: Dies kann einerseits zu einem friedfertigen Miteinander, zur besonderen Sorge um Bedürftige oder zur Hingabe des Lebens führen, wie es viele Bibelstellen fordern. Andererseits lässt sich so aber auch mit den paulinischen „Haustafeln" die Unterordnung von Frauen und Kindern begründen (Kol 3,18–25), anhand einzelner Verse Homosexualität pauschal zur Sünde (Lev 20,13; Röm 1,26f) oder Krankheit zur Strafe Gottes (1 Kor 11,29f) erklären. Auf diese Weise zu vermeintlich ganz eindeutigen ethischen Urteilen zu kommen, mag manchen Menschen in den Ungewissheiten des Lebens reizvoll scheinen. Den heutigen Standards theologischer Forschung und eines aufgeklärten Christentums genügt solch ein Biblizismus nicht. Nicht nur spiegelt eine sehr vereinzelte Auswahl von Bibelstellen weniger die Auseinandersetzung mit dem Wort Gottes wieder als vor allem das schon existierende Interesse des Suchenden. Die wortwörtliche Anwendung einiger Verse auf die heutige Zeit ignoriert auch ihre historische und kulturelle Eingebundenheit *(vgl. Kapitel A2)*.

Anstelle einer 1:1-Übertragung gilt es für die ethischen Urteile mehr nach dem Gesamtklang der biblischen Texte zu fragen und nach der Übereinstimmung mit dem Glauben an das erlösende Handeln Gottes. Die aktuellen Konflikte können dann vor dem Hintergrund der wesentlichen biblischen Botschaften gedeutet werden: Von der Schöpfungsgeschichte bis zu den apokalyptischen Vorstellungen der Offenbarung des Johannes lässt sich etwa eine Tendenz hin zum Leben gegen Tod und Zerstörung wahrnehmen. Die Evangelien beschreiben als ein wesentliches Ziel des Handelns Jesu, Menschen in die Gesellschaft zu integrieren und nicht auszuschließen. Aus dieser Beschreibung wie aus zahlreichen alttestamentlichen Texten haben die Kirchen ihre Grundannahme einer „vorrangigen Option für die Benachteiligten" entwickelt. Die Botschaft vom Reich Gottes stellt das Leben in der Welt unter einen gewichtigen Vorbehalt, ohne es in seiner Eigenbedeutung schon jetzt für irrelevant zu erklären. Dazwischen gibt es auch immer wieder Verse, die viel von den biblischen Grundorientierungen in wenigen Worten auf den Punkt bringen können, wie z.B. beim Propheten Micha:

> ***Mi 6,8*** *Es ist dir gesagt, Mensch, was gut ist und was der HERR von dir fordert, nämlich Gottes Wort halten und Liebe üben und demütig sein vor deinem Gott.*

Diese Hinweise, in etwas direkterer Übersetzung: Recht zu üben, Güte zu lieben und bescheiden mit deinem Gott zu gehen, können dem christlichen Leben eine Ausrichtung geben. Wiederum gilt, dass biblische Einsichten wie diese nicht schon die konkrete Entscheidung in bestimmten Konflikten vorgeben. Vielmehr lassen sie sich wie ein Kompass verstehen: sie geben Orientierung, ohne damit schon das jeweilige Einzelziel zu nennen.

G

E

K

Die kirchlichen Stimmen in ethischen Fragen

Die Beteiligung an gesellschaftlichen Diskursen über ethische Fragen gehört für die Kirchen heute zu ihrem Arbeitsalltag *(vgl. Kapitel D1–3)*. Wenn natürlich auch in anderer Weise, so haben Vertreter der Kirchen schon von Beginn des Christentums an Weisungen für eine gottesfürchtige Lebensführung erteilt. Kirchenväter wie Augustinus oder Thomas von Aquin, Konzilien und Päpste verbanden ihre theologischen Überlegungen häufig mit lebenspraktischen Fragen, die zu ihrer Zeit virulent waren. Aufgrund des unterschiedlichen Verständnisses von Kirche haben diese Stimmen der „Tradition" für die katholische Theologie einen höheren Stellenwert als für die evangelische *(vgl. Kapitel A2)*.

Heute reicht das ethische Engagement von der Gemeindeebene bis zur Kirchenleitung: Die Kirchen veranstalten Themenabende, sie stellen ihre Positionen in den Medien, z.B. in Talkshows dar oder initiieren Kampagnen wie z.B. die „Woche für das Leben", in der sich die Kirchen seit 1994 gemeinsam für den Wert und die Würde des menschlichen Lebens einsetzen. Darüber hinaus veröffentlichen die Kirchen – manchmal als notwendig schnelle Reaktion auf politische Entwicklungen, manchmal als Ergebnis langer Studienprozesse – offizielle Stellungnahmen, Arbeitshilfen oder gemeinsame Texte zu Themen, aus denen ethische Herausforderungen erwachsen. Die Auslandseinsätze der Bundeswehr, Migration oder die wirtschaftliche Globalisierung wurden in den vergangenen Jahren ebenso behandelt wie Fragen der Alterssicherung, der Stammzellforschung oder der Bildungsgerechtigkeit. Ziel ist dabei auf der einen Seite die allgemeine Mitgestaltung des gesellschaftlichen Zusammenlebens. Auf der anderen Seite können diese Stellungnahmen einzelnen Menschen für ihre Entscheidungen Rat geben.

So ähnlich sich die Wahl der Themen in den Kirchen gestaltet und so sehr sie auch versuchen, soweit möglich auf der Grundlage ihres christlichen Zeugnisses in der Gesellschaft gemeinsame Positionen zu vertreten, so unterschiedlich ist es allerdings um die Verbindlichkeit dieser „offiziellen" Positionen in den Konfessionen gestellt. In der evangelischen Kirche bilden sie vor allem den Stand der Diskussion ab und werden als Unterstützung für die Glaubenden verstanden, die mithin gefordert sind, selbst Entscheidungen zu treffen und zu verantworten. Dagegen sind die lehramtlichen Positionen der katholischen Kirche für ihre Glaubenden grundsätzlich, wenn auch in unterschiedlichen Graden, verbindlich. An den Katechismen lässt sich dieser Unterschied eindrücklich erkennen: Während der „Katechismus der katholischen Kirche" (1997) als, wie Johannes Paul II. einleitend schreibt, „gültiges und legitimes Werkzeug im Dienst der kirchlichen Gemeinschaft …, ferner als sichere Norm für die Lehre des Glaubens" die weltweit verbindliche Lehre für alle Fragen des gelebten Christseins enthält, spricht der 2010 neu aufgelegte „Evangelische Erwachsenenkatechismus" der Vereinten Evangelischen Lutherischen Kirche in Deutschland in seinem Vorwort allein die Einladung aus, „im Hören auf die biblische Überlieferung und in der Gemeinschaft der Christen den eigenen Weg des Glaubens zu gehen". Inwieweit sich die katholischen Christen in ihrem Leben tatsächlich an die offizielle Lehre halten, oder umgekehrt die evangelischen Christen um den Status der Verlautbarungen ihrer Kirche, des Rates der EKD oder ihrer Bischöfe wissen, steht auf einem anderen Blatt.

Jenseits dieses formalen Unterschieds in der Geltung der Stellungnahmen gibt es auch immer wieder inhaltliche Differenzen. Besonders augenfällig wird dies in den vergangenen Jahren in den Diskussionen um bio- und sexualethische Fragen.

Oft geht es dabei nur um Nuancen, die in Ernstfällen jedoch an Gewicht gewinnen. Ausgehend von der grundsätzlichen Übereinstimmung im Einsatz für den Schutz des Lebens argumentiert beispielsweise die katholische Position mit der absoluten Heiligkeit des Lebens und kommt so zu klaren, unumstößlichen Entscheidungen. Demgegenüber argumentiert die evangelische Kirche mehr im Blick auf die verwobene Konfliktlage, in der dem Lebensschutz eine hohe, aber keine absolute Geltung zukommt, und kann so zu unterschiedlichen Ergebnissen kommen. Wie also bestimmte Glaubensinhalte ethisch einzubringen sind und welche lebenspraktischen Konsequenzen sie haben, wird nicht immer, aber manchmal von der katholischen und evangelischen Kirche unterschiedlich beurteilt.

Verantwortlich leben – mit Schuld umgehen

Wer verantwortlich lebt, der ist im besten Sinn des Wortes bereit, *Antwort* zu geben auf die Frage: Warum entscheidest oder verhältst du dich so und nicht anders? Den Theorien christlicher Ethik zufolge wird dem Menschen diese Frage gleich dreifach und aus unterschiedlichen Richtungen gestellt: vom eigenen Gewissen, von der Gesellschaft und im letzten von Gott. Das menschliche *Gewissen* spiegelt den Katalog der Regeln und Normen, die Menschen im Laufe ihres Lebens durch ihre Erziehung, ihre Kultur, durch spezifische Erlebnisse oder durch ihren Glauben ausbilden. Die katholische Theologie sieht im Gewissen die von Gott grundgelegte, dabei „gewissenhaft" zu bildende handlungsorientierende Instanz, wohingegen sich nach evangelisch-theologischem Verständnis das Gewissen an Gottes Wort orientiert, aber, wie es der lutherische Evangelische Erwachsenenkatechismus (2010, S. 333) fasst: in seiner „Wahrnehmung immer getrübt bzw. durch die verzerrende Wirklichkeit der Sünde verstellt" ist. Die umgangssprachliche Rede vom „reinen Gewissen" wird nun dort angewandt, wo Menschen ihr Handeln im Einklang mit dem erleben, was ihnen ihr Gewissen sagt. Umgekehrt hat ein „schlechtes Gewissen", wer diese Botschaft ignoriert, und der Vorwurf der „Gewissenlosigkeit" meint weniger, dass einer gar kein Gewissen besitzt, als dass es offensichtlich von schlechten Normen geprägt ist und zu anderen, z.B. egoistischen Zielen führt. Das eigene Leben und Handeln muss nicht nur vor dem eigenen Gewissen bestehen. Menschen müssen ihre Entscheidungen und ihr Verhalten auch als Teil des Miteinanders in der *Gesellschaft* begreifen. Über die Fragen hinaus, wie das eigene Handeln sich im Nahbereich auf die anderen Menschen auswirkt, verlangen im weiteren Sinne auch die gesellschaftlichen Regeln und Gesetze die Übereinstimmung des Lebens mit ihnen. Mehr und mehr wird die Verantwortung auch im Blick auf weltweite Zusammenhänge eingefordert: Welche Waren wir einkaufen, oder wie wir unsere Energie fördern, betrifft nicht selten die Menschen auf der anderen Seite der Welt. Wer – manchmal ja auch aus guten Gründen – gegen sie verstößt, muss Sanktionen in Kauf nehmen. Christlich Glaubende sehen sich zudem in die Verantwortung vor *Gott* gerufen: das innerzeitliche und innerweltliche Leben und Handeln wird damit in den Horizont einer transzendenten, also über diese rein innerweltlichen Maßstäbe hinausgehenden Instanz gestellt.

Wenn zu Beginn gesagt wurde, dass es für ethische Konflikte selten „glatte Lösungen" gibt, dann muss sich eine christliche Ethik grundlegend mit dem Problem und der Deutung von Schuld befassen. Im Gottesdienst hat es regelmäßig seinen Ort: das Schuldbekenntnis. In der katholischen Liturgie wird das „Confiteor" (lat. „ich bekenne") zu Beginn nach der Eröffnung gesprochen. In der evangelischen Kirche kommt das Bekenntnis als „offene Schuld" im Eingangsteil eines Predigtgottesdienstes oder als Vorbereitung auf das Abendmahl vor. Die Bekenntnisse greifen individuelle Schulderfahrungen auf, bringen aber auch kollektive Schuldzusammenhänge vor Gott, wie etwa gesellschaftliche Ungerechtigkeiten oder den mangelnden Willen zum Frieden.

Dass die Schuldbekenntnisse immer wieder gesprochen werden, bringt zum Ausdruck, wie sensibel der christliche Glaube für die Fehlbarkeit und Unzulänglichkeit des Menschen ist. Natürlich gibt diese Haltung nicht selten Anlass zur Karikatur des christlichen Lebens, das es sich unnötig schwer mache. Tatsächlich ist es gesellschaftlich nicht selbstverständlich, Schuld einzugestehen und Verantwortung nicht nur für Erfolge, sondern auch für Gescheitertes zu übernehmen. Zu sehr scheint die eigene Existenz davon abzuhängen. Dazu kommt die Erfahrung eines gesellschaftlichen Klimas, in dem sehr schnell sehr radikale Urteile über die schuldig Gewordenen gefällt werden, die Erwartetes nicht geleistet oder Fehler gemacht haben. Das trifft im Kleinen den „nichtsnutzigen Störenfried“ in der Schulklasse wie im Großen den „Finanzhai“ in der Wirtschaftskrise. Heraus kommt ein Teufelskreis: Je weniger Eingeständnisse, desto schärfere Urteile über die gefundenen Schuldigen. Und je schärfer die Urteile, desto schwerer fällt es, Schuld zu übernehmen. Hilfreich wäre die wohltuende Unterscheidung zwischen der Person und ihren Werken. Darauf griff im Besonderen Luther zurück, wenn er pointiert in seiner Theologie forderte, die „Erlösung“ eines Menschen nicht an seine „guten Werke“ zu binden. Aus dieser Sicht verbietet es sich, von den Taten her Pauschalurteile über den ganzen Menschen zu treffen. Ein christlicher Persilschein für Schuldige ist dies gleichwohl nicht. Wer Fehler begangen hat, muss aus der Verantwortung vor der Gesellschaft heraus ohne Einschränkungen auch Recht und Gesetze anerkennen. Der christliche Glaube stellt aber der Furcht vor ungnädigen, pauschalen Verurteilungen eines Menschen und dem Sturz des Lebens ins Bodenlose die Perspektive gegenüber, dass die menschliche Existenz im Letzten nicht von diesen äußeren Urteilen oder eben Verurteilungen abhängig ist. Der letzte Grund des Sein-Dürfens ist für Christinnen und Christen Gott. Alle Versuche, eigene Verfehlungen zu vertuschen, haben aus christlicher Sicht vor Gott ebenso wenig Bestand wie die äußeren Verurteilungen eines Menschen Gottes Gnade und Vergebung für ihn mindern könnten *(vgl. Kapitel A3)*.

So vielfältig das Böse, das Menschen einander antun, Gestalt annimmt – formal zeichnet es sich v.a. durch eines aus: durch Destruktivität. Geschädigt, mindestens in seinem Freiraum und seiner personalen Integrität beschnitten, wird derjenige, gegenüber dem man schuldig wird. Doch wer sündigt, schädigt aus theologischer Sicht auch sich selbst: die große Verheißung der Gemeinschaft mit Gott auszuschlagen, lässt den Menschen allein zurück – allein auch mit seiner Schuld. Das Bemühen, die eigene Existenzberechtigung, den eigenen Lebenswert, selbst in die Hand zu nehmen, mündet in die bedrückende Einsicht, an dieser „Selbstüberhebung" gnadenlos zu scheitern. Die Sünde zu heilen, bedeutet darum zum einen, Verantwortung zu übernehmen und Wiedergutmachung für den entstandenen Schaden zu leisten. Dann lässt sich zwischenmenschlich das hintanstellen, was geschehen ist, um einander einen Neuanfang zu ermöglichen. Vergebung richtet sich zum anderen darauf zu heilen, was Schuld und Sünde in der Person des „Täters" angerichtet haben, und ihm neue Freiheit von seinen Verstrickungen zu schenken. Wer Vergebung erlebt, der bekommt sich selbst aus dieser Gottesbeziehung heraus neu geschenkt. Vergebung kann nur empfangen, nicht selbst gemacht werden.

Trotz der vielen Gemeinsamkeiten unterscheiden sich die Konfessionen darin, wie sie Konflikte wahrnehmen, wie sie

G
E
K

Entscheidungen vor Gott verantwortlich treffen wollen und wie sie die Vergebung von Schuld gestalten.

Stefanie Schardien

KATHOLISCH

Höchstpersönlich: Die Beichte

Die Vergebung der Sünden, die Jesus verkündet und geschenkt hat, richtet sich darauf, den schuldig gewordenen Menschen wieder instand zu setzen, das zu sein und so zu leben, wie er vom Schöpfer her gemeint ist, wozu Gott ihn ganz persönlich berufen hat. Die Kirche ist nach katholischem Verständnis als Zeichen und Werkzeug der Gemeinschaft untereinander und mit Gott in diesen großen Zusammenhang von Schuld und Versöhnung eingeschrieben *(vgl. Kapitel B2 und C1)*. Die Taufe, das grundlegende Sakrament „zur Vergebung der Sünden" (vgl. das große Credo), eignet dem Täufling das Erlösungshandeln Jesu Christi persönlich zu – persönlich, aber nicht individualistisch: die Eingliederung in die Gemeinschaft der Getauften, der in Christus Versöhnten, ist konstitutiv. Der Getaufte wird Glied der Kirche, des „Leibes Christi": derer, die dieses Erlösungshandeln an sich haben wirksam werden lassen und die es gemeinsam in Wort und Tat bezeugen und sichtbar machen.

Im Sakrament der Versöhnung, das in der katholischen Kirche heute in Gestalt der sakramentalen Einzelbeichte gefeiert wird, bekennt der getaufte Christ vor Gott seine Schuld. Er bekundet Reue und verspricht Genugtuung. In der Lossprechung empfängt er Gottes Vergebung, auf dass er neu sein kann, wozu er als Getaufter in der Gemeinschaft der Kirche berufen und gesandt ist: Gottes unerschöpfliche Liebe zu erfahren und glaubwürdig in die Welt zu tragen.

Die Zeit formalisierter Beichten, die so häufig und selbstverständlich wie unpersönlich praktiziert wurden, ist vorbei. Die Beichtpraxis der Katholiken hat in unseren Breiten quantitativ extrem abgenommen. Gleichwohl greift heute v.a. unter jüngeren Katholiken, die oft keine (d.h. aber auch: keine schlechten) Erfahrungen mit der Beichte mehr haben, aber unverkrampft einen eigenen Zugang dazu suchen, auch eine neue Erfahrung: Die Beichte ist, wo sie als Chance wahrgenommen wird, eine besondere und dabei höchst persönliche Angelegenheit, deren Bedeutung für die Persönlichkeitsentwicklung und den eigenen geistlichen Weg kaum überschätzt werden kann. In einem absolut geschützten Raum (Beichtgeheimnis) gibt sie die Möglichkeit, alle Scheuklappen abzulegen und sich selbst vor Gott „offen zu legen". Der Priester übernimmt im Beichtgespräch die Aufgabe, zuzuhören und Vertrauen zu schenken, auf dass der oder die Beichtende sich wirklich aussprechen kann. Er spiegelt das Gehörte und ordnet es ein, korrigiert ggf. eine verzerrte (z.B. skrupulöse) Selbstwahrnehmung. Er betet mit und für den oder die Beichtende und spricht schließlich die Vergebung Gottes verbindlich zu.

Neben dem Sakrament der Versöhnung, in dem die „Härtefälle" des individuellen Scheiterns vor Gott zur Sprache kommen, gibt es alltäglichere Formen der Buße und Vergebung: die vielfältigen zwischenmenschlichen Weisen, Verfehlungen zu bekennen und zu verzeihen, nach einem altkirchlichem Wort das Trio Fasten, Beten und Almosengeben und vieles mehr. Im liturgischen Kontext sind es v.a. das gemeinsam gesprochene und zugleich individuelle Schuldbekenntnis (Confiteor) in der Eucharistiefeier, dem die Vergebungsbitte folgt, der heilende Zuspruch der frohen Botschaft, das Sakrament der Eucharistie, der gemeinsame Bußgottesdienst.

Gewissen und Kirche

Die individuelle Lebensführung der Christen soll privat und beruflich dem entsprechen, was im Glauben als wahr und heilsam erkannt wurde. Die katholische Kirche nimmt für sich in Anspruch, über den Inhalt der christlichen Offenbarungswahrheit und entsprechende Folgerungen für Glaube und Ethos verbindliche Aussagen zu treffen und ihre Gläubigen dazu anzuhalten, diese Lehren entsprechend dem Grad ihrer Verbindlichkeit anzunehmen und umzusetzen. Im Rahmen kirchlicher Arbeitsverhältnisse und Lehrbeauftragungen, da also, wo Menschen, weil sie im Auftrag der Kirche handeln, dieser Kirche ein konkretes Gesicht geben, wird diese Entsprechung von kirchlicher Lehre und persönlicher Lebensführung auch strukturell eingefordert.

Das kirchliche Lehramt trägt mit seiner Verkündigung in Fragen des Glaubens und der Sitten (auf ortkirchlicher Ebene durch den Bischof, auf universalkirchlicher Ebene durch den Papst) nach eigenem Selbstverständnis zur „Gewissenspflege" der Gläubigen im Licht der Vernunft und des Evangeliums bei. Dem liegt die heute selbstverständliche Überzeugung zugrunde, dass das Gewissen, also das unvertretbare Urteil der Vernunft, die letzte handlungsleitende Instanz, die den Menschen für seine Handlungen verantwortbar macht, mit der Geburt nicht einfach fertig und eindeutig da ist. Es prägt sich im Laufe eines Lebens und in Korrelation zu den jeweiligen Orientierungen aus, die der Mensch einschlägt und erhält (z.B. durch die elterliche Erziehung, aber eben auch durch den Glauben). Die „Letztinstanzlichkeit" des Gewissens bedeutet nun allerdings nicht, dass der jeweilige Gewissensspruch immer richtig ist. Der Mensch kann in seinen ethischen Urteilen falsch liegen oder schlicht die lebenslange Aufgabe der Gewissensbildung, der Wahrnehmung und Umsetzung moralischer

Prinzipien, vernachlässigt haben. Trotz dieser Einschränkung aber wäre es unethisch, gegen das Urteil des eigenen Gewissens zu handeln oder jemanden zu einer solchen „Selbstverleugnung" zwingen (vgl. Katechismus der Katholischen Kirche, Nr. 1782.1790).

Julia Knop

EVANGELISCH

Von der Seele geredet

Sein Herz auszuschütten, sich Dinge von der Seele zu reden oder Belastendes im Gespräch auszusprechen, hilft. Das Gebet im direkten Gegenüber zu Gott stellt eine Möglichkeit dar; das vertrauliche Gespräch mit Menschen eine andere. Wer sein Anliegen in den Kontext seines Glaubens stellen will, findet in den Gemeinden Ansprechpartnerinnen. Denn sich um die Seele zu sorgen, die Menschen in Nöten, Ängsten oder Entscheidungssituationen beizustehen, gehört zu den wichtigen kirchlichen Aufgaben. Seelsorgegespräche können manchmal sehr lang und in Ruhe, manchmal ganz spontan am Gartenzaun stattfinden. Auch die evangelische Kirche – mit Ausnahme der reformierten Gemeinden – bietet die Beichte an, was allerdings sehr selten in Anspruch genommen wird. Sie läuft nach einer bestimmten Form ab, an deren Ende dem Beichtenden klar und deutlich Gottes Ja zugesprochen wird: dass die Sünden vergeben und der Mensch befreit leben darf. Seelsorge und Beichte können aufgrund des evangelischen Amts- und Kirchenverständnisses sowohl von Pfarrerinnen und Pfarrern als auch von allen anderen Gemeindegliedern angeboten werden. Allerdings stehen die Pfarrerinnen und Pfarrer bei allem, was ihnen vertraulich erzählt wird, durch ihr Amt auch juristisch verbindlich unter der Schweigepflicht bzw. dem Beichtgeheimnis. Selbst vor Gericht müssen sie die Aussage darüber verweigern. Mit der Reformation wurde nicht die Möglichkeit der Beichte abgeschafft, aber sie war keine Pflicht mehr und auch nicht die Voraussetzung für den Empfang des Abendmahls. Im Umgang mit Schuld und Verzweiflung stehen stattdessen in allen evangelischen Konfessionen eher gottesdienstliche, also gemeinschaftliche Bußformen, und eben das informelle Seelsorgegespräch im Mittelpunkt.

Pluralismus als Markenzeichen?

Trotz der konfessionellen Differenzen in der Art und Weise, wie ethische Entscheidungen getroffen, verantwortliches Leben oder der Umgang mit Schuld gestaltet werden: In der Außenwahrnehmung erscheinen die Positionen der Kirchen allerdings interessanterweise trotzdem meistens im Singular. Die Zeitungen schreiben von „der Haltung“ der Kirchen, und was „die Kirche“ zu bestimmten ethischen Fragen sagt, meinen viele schon vorweg zu kennen. Es überrascht nicht, dass dann meistens die Position der katholischen Kirche wiedergegeben wird. Einen Grund dafür liefert genau das, worauf der Protestantismus wert legt: dass es keine hierarchische Struktur geben soll, in der von der Spitze bis zu den einzelnen Glaubenden „hinunter“ eine einzige, letztlich verbindliche Meinung ausgegeben wird. Alle Glaubenden sind gerufen, sich als mündige Christinnen und Christen ein Urteil zu bilden.

Nicht nur an der kirchlichen „Basis“ sind verschiedene Positionen möglich, sondern auch auf der Ebene der Kirchenleitungen. Die Bischöfin einer Landeskirche muss z.B. in der Debatte um die Präimplantationsdiagnostik nicht die gleiche Meinung vertreten wie der Bischof einer anderen. Nach außen kann dies leicht wie ein „anything goes“ erscheinen: alles ist möglich,

Protestanten haben keine einheitliche Meinung. Manche übermäßige Hochschätzung, die den Pluralismus sogar zum „Markenzeichen“ der evangelischen Ethik erklären will, überspannt den Bogen allerdings. Denn es gilt zu differenzieren zwischen der Gestalt der ethischen Urteilsbildung und ihres Ziels. Auf der methodischen Ebene gilt sicherlich, dass der Pluralismus zur evangelischen Ethik gehört: Die Vielzahl der evangelischen Stimmen und Argumente werden in ihrer Unterschiedlichkeit akzeptiert und de facto kommt es damit bisweilen auch zu unüberbrückbaren Differenzen im Urteil. Auf der Ebene der Ergebnisse ist es jedoch keinesfalls ein evangelisches Ziel an sich, möglichst plural zu antworten. Zahlreiche Kommissionen und Arbeitsgruppen werden ja gerade eingesetzt, um eine Position zu finden, die in der evangelischen Kirche auf breite Zustimmung hoffen kann. Den einzelnen Glaubenden wollen diese „offiziellen“ Veröffentlichungen ihrer Kirche also schon Orientierung geben, indem sie die notwendig zu bedenkenden Aspekte vor Augen führen, Argumentationen offenlegen und die daraus gezogenen Schlüsse anbieten. Auch wenn diese Veröffentlichungen schon insofern als „gültig“ verstanden werden können, als sie den gegenwärtigen Stand der innerevangelischen Diskussion abbilden, beanspruchen sie keine Ewigkeit. Sie sind sich ihrer grundsätzlichen Fehlbarkeit ebenso bewusst wie der Notwendigkeit, dass gerade in einer sich wandelnden Zeit die ethischen Positionen immer wieder auf ihre Geltung zu überprüfen und weiter zu diskutieren sind.

Stefanie Schardien

NOCHMALS GEMEINSAM: EIN NOTWENDIGER UND WICHTIGER EXKURS

Der Skandal des Missbrauchs

Im Jahr 2010 kamen in zuvor ungeahnter Größenordnung Fälle sexuellen Missbrauchs von Kindern und Jugendlichen durch Lehrer, Erzieher und Geistliche in kirchlichen Internaten, im Gemeindekontext und an weltlichen Eliteschulen ans Licht. Teilweise liegen sie lang zurück, z.T. sind sie schreckliche Gegenwart. Die individuelle, kirchliche und gesellschaftliche Aufarbeitung dieser Fälle steht wie die Ursachenforschung erst am Anfang. Missbrauch von Kindern und Jugendlichen ist eine gesamtgesellschaftliche Katastrophe. Zu den Tätern zählen katholische und evangelische Christen ebenso wie Nichtchristen, Frauen wie Männer, traditionelle Erzieher ebenso wie Reformpädagogen. Auch wenn Kindesmissbrauch kein kirchliches Spezifikum ist, da über 90% der Fälle im (weiteren) familiären Kontext geschehen, und kirchliche Mitarbeitende nur 0,1% der Missbrauchstäter stellen und sich umgekehrt der Großteil der Mitarbeitenden aus den Schulen, Gemeinden und Werken entsetzt über die Vorfälle zeigt – zu einer Beschwichtigung darf dies nicht führen. Verlorengegangenes Vertrauen kann nur wiedergewonnen werden, wenn die Kirchen und betroffenen Institutionen sich ihrer Schuld stellen, den Betroffenen Hilfe anbieten und transparente Konzepte entwickeln, um zukünftigen Missbrauch zu unterbinden.

Julia Knop, Stefanie Schardien

Missbrauch im Bereich der Evangelischen Kirche

Bald nach Bekanntwerden der ersten katholischen Missbrauchsfälle meldeten sich auch Betroffene, die im Kontext evangelischer Gemeinden, Heime und Schulen Gewalt oder sexuellen Missbrauch erlebt haben. Die Landeskirchen haben versucht, mit unterschiedlichen Maßnahmen auf die Situation zu antworten: Viele evangelische Kirchen hatten bereits seit längerer Zeit Regeln oder Leitlinien für den Umgang mit Fällen sexueller Belästigung oder Missbrauchs entwickelt. Um den Betroffenen Hilfe anzubieten, sind die Anlaufstellen für Opfer eingerichtet bzw. deutlicher ausgewiesen worden; viele Infoseiten auf den kirchlichen Homepages und Broschüren dienen der Aufklärung und Prävention. Die rechtlichen Konsequenzen für Täter aus dem kirchlichen Mitarbeiterkreis ergeben sich nach ihrem Arbeits- bzw. Dienstrecht. Je nach Schwere der Vorfälle reichen sie, wie im Fall sexuellen Missbrauchs, bis zu sofortiger Suspendierung mit anschließendem Disziplinarverfahren, das – wiederum abhängig von der Schwere des Vorfalls – auch zur Entfernung aus dem Dienst führen kann. In diesen Fällen erstatten die Dienststellen oder Einrichtungsleitungen auch Strafanzeige. Die Zahl der gemeldeten Missbrauchsfälle in der evangelischen Kirche ist geringer geblieben als in der katholischen Kirche, doch es gilt, was schon zuvor gesagt wurde: Jeder Fall ist einer zu viel und ein Skandal.

Stefanie Schardien

Missbrauch durch katholische Priester

Missbrauch durch Priester wird zu Recht als besonders schwerwiegendes Vergehen angesehen. Papst Benedikt XVI. hat gegenüber diesem offenkundigen Skandal deutliche Worte gefunden: Es gelte, sich der „Schande", dem „Schmutz" im Priestertum, dieser „Sünde in der Kirche selbst" und ihrer Vertuschung zu stellen, gradlinig und transparent Konsequenzen zu ziehen. Die Offenlegung einer Unzahl von Missbrauchsfällen an anvertrauten Kindern und Jugendlichen wurde Anfang

2010 durch das Berliner Jesuitenkolleg St. Canisius angestoßen, das zahlreiche Delikte in eigenen Reihen öffentlich machte. In der Folge wurden viele Maßnahmen ergriffen bzw. intensiviert: Seit März 2010 haben die deutschen katholischen Bischöfe eine Missbrauchs-Hotline geschaltet. Der Trierer Bischof Stephan Ackermann wurde zum Beauftragten der DBK für alle Fragen im Zusammenhang des sexuellen Missbrauchs Minderjähriger im kirchlichen Bereich ernannt. Die katholische Kirche ist mit Verantwortlichen unterschiedlicher Ebenen (DBK, kath. Internate, Orden) am „Runden Tisch Sexueller Kindesmissbrauch" der Bundesministerien für Bildung und Forschung, Justiz, Familie, Senioren, Frauen und Jugend vertreten. Am 31.8.2010 hat die DBK eine Überarbeitung der kirchlichen Leitlinien von 2002 zum Vorgehen bei sexuellem Missbrauch verabschiedet. Sie erklären die Anzeige eines Täters zum Regelfall, klären die Auswahl der Ansprechpartner in den deutschen Bistümern und benennen präventive Schritte. Im Zuge eines Maßnahmenpakets hat die DBK im Dezember 2010 eine Handreichung zur Prävention von sexualisierter Gewalt in katholischen Einrichtungen herausgegeben (Die deutschen Bischöfe, Kommission für Erziehung und Schule, Nr. 32). Das universalkirchliche Strafrecht sieht klare kirchliche Reaktionen der Untersuchung und Ahndung bis hin zur Entlassung aus dem Klerikerstand vor. Die staatlichen Gesetze bzgl. der Anzeige von Straftaten sind immer zu befolgen.

Unter den Missbrauchsdelikten im Bereich der katholischen Kirche fällt statistisch eine Häufung jugendlicher und männlicher Opfer auf. Wunibald Müller, durch einschlägige Publikationen im Kontext von Sexualität, kirchlicher Moral und Priestertum ausgewiesen, hat aber entgegen vorschnellen Urteilen in der öffentlichen Diskussion überzeugend aufweisen können: Es besteht weder ein direkter Zusammenhang zwischen Homosexualität und sexuellem Missbrauch noch zwischen der zölibatären Lebensform und sexuellem Missbrauch *(vgl. Kapitel E2)*. Er zeichnet das Täterprofil eines Mannes, dessen psychosexuelle Entwicklung und emotionale Beziehungsfähigkeit retardiert ist und der oftmals kein erwachsenes Verhältnis zu seiner Sexualität hat.

Jeder einzelne Missbrauchsfall ist eine Tragödie; hier darf überhaupt nichts beschönigt werden. Doch muss auch einem Generalverdacht gegenüber katholischen Geistlichen und der ehelosen Lebensform entgegengetreten werden. Über 99,5% der katholischen Geistlichen verdienen, soweit man heute über verlässliche Zahlen verfügt, das Vertrauen, das die Gemeinden und speziell Eltern von Kindern in sie setzen.

Julia Knop

2. EHE, FAMILIE, LEBENSFORMEN

Lebensformen im Wandel – wie immer

Mit oder ohne Partner, verheiratet, getrennt oder geschieden, in eingetragener Partnerschaft oder Ehe, mit oder ohne kirchlichen Segen, mit großer Verwandtschaft oder wenigen Angehörigen, mit Kindern oder ohne … Wie Menschen leben, das lässt sich nicht allein anhand der Formen Singledasein, Ehe und Familie erklären. Viel größer gestaltet sich die Vielfalt.

Diese Pluralisierung der Lebensformen erscheint vielen als ein Kennzeichen der heutigen Zeit, ebenso wie die Abkehr von den für „klassisch" erachteten Formen Ehe und Familie. Damit einher geht der Eindruck, dass es „früher" jene Eindeutigkeiten gegeben habe, dass man eben verheiratet war und dann eine Familie gründete. Und tatsächlich dokumentieren die Statistiken zum Beispiel eine Verkleinerung der Haushalte in den letzten Jahrzehnten. Dem Statistischen Bundesamt zufolge sind die Einpersonenhaushalte von 25,1% im Jahr 1970 auf 39,8% im Jahr 2009 gewachsen – Tendenz steigend. Umgekehrt ist die Zahl der größeren Haushalte in dieser Zeit geschrumpft (z.B. bei 4-Personen-Haushalten von 15,2 auf 9,7%). In diesen Zahlen allerdings einfach den Bedeutungsverlust von ehelichem und familiärem Zusammenleben zu lesen, wäre zu kurz gegriffen.

Das Wachstum der Einpersonenhaushalte erklärt sich auch durch die mit der steigenden Lebenserwartung höhere Quote von alleinlebenden Senioren oder durch verlängerte Ausbildungsphasen, in denen Menschen oft allein leben. Nicht zuletzt sind andere Familienkonstellationen zu berücksichtigen, wenn Familien etwa nach einer Scheidung auf kleinere Haushalte aufgeteilt leben. All dies bedeutet nicht automatisch ein Leben ohne Familie oder Partnerschaft. Der reine Blick auf die Zahl der Personen im Haushalt kann also über die inhaltliche Gestalt heutiger Lebensformen zwar manches, aber längst nicht alles aussagen.

Genauer hinzuschauen lohnt es sich auch bei der Romantisierung der früher vermeintlich heilen Strukturen intakten Ehe- und Familienlebens: Die geringere Scheidungsrate hatte ihren Grund keineswegs stets im größeren Bindungswillen, sondern auch im für Frauen nachteiligen Scheidungsrecht, das viele von ihnen vor einer Trennung zurückschrecken ließ und in Deutschland erst 1961 geändert wurde. Die „Normalität“ von Ehe wurde vielen Schichten überhaupt erst durch die Industrialisierung eröffnet, indem die Lohnarbeitsverhältnisse finanzielle Heiratsbarrieren senkten. Und wer nach „Familie“ zur Zeit der Weltkriege fragt, muss die große Zahl der Frauen berücksichtigen, die gerade in den Städten als Alleinernährerinnen zurückblieben. Rasch wird deutlich, wie sehr Lebensformen dem historischen und sozialen Wandel unterliegen.

Warum aber erscheint *der Wahrnehmung nach* die Pluralisierung der Lebensformen als aktuelles Phänomen? Zum einen verzerrt der Vergleich heutiger familiärer Verhältnisse mit der für „klassisch“ empfundenen Familie in der kurzen Zeit der 1950er und 1960er Jahre das Bild, so dass der Eindruck einer „Verfallsgeschichte“ entsteht. Zum anderen sind durch veränderte Rechte, politische Anerkennung und mediale Präsenz heute auch jene Lebensformen zur verbreitet akzeptierten Option geworden, die in früheren Zeiten einen geringen oder keinen Status hatten. So mancher „Lebenswandel“ wurde gesellschaftlich höchstens toleriert und in der Folge oft verschwiegen oder umgedeutet. Dies galt für Alleinerziehende so sehr wie für Paare, in denen jeder seine eigenen Wege ging, oder für homosexuelle Menschen. All das gab es schon immer, nur gesellschaftlich und kirchlich anerkannt oder gar rechtlich abgesichert waren diese Lebensformen kaum.

Eine christliche Sicht tut also gut daran, nicht leichthin in die pauschale Klage über den vermeintlichen Verlust ehelicher oder familiärer Ideale einzufallen. Immer wieder haben sich mit geschichtlichen und politischen Entwicklungen, mit wirtschaftlichen oder rechtlichen Neuerungen und nicht zuletzt mit dem jeweiligen Zeitgeist die Gestalten des Zusammenlebens verändert – abgeschafft aber wurden sie nie. Die notwendige Vorsicht gilt auch für die kirchlichen Perspektiven zu Ehe und Familie selbst: Wenn sie aus guten Gründen aufgrund bestimmter Maßstäbe gewisse „Leitbilder“ von ehelichem und familiärem Leben unterstützen, dann wollen sie in manchen Fällen „Alternativen“ zu den sich wandelnden Formen anbieten. Sie müssen aber zugleich aufmerksam dafür sein, ob und in welcher Weise auch die sich verändernden Formen des Zusammenlebens diesen Maßstäben gegen den ersten Anschein vielleicht doch entsprechen.

Freiheit und Bindung – die Deutung von Beziehungen

Partnerschaftliche oder familiäre Beziehungen bedeuten aus christlicher Sicht ein Leben in der Spannung von Freiheit und Bindung. Durch das verlässliche Miteinander sollen Menschen nicht ihre Individualität einbüßen, sondern im guten Fall aus der Erfahrung heraus, geliebt und getragen zu sein, gerade eine besondere Form der Freiheit erleben. Allerdings bedeuten Beziehungen, in denen Menschen füreinander Verantwortung übernehmen und sorgen, auch, dass man um die wechselseitige Angewiesenheit weiß und in manchen Fällen die eigenen Wünsche oder Planungen zugunsten der gemeinsamen Vorstellungen zurückstellt. Die Kirchen beschreiben Ehe und Familie daher als „Gabe und Aufgabe“: Einerseits werden Beziehungen wie ein Geschenk erlebt, dessen Möglichkeit und Gelingen man sich nicht selbst verdankt. Zugleich verbindet sich mit der Gabe dieser Beziehungen der Auftrag, sorgsam mit ihnen umzugehen, sie verantwortlich und lebendig zu gestalten. Der christliche Glaube unterstützt die zwischenmenschlichen Bindungen, in denen das Miteinander anstelle des Gegeneinanders gestärkt und Verantwortung füreinander übernommen wird. Augenfällig wird die Bedeutung solcher Beziehungen besonders in Zeiten der Angewiesenheit: in der Kindheit oder im Alter, in Krankheit oder Notlagen tragen für die meisten Menschen vor allem die Netze von Familie oder Partnerschaft. Wie es den Kirchen theologisch ein Anliegen ist, solche Beziehungen zu unterstützen, weil sie dem Liebesgebot folgen, so sind diese fürsorgenden Strukturen auch gesellschaftlich von hohem Wert. Was Menschen als Privatpersonen an „Care-Arbeit“ (der moderne englische Begriff erinnert also zu Recht an das lateinische Wort für Nächstenliebe: „Caritas“) füreinander leisten, lässt sich nicht einfach durch Institutionen ersetzen.

Mit der sich verändernden Altersstruktur in Deutschland und der zunehmenden, vor allem beruflichen Flexibilisierung des Lebens sehen sich Partnerschaften und Familien gleichwohl neuen Herausforderungen gegenüber, besonders wenn es um Fragen der Betreuung oder Pflege geht. Die Kirchen stellen sich immer mehr darauf ein und öffnen mit Kindertagesstätten und Pflegeheimen Orte, die jungen und alten, pflegebedürftigen Menschen Betreuung, Begleitung und Förderung anbieten. Durch diese diakonischen Angebote unterstützen die Kirchen in der Konsequenz auch die Familien und können ihnen neuen Freiraum zur entlasteten Gestaltung der innerfamiliären oder partnerschaftlichen Beziehungen geben. Wiederum wäre es also zu leichtfertig, diese diakonischen Angebote nur als Signal eines schwindenden Familiensinns und zunehmenden Egoismus zu deuten. Außerdem weisen die kirchlichen Angebote in Diakonie und Gemeinde bei aller Hochschätzung von Ehe, Partnerschaften oder Familie darauf hin, dass es aus christlicher Sicht tragfähige Beziehungen auch außerhalb dieses familiären Nahbereichs gibt: Gerade das Gebot der Nächstenliebe fordert ja, diese herkömmlichen Beziehungen zu überschreiten. Die christliche Gemeinde bringt Menschen in ein neues Beziehungsnetz, in dem alle „Kinder Gottes" und einander darum in anderer Weise „Schwestern" und „Brüder" sind.

Ja, ich will – das christliche Verständnis der Ehe

Es soll der schönste Tag im Leben werden. Damit der Hochzeitstag auch garantiert gelinge, hat sich um das Fest herum eine ganze Industrie aufgebaut. Von den Festkleidern über das richtige Menü bis hin zur individuellen Dekoration planen viele Paare heute einen perfekten Tag. Zeigt sich daran einerseits der hohe Stellenwert, den sie ihrer Eheschließung geben, lässt sich andererseits auch eine enorme Erwartung und Anspruchshaltung ablesen, die sich nicht nur an den Hochzeitstag, sondern an die Ehe insgesamt richtet. Nachdem Eheschließungen immer weniger durch die Einhaltung von Standes- oder Konfessionsgrenzen oder aufgrund ökonomischer Pragmatik vorgebahnt wurden, ist die *Liebe* zum zentralen Kriterium für die Partnerwahl und auch für das Zusammenbleiben in der Ehe geworden. Die Vorstellung einer „Liebesehe" hat soziologisch betrachtet die Vorstellung von der „Versorgerehe“ abgelöst. Denn mit der wachsenden (auch finanziellen) Unabhängigkeit beider Ehepartner und mit der zunehmenden gesellschaftlichen Akzeptanz alternativer Lebensmodelle bedarf es in der Wahrnehmung des Paares anstelle des Sicherungsgedankens eines anderen Grundes für das gemeinsame Leben. Mit der starken Betonung der Liebe als Ehemotiv wird nun nicht nur das Finden der oder des „wirklich Richtigen“, sondern auch die Beständigkeit einer Ehe zur echten Aufgabe.

Aus christlicher Perspektive hat diese Entwicklung zwei Seiten. Paulus’ Worten folgend freut sie sich an der Liebe als wesentlichem Beziehungsgrund: „Es bleiben aber Glaube, Liebe, Hoffnung. Die Liebe aber ist die größte unter ihnen“ (1 Kor 13,13). Es ist begrüßenswert, dass die Zugehörigkeit zu bestimmten gesellschaftlichen Schichten kein trennendes Hindernis mehr für die Ehe bedeutet und umgekehrt auch Menschen nicht mehr zwanghaft aufgrund von ökonomischen Abhängigkeiten, aber womöglich lieblos ihr Leben miteinander verbringen müssen. Allerdings erscheint der zunehmende Erfolgsdruck auf die Liebe nicht unproblematisch:

Zum einen wird die Liebe zwischen Frau und Mann im Christentum gerade nicht *absolut* gesetzt. Vor allem die neutestamentlichen Texte demonstrieren bei aller Hochschätzung das Zusammenleben von Mann und Frau (die darin existierenden Formen von „Ehe“ dürfen nicht mit der heutigen Institution gleichgesetzt werden) nicht als letztes Ziel. „Ehelosigkeit“ galt in der Erwartung des nahenden Reiches Gottes als gleichwertige, manchmal gar höherwertige Lebensform; und den biblischen Verheißungen zufolge kommt das erhoffte Gottesreich ohnehin ohne weltliche Ordnungen aus (Mt 22,24–30). Zum anderen rücken die hohen, manchmal überhöhten Erwartungen und Idealbilder, die uns nicht zuletzt Filme, Werbung und sonstige

Inszenierungen perfekter Partnerschaften vermitteln, die Möglichkeit des Scheiterns daran sehr nah: Wer von der Liebe in einer Partnerschaft totale Harmonie, brausende Leidenschaft und stetige Erfüllung erwartet, dürfte rasch enttäuscht werden. Paulus hält die Liebe aus anderen Gründen für die Größte:

> **1 Kor 13,4** *Die Liebe ist langmütig und freundlich, die Liebe eifert nicht, die Liebe treibt nicht Mutwillen, sie bläht sich nicht auf,* **5** *sie verhält sich nicht ungehörig, sie sucht nicht das Ihre, sie lässt sich nicht erbittern, sie rechnet das Böse nicht zu,* **6** *sie freut sich nicht über die Ungerechtigkeit, sie freut sich aber an der Wahrheit;* **7** *sie erträgt alles, sie glaubt alles, sie hofft alles, sie duldet alles.*

Besonders der letzte Vers klingt wiederum nach einem Idealbild. Alles zu ertragen kann in einer zwischenmenschlichen Beziehung ja sogar zerstörerisch sein, wenn einer der Partner immer auf Kosten des anderen lebt und so das Gleichgewicht zwischen Freiheit und Bindung missachtet. Allerdings beschreibt Paulus wohltuend nüchtern auch viel von dem, was Paare aus ihrem Alltag kennen: die Zeiten des Einander-Tragens und -Ertragens, des freundlichen, nicht erbitterten Blickes für so manche Eigenarten des anderen, die Rücksicht. Weniger als um die vorrangige Durchsetzung des eigenen Glücks geht es aus der Glaubensperspektive bei der Liebe um den anderen. Christlich gesprochen hat die Möglichkeit einer solchen vorbehaltlos verlässlichen Liebe zwischen Menschen ihren Grund in der Liebe Gottes zu den Menschen. Denn wer sich geliebt weiß, der kann und will sich liebevoll anderen Menschen gegenüber öffnen. Hierin liegt eine wesentliche Bedeutung der kirchlichen Trauung: In ihr erklären sich Paare bereit, Gott – quasi als Dritten im Bunde – in ihre Ehe einzubinden und ihre

Liebe im Licht der Liebe Gottes zu sehen. Mit dem Segen in der Trauung verbinden sich Zuspruch wie Anspruch: Die Ehe von Gott begleitet wissen zu wollen, heißt, den gemeinsamen Weg nicht allein gehen zu müssen. Es heißt aber zugleich, mit dem Einfluss dieser Begleitung auf das Leben als Paar zu rechnen. In der Bitte um den Segen drückt sich somit auch die Erfahrung aus, dass Liebe nicht allein einfach durch menschliche Leistung existiert oder herzustellen wäre: dass die Liebe vielmehr eines tieferen Grundes außerhalb des Menschen und der immer wieder neuen Orientierung daran bedarf.

KONFESSIONSVERBINDENDE EHEN sind heute nicht mehr ungewöhnlich, doch „ökumenische" Trauungen gibt es in der Regel noch nicht: Die römisch-katholische und evangelische Kirche bieten solchen Paaren aber Traugottesdienste an, an denen jeweils auch eine Pfarrerin/ein Pfarrer oder ein Priester der anderen Konfession mitwirkt. Grundsätzlich bleibt es bei einer katholischen oder evangelischen Trauung. Allein die Erzdiözese Freiburg und die Evangelische Landeskirche in Baden haben die Option eines ökumenischen Trauritus entwickelt. Eine bleibende ökumenische Herausforderung stellt die gemeinsame Teilnahme der Paare an der katholischen Eucharistie dar: Die römisch-katholische Kirche lässt die Kommunion von evangelischen Christinnen und Christen nur in einzelnen Ausnahmefällen zu. Viele konfessionsverbindende Paare wünschen sich eine offiziellere Akzeptanz, weil sie sich gerade nicht als „Ausnahmen" verstanden wissen wollen *(vgl. Kapitel B2)*.

Gerade Paare, die Krisen oder Scheitern erleben, wissen um Durststrecken bis hin zur schmerzlichen Endlichkeit zwischenmenschlicher Liebe. Denn auch trotz des Eheversprechens und des erbetenen Segens *garantiert* die kirchliche Trauung nicht eine glückliche und gelingende Ehe. Viele Paare, die sich gegen eine Trauung oder gegen die Heirat überhaupt entscheiden, begründen dies mit dieser ohnehin stets fehlenden Erfolgsgarantie. Unter diesen Bedingungen erscheint dann manchem die größere Unabhängigkeit attraktiver. Tatsächlich erklären Paare mit der rechtlichen Bindung und besonders mit der kirchlichen Feier sehr ausdrücklich ihre „Abhängigkeit" oder vielleicht besser: ihre „Anhängigkeit" aneinander, die grundsätzlich lebenslang versprochen wird. Wer dieses Versprechen im Laufe der Ehe nicht mehr einlösen kann oder will, erlebt dies selten als bloße Verwirklichung der eigenen Freiheit, sondern meistens auch als Scheitern an einer Vision des gelingenden Lebens. Für christliche Paare bedeutet die Trennung auch das Zurückbleiben hinter Gottes Zuspruch und Anspruch. Aufgrund ihres unterschiedlichen Eheverständnisses deuten die Kirchen die Möglichkeit einer rechtlichen Scheidung und einer neuen Heirat unterschiedlich: Letztere ist aus evangelischer Sicht auch im kirchlichen Sinn möglich, aus katholischer Sicht nicht.

ZUM „BUND DES LEBENS" sagen die meisten christlichen Ehepaare zweimal „Ja": einmal auf dem Standesamt und einmal in der Kirche. Die Zivilehe wurde 1875 obligatorisch. Durch eine Änderung des Personenstandgesetzes können sich Paare seit 2009 theoretisch nun wieder nur kirchlich trauen lassen, würden damit aber keine bürgerliche Eherechte und -pflichten eingehen. Die evangelische Kirche hat die Zivilehe weiterhin grundsätzlich zur Voraussetzung der kirchlichen Trauung erklärt. Auch der katholischen Kirche ist daran gelegen, dass eine zivilrechtliche Ehe geschlossen wird, damit die mit ihr verbundenen Rechtsfolgen gewährleistet sind. Eine kirchliche Eheschließung ohne vorhergehende Zivileheschließung soll nur im Ausnahmefall

G
E
K

erfolgen und bedarf der Zustimmung des Ortsbischofs. Bedingung ist, dass die Brautleute über die fehlenden Rechtsfolgen im staatlichen Bereich unterrichtet sind, dass die Brautleute die mit der kirchlichen Trauung verbundene Verantwortung (inklusive materieller Fürsorge) füreinander und für die gemeinsamen Kinder übernehmen und dass eine zivile Eheschließung unzumutbar erscheint.

Zusammen ist man weniger allein – Familie

Das Bild von der „Kernfamilie", die aus Vater-Mutter-Kind(ern) und meist mit altbekannten Rollenzuschreibungen besteht, gilt noch heute vielen als Garant für die Stabilität der Institution Familie und der Gesellschaft im Ganzen. Wie beschrieben existierte dieses vermeintlich heute verfallende Normalbild tatsächlich nur in der vergleichsweise kurzen Zeitspanne von der Nachkriegszeit bis in die Mitte der 1960er Jahre hinein. Theologie und Kirchen setzen in ihrem Verständnis von „Familie" mittlerweile anders an:

Wenn von der „Familie Jesu" die Rede ist, dann bezeichnet man damit wie selbstverständlich Maria und Josef als Eltern, oder seine Geschwister und Verwandten (Mt 12,46; Apg 1,14). Dies gilt auch noch für jene Zeit seines Lebens und Wirkens, in der Jesus schon längst in einem Alter war, in dem er als Mann mit eigener Frau und Kindern hätte zusammen leben können. Aus der Außenperspektive heute gängiger Urteile führte Jesus aus freien Stücken und „um des Himmelreiches willen" ein entschiedenes „Single-Leben". Dennoch von der „Familie Jesu" zu sprechen, kommt dem heutigen christlichen Verständnis sehr nah. Mehr als früher nimmt es das wahr, was vor allem der ehemalige Ratsvorsitzende der Evangelischen Kirche in Deutschland, Bischof Wolfgang Huber, immer wieder in Texten und Reden zum Familienverständnis erklärt hat: Familie haben alle. Jeder Mensch hat zunächst rein biologisch betrachtet Eltern, Großeltern, Urgroßeltern; viele haben Geschwister oder Cousins, Tanten, Onkel, Patenkinder oder Menschen, die selbst ohne Verwandtschaft „ganz zur Familie“ gehören. Die Beziehungen können gewiss von sehr unterschiedlicher Qualität oder Dauer sein. Doch selbst Menschen, die früh Angehörige verloren haben oder etwa in anderen als den biologischen Familien aufwachsen, wissen um ihre Herkünftigkeit und leben aus ihr heraus. Die Perspektive, dass jeder Mensch Familie hat, lenkt weg von einengenden Bildern, die nur sehr bestimmte familiäre Strukturen in den Blick nehmen. Diese lassen nicht allein den realistischen Sinn für die existierende Vielfalt familiären Lebens vermissen, sondern sie bahnen zudem auch manche (Vor-) Urteile über vermeintlich „richtiges“ und „falsches“, „normales“ und „unnormales“ Zusammenleben vor.

Die Konfessionen unterscheiden sich nun allerdings darin, wie sie mit der Vielfalt dieser Bilder umgehen: Die katholische Kirche legt ihren Gläubigen sehr ausdrücklich bestimmte Lebensformen als die dem Glauben angemessenen nahe. Dagegen ist es aus evangelischer Sicht dem Glauben angemessen, sich gegen die starre Festlegung solcher „Normalitäten“ zu wehren, wenn sie jene Menschen ausschließen, die diesen „Normen“ nicht entsprechen. So wenig sich die Kirchen gegenüber der Wirklichkeit heutigen Familienlebens verschließen wollen, heißen sie umgekehrt aber auch nicht einfach jedes Zusammenleben pauschal für „gleich gut“. Weniger als auf die spezifischen *Formen* von Familie blicken Theologie und Kirche heute auf die *Gestaltung* der Beziehungen darin: So entspricht eine Familie, die zwar aus Vater, Mutter, Kind besteht, in der aber Gewalt an der Tagesordnung ist, gewiss nicht dem, was aus christlicher Sicht Beziehungen ausmachen soll. Dagegen kann – zumindest nach evangelischem Verständnis – ein geschiedenes Paar mit seinem Kind und vielleicht in neuen Patchwork-Konstellationen sehr wohl gelingend Familie leben, wenn sie verantwortlich und respektvoll miteinander umgehen und diese verflochtenen, zweifellos nicht immer einfachen Beziehungen zu gestalten lernen.

„Die Liebe aber ist die größte unter ihnen" – Der Umgang mit Sexualität

Sexualität hat sich in den vergangenen Jahren zunehmend zu einem Reizthema in den Kirchen entwickelt. Vor allen inhaltlichen Argumenten fällt zunächst die oft hoch emotionale Art und Weise der Diskussion auf. Warum bewegt die „normalste Sache der Welt" in einer Zeit lange nach der sogenannten „sexuellen Revolution" die Gemüter so sehr? Sicherlich haben die christlichen Kirchen manche gesellschaftliche Diskussion inhaltlich nachzuholen. Denn so wenig es der christlichen Botschaft entspricht und so deutlich diese Gesinnungen immer wieder verurteilt wurden: Die tendenziell leibfeindliche Geschichte der christlichen Theologie, in der Geist und Seele als höherwertig gegenüber dem „sündigen" Fleisch galten, hallt in vielen Kirchen und christlichen Vorstellungen noch nach. Vor allem aber entzünden sich die heutigen Konflikte daran, dass die gesellschaftlichen, rechtlichen und politischen Entwicklungen hin zu einer immer stärkeren Gleichberechtigung und zur Ablehnung von Diskriminierung aufgrund der sexuellen Orientierung die kirchliche Position und Praxis, etwa im Umgang mit der Akzeptanz und Segnung homosexueller Paare, herausfordert.

ANDERS ALS IN VIELEN anderen ethischen Fragen wird im Falle der Homosexualität – hier vor allem durch die Freikirchen oder auf internationaler Ebene durch ethisch oft sehr konservative Kirchen der südlichen Kontinente – häufig auf einzelne Bibelstellen zurückgegriffen, mit denen Kritiker eine theologische und kirchliche Öffnung für gleichgeschlechtliche Lebensformen ablehnen. Gegen ein solches biblizistisches Lesen der Schrift spricht nicht nur, dass selbst die eben genannten Kritiker kaum jede biblische Forderung wörtlich nehmen wollen, sondern die ihren Absichten gelegenen Stellen. Dagegen spricht auch, dass christliche Theologie die Schrift nach dem, „was Christum treibet" (M. Luther), erforscht. Geboten scheinen demnach im Umgang mit allen Menschen gleich welcher sexuellen Orientierung Liebe statt Lieblosigkeit, Zuwendung statt Ausgrenzung und Annahme statt Ablehnung.

Die Kirchen und die Theologie stehen vor der Aufgabe, diese Anfragen nicht nur im Horizont gesellschaftlicher Anti-Diskriminierungs-Richtlinien zu beantworten. Es bedarf vielmehr der theologischen Auseinandersetzungen, die die jeweilige Praxis auch daran messen, wie der christliche Glaube sich Menschen und der Vielfalt des Lebens generell zuwenden will und soll.

Stefanie Schardien

KATHOLISCH

Ehe und Familie

Ein wichtiges Element katholischer Geschlechteranthropologie ist die partnerschaftsbezogene Familie bzw. die familienbezogene Ehe von Mann und Frau. Sie basiert auf der Grundlage biblischer Leitlinien und anthropologischer Reflexionen und wird als diejenige Lebensform stark gemacht, die aufgrund ihrer vorbehaltlosen Verlässlichkeit Männern, Frauen und ihren Kindern den nötigen und menschlich angemessenen Schutz- und Entfaltungsraum bietet und Zukunft eröffnet. Diese Überzeugung und Erfahrung macht die katholische Kirche in der gegenwärtigen gesellschaftlichen Diskussion gegenüber einer zunehmenden Auflösung des Zusammenhangs von Sexualität und zwischenmenschlicher Bindung, von Emotion und Verantwortung, von Sexualität und Nachwuchs, von Partnerschaft und Familie geltend. Auch die Bezogenheit von Mann und Frau, die gegenseitige Verwiesenheit der beiden Geschlechter darf zum Grundbestand katholischer Anthropologie gezählt werden. Es besteht also eine klare Option für die familienbezogene Ehe von Mann und Frau, die allerdings nicht auf das Bild der bürgerlichen und dabei patriarchal-hierarchischen Kleinfamilie der 1950er Jahre engzuführen ist. Dieses Leitbild war und ist mit einer Vielfalt von Familienformen in Geschichte und Gegenwart vereinbar. Mit dieser Option werden nicht alle anderen Weisen des Zusammenlebens pauschal für unzureichend oder undifferenziert für falsch erklärt – Partnerschaft und die Übernahme familiärer Verantwortung werden vielmehr nach dem Grad ihrer Bezogenheit auf das evangeliumsgemäße Ideal der verlässlichen Ehe und Familie gedeutet. Die wachsende Instabilität der Lebenswelten und Lebensläufe in der (v.a. westlichen) Gesellschaft wird dabei als objektive Erschwernis für tragfähige Bindungen deutlich wahrgenommen (vgl. Papst Johannes Paul II., Familiaris Consortio, 1981).

Von Brautleuten und Eheleuten

„Sind Sie hierhergekommen, um nach reiflicher Überlegung und aus freiem Entschluss mit ihrer Braut/ihrem Bräutigam den Bund der Ehe zu schließen?" Mit dieser Frage beginnt in der katholischen Liturgie der Akt der Trauung. Sie zeigt eine katholische Besonderheit: Mann und Frau, die den kirchlichen Segen über ihre Partnerschaft erbitten, betreten die Kirche unbeschadet ihrer zivilrechtlichen „Voraustrauung" als *Braut*leute.

Sie verlassen sie als *Ehe*leute. Denn die kirchliche Trauung ist katholisch kein Segen über etwas, das bereits besteht, sondern in ihr wird etwas Neues gesetzt: das *Sakrament der Ehe.* Als eines der sieben Sakramente ist die Ehe ein Heilszeichen aus der Kraft der Gnade Gottes, das in der Gemeinschaft und Öffentlichkeit der Kirche in einem Gottesdienst gefeiert wird *(vgl. Kapitel B2).*

Konstitutiv für das Zustandekommen einer kirchlichen Ehe ist der *Konsens* der Eheleute, der sich dem „freien Entschluss" und „reiflicher Überlegung" verdanken muss. Die Ehe ist ein *Bund*, so formulierte es das II. Vatikanische Konzil (Gaudium et Spes, Nr. 47–52). Mit „Bund" bezeichnet die Bibel das Verhältnis Gottes zu seinem Volk: das Verhältnis unverbrüchlicher Liebe, die von Gott nie aufgekündigt wurde. Die sakramentale Ehe zwischen Mann und Frau ist die Gestalt personaler Verbindlichkeit, die sich in diese Treue Gottes einschreiben lässt und sie im Glauben bekundet. Mann und Frau sind gesandt, *als Paar* die in der Eheschließung empfangene Gnade zu bezeugen und weiterzugeben. Ihre Ehe ist Kirche im Kleinen: „Hauskirche". Sie ist nach katholischem Verständnis darum nicht nur ein „weltlich", sondern auch ein „geistlich Ding", in gewisser Weise ein geistliches „Trotzdem!": Ohne die Brüchigkeit menschlicher Beziehungen, ohne das Leid, das Menschen – auch Eheleute – einander antun, ohne die Schuld und die Ohnmacht, die menschliche Bindungen prägen, zu leugnen, sagen die Brautleute in Freiheit „Ja!" – zueinander und zu den Kindern, die sie erhoffen. „Ja, für alle Tage meines Lebens. Ja, denn Gott ist treu. Ja, ich will zusammen mit meiner Frau/meinem Mann diese unendliche Liebe Gottes bezeugen. Ja, wir bauen darauf, dass seine Gnade, die er in Christus aufgerichtet hat, auch die Ehe (wieder) zu einem wirksamen Zeichen des Heils (Sakrament) gemacht hat."

G
E
K

WÄHREND SICH DER KONSENS der Brautleute, also ihr Ehewille, auf den Beginn ihrer sakramentalen Verbindung bezieht, richtet sich die Ehe im Ganzen auf ihr gemeinsames *Wohl* („bonum coniugum“: das Wohl der Eheleute) und auf die Zeugung und Erziehung der gemeinsamen *Kinder.* Die Brautleute werden vor der eigentlichen Trauung gefragt, ob sie eine Ehe in diesem kirchlichen Sinn schließen möchten: „Wollen Sie ihre Frau/ihren Mann lieben und achten und ihr die Treue halten alle Tage ihres Lebens?“ – „Sind Sie beide bereit, die Kinder anzunehmen, die Gott Ihnen schenken will, und sie im Geist Christi und seiner Kirche zu erziehen?“ Wenn sie beides bejahen, können sie miteinander die Ehe schließen. Der Zelebrant assistiert im Namen der Kirche der Vermählung und ruft den Segen Gottes auf die Eheleute herab.

In Freiheit verbindlich

Nach christlichem Verständnis ist der Mensch weit mehr als bloß Natur. Er ist als Mann und Frau Ebenbild Gottes. Er ist als freie Person geschaffen und berufen, seinem Leben in Freiheit Gestalt zu geben *(vgl. Kapitel E3).* Das „Wohl der Ehepartner“, auf das die Ehe nach katholischem Eheverständnis ganz fundamental ausgerichtet ist, wurzelt in diesem Menschenbild. Mann und Frau nehmen einander mit Leib und Seele verbindlich an. In der Ehe bekunden sie nicht nur, dass „die Chemie“ zwischen ihnen „stimmt“ – dass sie sich körperlich voneinander angezogen fühlen, dass sie (zur Zeit) verliebt sind – sondern dass sie sich einander ohne jeden Vorbehalt zusagen. Sie versprechen nicht „Romantik pur“, sondern ungeteilte Treue und Verbindlichkeit, die der gemeinsamen und individuellen Entwicklung beider Partner zugrunde liegen und sie ermöglichen soll – ein Leben lang. Ihre sexuelle Beziehung soll personal gestaltet werden, d.h. so, dass sie der eigenen menschlichen Würde und des

Partners oder der Partnerin gerecht wird. Die Intensität der leiblichen Nähe soll der Verbindlichkeit der Paarbeziehung entsprechen und auf verantwortliche Elternschaft hin offen sein (vgl. II. Vatikanisches Konzil, GAUDIUM ET SPES, Nr. 51). Anziehung und Zuneigung werden personalisiert: in Freiheit verbindlich.

Die katholische Kirche formuliert mit ihrer Ehetheologie eine großartige Verheißung, aber auch einen sehr hohen Anspruch, den viele Paare in der Realität nicht erfüllen können. Viele Menschen innerhalb und außerhalb der katholischen Kirche schätzen und anerkennen deren Eheverständnis und Sexualethik ihrem Anliegen und Ideal nach (keine Verselbständigung der Sexualität, verantwortliche Integration der Fruchtbarkeit in die Paarbeziehung), sehen sich aber nicht (mehr) in der Lage, so zu leben. Oder sie stellen die enge Verbindung von Ehe-Ideal und Ehe-Norm und den kirchlichen Umgang mit Katholiken in Frage, deren Ehe gescheitert ist und die nun in einer neuen Beziehung ihr Glück suchen.

Katholische Priester, die bei ihrer Diakonenweihe die zölibatäre (d.h. ehelose) Lebensform versprochen haben, und Männer und Frauen, die nach den sogenannten „evangelischen (evangeliumsgemäßen) Räten“ der Armut, der Keuschheit und des Gehorsams in Orden oder in geistlichen Gemeinschaften leben *(vgl. Kapitel B2 und C1)*, haben ihre Lebensform in der Nachfolge Jesu ebenfalls in Freiheit verbindlich gemacht. Sie sind weder „ledig“ (noch nicht verheiratet) noch „Single“ (ungebunden), sondern entschieden ehelos. Das Charisma der Ehelosigkeit um des Himmelreiches willen (vgl. Mt 19,12; 1 Kor 7,7) ist ein Zeichen der vorbehaltlosen Offenheit für Gott und für den Anbruch seiner Herrschaft. Beide Lebensformen – die Ehe und die Ehelosigkeit – erfordern gleichermaßen psychosexuelle und emotionale Reife, Verlässlichkeit und Bindungsfähigkeit. Darauf wird heute in der Ehevorbereitung und in der Priesterausbildung großes Gewicht gelegt.

Julia Knop

G
E
K

EVANGELISCH

Die Ehe – ein weltlich Ding

Für den Protestantismus ist die Ehe ein Teil der natürlichen Ordnungen, die in dieser Welt und Zeit eine Vision des guten Lebens eröffnet, ohne Ewigkeit zu beanspruchen. Mit Luther lässt sich die Ehe als ein „weltlich Ding" verstehen, die als verlässliche, dauerhafte und vertrauensvolle Bindung zwar zu den schönen Dimensionen des göttlichen Wirkens zu zählen ist, aber keine Heilswirksamkeit hat. In der evangelischen Kirche ist die Ehe darum auch kein Sakrament *(vgl. Kapitel B2)*, was z.B. eine neue Verheiratung Geschiedener ermöglicht. Während die vor der weltlichen Obrigkeit geschlossene Ehe die Öffentlichkeit, Dauerhaftigkeit und Übernahme wechselseitiger Verantwortung bedeutet, erhält sie aus evangelischer Sicht im Traugottesdienst nicht mehr, aber auch nicht weniger als den Zuspruch des Segens Gottes. Damit begründet die Evangelische Kirche in Deutschland auch die Beibehaltung der Zivilehe als Voraussetzung für die kirchliche Trauung: die Ehe hat neben der geistigen notwendig auch eine weltliche Dimension.

Paarbeziehungen im Wandel

Da sich mit der Reformation ein neues Verständnis vom Amt entwickelt hat *(vgl. Kapitel B2 und C2)*, müssen evangelische Pfarrerinnen und Pfarrer nicht zölibatär leben. Mit dem „evangelischen Pfarrhaus" verband sich über lange Zeit sogar ein recht konstantes Idealbild christlichen Familienlebens, das einerseits die innerfamiliären Beziehungen innig pflegte und sich andererseits als Ort des Gemeindelebens nach außen hin öffnete. Auch dieses Bild wandelt sich mit den beschriebenen heutigen Familien- und Arbeitsstrukturen, indem die Pfarrfamilie sich oft nicht mehr automatisch in den Dienst der Gemeinde stellen will *(vgl. Kapitel C1).*

Einen ähnlichen Wandel erfährt gegenwärtig der Umgang mit Homosexualität. Bislang gab es meist inoffizielle Regelungen, etwa für Pfarrerinnen und Pfarrer, die in einer gleichgeschlechtlichen Partnerschaft leben und dies mittlerweile in einigen Landeskirchen auch offiziell tun dürfen. Ähnlich diskutiert wird auch die Segnung von homosexuellen Paaren. Es gehört zu den Grundkonstanten der evangelisch-ethischen Stellungnahmen, dass sie zur Begründung gerade nicht auf ein Menschenbild setzt, in dem es um menschliche „Merkmale" oder „Fähigkeiten" *(vgl. Kapitel E3)*, sondern um die Beziehungshaftigkeit des Lebens geht: Menschsein ist Leben in Beziehungen – zu Gott und zum Nächsten. Damit wird nun ein Verbot offizieller Segnungen logisch widersprüchlich, das sich letztlich auf Merkmale des Menschseins bezieht. Konkret: Dass schwule und lesbische Paare in eingetragener Partnerschaft in gleicher Weise füreinander sorgen, sich öffentlich zu ihrer Liebe bekennen und die Dauerhaftigkeit ihrer Beziehung erklären wollen, wie es Ehepaare tun, lässt sich kaum bestreiten. Um dagegen den „Mehrwert" einer Ehe von Mann und Frau zu beschreiben, greifen die konservativeren evangelischen Positionen doch am Ende auf die Tradition oder biologistische Argumente der potenziellen Fortpflanzung zurück. Die Suche nach anderen Unterscheidungskriterien ist nicht abgeschlossen. Sie dürfte die evangelische Ethik allerdings vor größere Herausforderungen stellen, als sich über kurz oder lang den homosexuellen Paaren gegenüber deutlicher zu öffnen.

Stefanie Schardien

3. MENSCHENSKIND UND EBENBILD

Im Alltag geht das Gespür für die Kostbarkeit und Besonderheit des Lebens schnell unter. So sehr Lebensratgeber und auch manche Predigten anmahnen, man solle das Leben stets dankbar als Geschenk entgegen nehmen und jeden Tag genießen, als sei es der letzte: eine so dauerhafte Beschäftigung mit dem Leben als Wunder und als endliches Geschenk erscheint nicht nur schwer leistbar, sondern vielleicht sogar als Überforderung des Menschen, hielte die stetige Reflexion doch auch vom Leben des Lebens selbst ab. Dennoch kommen sie früher oder später in jedem Leben vor, jene Zeiten, in denen sich Menschen zutiefst in ihrem Sein und Handeln, in ihrem Fühlen und Glauben auf die Probe gestellt sehen: Das Leben wird fraglich, wo neues Leben beginnt, wo es endet oder sich im Umbruch befindet. In besonderem Maße sind es die Bruchstellen des Lebens, Krankheiten oder die Konfrontation mit Sterben und Tod, in denen die Fragen laut werden: Wozu ist all das gut? Welchen Sinn hat das Leben oder eben auch: welchen Unsinn ein Siechtum? Wann erklärt man ein Leben für gelungen und welches sind trotz allem Leid und Zweifel die Hoffnungsperspektiven?

Viele Menschen suchen gerade in solchen Lebensphasen nach Antworten auf ihre Fragen nach dem Sinn von Leben und Tod. Auch wenn Religionen nicht auf eine Rolle als „Sinnlieferanten" reduziert werden wollen, können sie dennoch auf Deutungsangebote zurückgreifen, die über rein immanente, innerweltliche Erklärungen hinausreichen. Die christliche Theologie und die Kirchen orientieren sich dabei an den biblischen Bildern vom Menschsein, die von den Schöpfungserzählungen bis zu der zentralen Botschaft vom erlösenden Leben und Sterben des „wahren" Menschen Jesus Christus reichen.

Bilder über Bilder – und doch keine abschließende Definition

An Bildern vom Menschen mangelt es kaum. Ob in dreidimensionalen Aufnahmen von Föten im Mutterleib, Darstellungen in der Werbung und im Film, ob in den gesammelten Familienalben im Schrank oder in den ungezählten Bildern, die Menschen von sich in ihren social networks veröffentlichen: aus jeder Perspektive und in jeder Lebenslage haben wir mittlerweile Bilder vom Menschen gesammelt – und können uns trotzdem oder gerade darum nicht abschließend ein Bild von ihm machen. Immanuel Kant hat die Frage „Was ist der Mensch?" zu den zentralen Interessen der Vernunft erklärt. Die Suche nach Antworten hat schon lange zuvor begonnen und hält bis heute an. Philosophen definierten den Menschen anhand seiner Vernunft oder aufgrund seiner Sprachentwicklung in Abgrenzung zum Tier, Soziologen beschrieben das Sein des Menschen über die Kultur und Gesellschaftsformen, die Naturwissenschaft hat den Körper des Menschen ergründet und die Psychologie sein „Seelenleben". Im Konzert der Wissenschaften war die Theologie eine der ersten Stimmen, die sich über das Wesen des Menschen Gedanken gemacht

G

E

K

hat. Nun wäre es nicht nur vermessen, sondern auch schlicht falsch, ihre Position gegenüber denen der anderen Wissenschaften zur allein „richtigen“, „wahren“ oder „vollständigen“ zu küren. Vielmehr gilt es, den christlichen Beitrag zur Anthropologie (= der Wissenschaft vom Menschen) als eine besondere Perspektive zu begreifen, die theologische Einsichten in das Gespräch mit anderen Wissenschaften einbringt.

Eine erste Aufgabe, die eine christliche Anthropologie übernehmen kann und muss, ist, vor jeglicher Abgeschlossenheit einzelner Menschenbilder zu warnen. Immer dort, wo Wissenschaften beanspruchen, den Menschen vermeintlich abschließend definieren zu können, muss die Theologie Einspruch erheben: jede Beschreibung dessen, was den Menschen ausmacht, muss um die eigene Begrenztheit wissen. Dahinter steht die Überzeugung, dass zwar Einzelaspekte menschlichen Lebens beschreibbar sind, aber das Menschsein an sich in wissenschaftlichen Theorien nicht aufgeht. Nochmals theologisch formuliert: Wie sich nach dem Dekalog, den Zehn Geboten (Ex 20,4; Dtn 5,8), Menschen von Gott kein Bild machen sollen, so gilt das übertragen auch für den Menschen als Gottes „Ebenbild“ (Gen 1,26f). Dieses Bilderverbot ist folglich aus ethischer Sicht relevant. Nämlich dann, wenn aufgrund beschränkter Definitionen über den rechten Umgang mit Menschen entschieden werden soll: Erklärt man zum Beispiel perfekte Gesundheit zum normierenden „Idealzustand“ des Menschseins, sehen sich Menschen mit schweren Krankheiten oder Behinderungen – mal direkt, mal durch schälen Blick der Frage ausgesetzt, was es eigentlich mit ihnen auf sich habe.

DER CHRISTLICHE EINSPRUCH ist in der jüngeren Vergangenheit besonders im Dialog mit den Neurowissenschaften virulent geworden. Konnten sich Philosophie und Theologie gegen-

G E K

über den bisherigen naturwissenschaftlichen Theorien darauf zurückziehen, dass deren „äußerliche" Beschreibungen der menschlichen Physis letztlich nichts über Empfindungen und die „Seele" des Menschen aussagten, so dringen die neuen Forschungen heute bis in die neuronalen Strukturen des Gehirns zur Erklärung von Emotionen, Empfindungen und scheinbar spontanen Entscheidungen vor. Damit stellen sie nicht weniger als die Freiheit des Menschen in Frage, die für die christliche Theologie zum Kernbestandteil ihrer Beschreibungen menschlicher Existenz gehört. Gleichwohl sind auch viele Vertreterinnen und Vertreter der Neurowissenschaften bereit zum Dialog, weil sie ihrerseits vor bleibenden Rätseln des Menschseins stehen, die sie zwar in bestimmten biochemischen Prozessen *erklären*, aber damit nicht automatisch *verstehen* können. Genau diese bleibende Geheimnishaftigkeit menschlicher Existenz gibt dem tiefen menschlichen Gefühl von Freiheit und Verantwortung seinen tiefen Sinn.

Gestatten: Ebenbild Gottes! Christliche Anthropologie

Ging es damit zunächst um die theologische Aufgabe, im formalen Umgang mit anderen Menschenbildern bestimmte Standards („Wehret allen Verabsolutierungen!") zu setzen, hat die christliche Anthropologie auch lebensförderliche inhaltliche Aspekte in den Diskurs über das Menschenbild beizutragen.

Zu den zentralen anthropologischen Aussagen des christlichen Glaubens gehört die schon genannte Ebenbildlichkeit des Menschen. Die Beschreibung des Menschen als „Imago Dei", als Bild Gottes, findet sich so wortwörtlich im jüngeren der beiden Schöpfungsberichte:

> *Gen 1,27 Und Gott schuf den Menschen zu seinem Bilde, zum Bilde Gottes schuf er ihn; und schuf sie als Mann und Frau.*

Die außergewöhnliche Nähe zwischen Gott und Mensch beschreiben auch viele andere biblische Texte. Psalm 8 sagt über den Menschen, Gott habe ihn „nur wenig niedriger gemacht als Gott" (Ps 8,6) und nach Psalm 139,15f kannte Gott den Menschen, schon bevor er im Mutterleib bereitet wurde.

Aus dieser besonderen Beziehung von Mensch und Gott begründet sich aus der Sicht des christlichen Glaubens gleichermaßen die Schutzwürdigkeit wie die Freiheit des menschlichen Lebens. Die Vorstellung von der Gottebenbildlichkeit ist eine theologische Beschreibung dessen, was im säkularen Kontext unter dem Begriff der „Menschenwürde" gefasst wird, der in viele Verfassungen Eingang gefunden hat. Mit der Berufung auf die Menschenwürde verbinden sich ebenfalls zum einen Forderungen nach dem Schutz des Lebens und zum anderen nach bestimmten Rechten, es in eigener Weise gestalten zu dürfen *(vgl. Kapitel D1).* Auch die biblischen Bilder zeigen den Menschen immer wieder in dieser Spannung von Schutzwürdigkeit und gestalterischer Freiheit: dass sein Leben einerseits brüchig, endlich, „wie ein Hauch" (Ps 78,33) und von Gott abhängig ist; dass der Mensch eben Geschöpf und nicht der Schöpfer selbst ist. Die Erzählungen von der Vertreibung aus dem Paradies (Gen 3) oder vom Turmbau zu Babel (Gen 11,1–9) geben dieser Erfahrung, dass die Menschen nicht Gott sind und es auch nicht sein sollen, anschaulich Ausdruck. Andererseits ist dem Menschen ein Leben in Freiheit geschenkt, das er mit der ihm ebenfalls verliehenen Weisheit (Ps 8,5) gestalten darf; er soll in der Schöpfung als „Co-Creator" neben und für Gott bebauend und bewahrend tätig werden (vgl. Gen 1,28f; 2,15.18); und schließlich darf der Mensch in seiner Freiheit auch mit Gott selbst streiten, wovon nicht nur der so genannte Sündenfall (Gen 3), sondern auch z.B. das Hiobbuch eindrücklich Zeugnis geben.

Den Glauben an die Verdanktheit des menschlichen Lebens unterstützt im Besonderen die Botschaft von der Rechtfertigung des Sünders, wie sie der Apostel Paulus den Glaubenden aus dem Christusgeschehen heraus nahebringt. Der Mensch kann in seinem Leben, das in der Sünde verstrickt ist, demnach nur durch das rettende Handeln Gottes bestehen, das ihn aus diesen Verstrickungen löst und ihm immer wieder die Freiheit schenkt. Die anthropologische Argumentation von der Rechtfertigungsbotschaft her wird aufgrund der zentralen Bedeutung dieser Lehre in der Reformation auch heute noch häufiger von der evangelischen Theologie in ethischen Debatten bemüht *(vgl. Kapitel A3)*. Die katholische Theologie hingegen stützt sich zur Betonung der Schutzbedürftigkeit des menschlichen Lebens stärker auf den Glauben an die Heiligkeit des Lebens, den sie aus dem Gedanken eines gottgegründeten Naturrechts heraus entwickelt. Ein wichtiger Unterschied zwischen dem rechtfertigungstheologischen und dem naturrechtlichen Zugang besteht in den verschiedenen Bezugspunkten ihrer Begründung. Um das Wesentliche des menschlichen Lebens zu beschreiben, greift das Naturrecht auf das *Sein* des Menschen als Geschöpf, die Rechtfertigungslehre dagegen auf die *Beziehungshaftigkeit des gerechtfertigten menschlichen Daseins vor und durch Gott* zurück.

Christliche Freiheit

Sowohl rechtfertigungstheologische wie naturrechtliche Zugänge zum Menschsein begründen mit dem Hinweis auf die Verdanktheit des Lebens von Gott, dass im Umgang mit dem Menschen besondere Vorsicht geboten ist und keine Beliebigkeit oder Willkür herrschen darf. Verengend erscheinen im christlichen Blick gerade jene Vorstellungen vom Menschen, die ihn für radikal autonom erklären. Solche Stimmen finden sich besonders häufig in gegenwärtigen medizinethischen Diskussionen um den Lebensanfang und das Lebensende. Da der Mensch autonom sei, habe allein er das Recht, über sein Leben und Sterben zu entscheiden. Viele gesetzliche Regelungen, wie z.B. das Verbot aktiver Sterbehilfe, die einen bestimmten Umgang mit dem menschlichen Leben verlangen, werden entsprechend als unangemessene Bevormundung und als Verstoß gegen die Menschenwürde kritisiert. Gegenüber solchen Ansätzen, in denen die menschliche Autonomie (radikal verstanden im Sinne von Autarkie) als zentrales Kriterium für alle Entscheidungen überbetont wird, können die christlichen Positionen mit ihren Perspektiven einen alternativen Beitrag leisten. Dies geschieht nicht dadurch, dass sie sich in eher simplen Formeln wie „Der Herr hat's gegeben, der Herr hat's genommen" erschöpfen. Die wirken oft zynisch und sind theologisch und lebensweltlich wenig belastbar. Vielmehr erinnern christliche Anthropologien an die vielfältige Eingebundenheit des menschlichen Lebens: Der Mensch gibt sich in seinem Leben eben nicht selbst die Gesetze seines Lebens, wie es ein umgangssprachliches Verständnis von „Autonomie" erwartet, sondern findet sich immer schon vor in einem Netz aus Beziehungen, familiären Prägungen, kulturellen Regeln, aus Vorstellungen und Erwartungen. Vor aller Aktivität des eigenen Gestaltens entsteht menschliches Leben damit aus einer *Grundpassivität* heraus.

Auch wenn Christinnen und Christen dieses „Sich-Vorfinden" fundamental auf ihr Leben in und mit Gott hin verstehen, können die Erfahrung verdankten und eingebundenen Lebens ebenso Nicht-Gläubige im Blick auf das Woher ihres Lebens nachvollziehen.

WAS MENSCHLICHE FREIHEIT SEI, erschließt sich christlich aus drei Perspektiven, welche die Freiheit durchweg aus ihrem Gottesbezug heraus deuten: Die *Schöpfungstheologie* richtet den

Blick auf die geschaffene, d.h. verdankte Freiheit, die als gottgeschenkte, gottverbundene Autonomie verständlich wird. Die *Sündentheologie* schaut auf die sündige, entfremdete, destruktiv-selbstbezügliche („in sich verkrümmte"), darum erlösungsbedürftige Freiheit, die ihrer schöpfungsgemäßen Bestimmung und Verheißung nicht mehr entsprechen kann (vgl. Röm 7,18). *Erlösungslehre* und *Rechtfertigungstheologie* schließlich thematisieren die „Freiheit der Kinder Gottes": die im Glauben wieder gewonnene wahre, erlöste Freiheit. Ob katholisch oder evangelisch: das Verständnis menschlicher Freiheit ist grundgelegt in einer Anthropologie, für die die Gottesrelation des Menschen konstitutiv ist.

Die Kritik an einem radikalen Autonomie-Verständnis steht für das Christentum nicht im Widerspruch zur Botschaft von der Freiheit des Menschen. Freiheit, wie Christen sie meinen, wird gerade dort unmöglich, wo der Mensch sich auf sich allein verlässt. Denn im alleinigen Kreisen um die eigenen Wünsche und Ziele sieht der Mensch nur noch sich und verliert damit jede Orientierung. Luther beschrieb mit diesem Bild von Unfreiheit das, was für ihn Sünde ausmachte: Ein „homo incurvatus in seipsum", ein „in sich selbst verkrümmter Mensch" kann und will nichts anderes als sich selbst sehen. Gerade so ist er unfrei, einsam gefangen und verstrickt in sich. Aus christlicher Sicht erlebt der Mensch Freiheit nunmehr dort, wo er von Gott aus dieser Verkrümmung herausgeholt wird, wo er seinen Blick wieder nach vorn, auf Gott, auf die Welt und den Nächsten richten kann *(vgl. Kapitel E1)*.

„TYPISCH KATHOLISCH" ist dabei, das Wirken der Gnade Gottes und die Freiheit des Menschen im Prinzip als direkt proportional zu deuten. Salopp gesagt: Gerade die begnadete Freiheit läuft

G
E
K

zur Höchstform auf. Sie muss nicht abnehmen, damit Gottes Gnade Raum gewinnt, sondern sie kommt (wieder) zu ihrer vollen Größe, wo sie sich im Glauben der Gnade Gottes anvertraut *(vgl. Kapitel A3)*. **„TYPISCH EVANGELISCH"** ist es, den Menschen immer ganz unter der Sünde und ganz als gerechtfertigten freien Menschen zu sehen.

Begrenztheit und Ewigkeit des Lebens

Ein tröstliches „Das Leben geht weiter" hat wohl jeder schon einmal gehört oder mit einem Schulterklopfen auch jemand anderem aufmunternd zugesprochen. Für Christinnen und Christen hat der Spruch aber eine ganz eigene Bedeutung, hoffen sie doch darauf, dass das Leben zwar in dieser Welt mit dem Tod ein Ende habe, aber das ewige Leben auf sie warte. Diese Ewigkeitshoffnung gründet im christlichen Glauben an die Auferstehung Christi. Abgeschafft wurde der leibliche, weltliche Tod durch sie nicht, doch er wurde besiegt. „Tod, wo ist dein Stachel?" (1 Kor 15,55) fragt Paulus darum fröhlich provozierend in dem so genannten „großen Auferstehungskapitel". Im Vertrauen darauf, dass mit Jesu Auferstehung die Ewigkeit der Nähe Gottes auch allen Menschen verheißen ist, erklären Christinnen und Christen regelmäßig im apostolischen Glaubensbekenntnis: „Ich glaube an die Auferstehung der Toten."

DIE THEOLOGISCHE ESCHATOLOGIE (= Lehre von den „letzten Dingen", von der Vollendung) gibt keine Zukunftsprognose, die einen Tag x auf dem Zeitstrahl der Geschichte antizipiert. Vielmehr transponiert sie die wesentlichen Momente der theologischen *Anthropologie* in den Modus der Hoffnung und der Vollendung. Inneres Maß ist, wie in allen theologischen Fragen, das Bekenntnis zu Jesus Christus, dem Erlöser. Eschatologie fragt also nach der Vollendungsgestalt der gottgeschenkten menschlichen Freiheit, nach der Endgültigkeit des Menschen, wie sie sich aus dem Glauben heraus erschließen lässt.

Aus der Vorstellung, das Leben gehe nicht nur irgendwie, sondern in neuer, erlöster, leidfreier und rundum versöhnter Form weiter, darf nun aber nicht der Schluss gezogen werden, dass das irdische Leben damit seine Bedeutung verliere. Es wird als wunderbare Gabe Gottes verstanden und muss auch in seiner Endlichkeit und Verletzlichkeit hochgeschätzt werden. Die Kirchen machen sich nicht allein um die Begleitung der Menschen „von der Wiege bis zur Bahre“ verdient und kennen somit alle Lebenslagen in ihren Höhen und Tiefen, sondern sie nehmen auch eine besondere, nicht nur irdische Perspektive auf das irdische Leben ein. Aus beiden Gründen wird ihnen gesellschaftlich bis heute eine hohe Expertise zugetraut, wenn es um Lebensfragen geht.

Trotz ihres gewissen Alters noch immer zitiert wird die gemeinsame Erklärung „Gott ist ein Freund des Lebens“, die 1989 von der Deutschen Bischofskonferenz, vom Rat der Evangelischen Kirchen in Deutschland sowie allen Mitglieds- und Gastkirchen der „Arbeitsgemeinschaft Christlicher Kirchen“ veröffentlicht wurde. Sie appelliert an eine umfassende Anstrengung zum Schutz des Lebens, das die Autoren der Erklärung in seinen Grundlagen und seiner Würde zunehmend gefährdet sehen: Zu den Verantwortungsbereichen zählen sie die Erziehung, Medien, die Rechtsordnung, Forschung, Technik und Wirtschaft sowie die Gesundheit. Als besondere Herausforderung thematisieren die Kirchen die medizinethischen Fragen von Schwangerschaftskonflikt, Behinderung, Organtransplantation und einem würdigen Lebensende. Man mag darüber streiten, ob immer größere Bedrohungen durch „Mächte“ wirklich ein Zeichen der Gegenwart sind. Die immer intensivere Integration von Menschen mit Behinderung, z.B. in Schulen und im Berufsalltag, oder der enorme Ausbau der palliativen, schmerzlindernden Medizin für Sterbende lassen sich ebenso als Hinweise auf eine wachsende Sensibilität und Hochschätzung allen menschlichen Lebens, gerade in seiner Begrenztheit, verstehen. Das grundsätzliche Engagement der Kirchen für das Leben ist natürlich trotzdem begrüßenswert. Aus christlicher Sicht, so wird daran deutlich, verbietet es sich, den „Wert" eines Menschen anhand von Kriterien wie Vernunftfähigkeit oder Gesundheit messen zu wollen.

> *Für den Umgang mit anderem menschlichen Leben ist es von grundlegender Bedeutung, jedes Menschenleben als in sich wertvoll, unersetzbar und also unverfügbar zu erkennen und so in seiner Würde zu achten. Niemand hat über Wert oder Unwert eines anderen Menschenlebens zu befinden.*
>
> Gott ist ein Freund des Lebens, *Nr. 17 (1989)*

Ein Mensch hat unendliche und unteilbare Würde, keinen bezifferbaren Wert. Ein solches Verständnis von der Würde und nicht dem Wert eines Menschen lohnt sich immer wieder in die verschiedenen bioethischen Konflikte, zunehmend z.B. auch in die Kostendiskussionen des Gesundheitswesens, einzubringen: Wer von außen bestimmen will, wann oder ob ein anderes Leben „lebenswert" ist, überschreitet genau die beschriebene Grenze. Mit dieser grundlegenden Haltung und Perspektive sind Entscheidungen in Konfliktfällen natürlich noch nicht getroffen. Sie stehen auch weiterhin an, denn die Ressourcen im Gesundheitswesen sind beschränkt, manche Menschen mit unheilbaren, schmerzvollen Krankheiten empfinden ihr Leben selbst als nicht lebenswert und die Forschung an embryonalen Stammzellen lässt sich sowohl als lebensdienlich wie als lebenszerstörerisch beschreiben. Schon zuvor *(vgl. Kapitel E1)* wurde dargelegt, dass die evangelische und katholische Kirche unterschiedliche Methoden haben, um ethische Konflikte zu beurteilen. Die gemeinsame Grundperspektive ist aber, umsichtig und liebevoll mit dem Leben umzugehen und seine Würde zu schützen. Diese tiefe Überzeugung warnt davor, vorschnell anhand einfacher „Lebensunwert-Urteile" die Konflikte zu entscheiden. Die Fürsorge gegenüber jedem Menschen gilt aus christlicher Sicht vom frühestmöglichen Anfang des Lebens bis zu seinem Tod.

Das Ringen darum, wann menschliches Leben beginnt, hat vor allem in der Diskussion um die Stammzellforschung in der Vergangenheit und neuerdings wieder in den Debatten zur Präimplantationsdiagnostik (PID) einen breiten Raum eingenommen. Theologische Positionen verliefen dabei auch quer zu den Konfessionsgrenzen, während die Kirchen dazu tendierten, mit der Verschmelzung von Ei und Samenzelle die frühestmögliche Annahme zu unterstützen, um den Schutzbereich weit zu fassen. Für die katholische Kirche markiert dieser Vorgang eindeutig den Beginn schützenswerten individuellen Lebens.

In den Fragen, wie mit den ethischen Fragen am Lebensende umzugehen sei, wenden sich die Kirchen auch gemeinsam gegen die aktive Sterbehilfe, etwa in Form tödlicher Medikamente. Dagegen befürworten sie die passive Sterbehilfe, besser gesagt: das Sterbenlassen durch Abbrechen oder Nicht-Einleiten einer medizinischen Behandlung bei einem sterbenden Menschen, der diesen Wunsch direkt oder aber durch eine Vorausverfügung geäußert hat. Der Lebensschutz wird von den Kirchen folglich nicht absolut gesetzt. Gemeinsam haben sie ein Dokument „Christliche Patientenvorsorge" entwickelt, das in der aktuellen Fassung (2011) die Patientenverfügung, die Vorsorgevollmacht, die Betreuungsverfügung und die Äußerung von Behandlungswünschen enthält. Darin machen sie deutlich: Wie im Falle des Sterbens, gibt es Situationen, in denen das Leben nicht um jeden Preis verlängert werden muss. Doch darf dies nicht umgekehrt zur Regel für alle anderen Situationen werden: Nicht der grundsätzliche Schutz des Lebens, sondern seine Infragestellung erfordert eine ausdrückliche Rechtfertigung.

Hoffen wider alle Hoffnungslosigkeit

„Die Christen müssten mir erlöster aussehen. Bessere Lieder müssten sie mir singen, wenn ich an ihren Erlöser glauben sollte." Für Friedrich Nietzsches Zarathustra scheinen zu viele Glaubende den Eindruck zu erwecken, das Wasserglas des Lebens sei allenfalls halbleer. Zweifel an der eigenen Existenz statt Fröhlichkeit über das Geschenk des Lebens, die Beschäftigung mit den Sorgen statt mit der Schönheit der Welt – darin mögen sich manche wiedererkennen. Dies auch zum Glück, denn bei aller Karikatur gehört es zum Wesen des Christenmenschen, ernsthaft sein zu können, nicht einfach die Nöte der Welt zu ignorieren und sorglos in die Welt hineinzuleben. Allerdings darf auch der wahre Kern von Nietzsches Provokation nicht überhört werden: Der Grundtenor des christlichen Lebens darf und soll die Hoffnung und nicht die Verzweiflung sein. Rein rationale Erklärungen für ein Leben voller Hoffnung lassen sich nicht finden. Auch wenn sie nicht jeden Tag bestimmen: Erfahrungen von Scheitern, Schmerzen, von Traurigkeit, Leid und persönlicher Not prägen sich der Seele ein. Ganz von selbst stellt sich so bei jedem Menschen die Frage nach dem Warum: Warum lässt Gott das zu? Geliebte Menschen müssen zu früh sterben, Katastrophen lassen Lebensentwürfe zerbrechen, Nöte bleiben ungelindert, Grausamkeiten und Tod tagtäglich.

Immer wieder haben sich Theologie und Philosophie dieser Frage nach der „Theodizee", der „Rechtfertigung Gottes angesichts des (unverschuldeten) Leids" angenommen – und immer wieder sind die rationalen Antwortversuche letztlich unbefriedigend geblieben. Denn ob man nun die menschliche Freiheit, Gottes freiwilligen Rückzug aus der Welt oder einen noch verborgenen Masterplan dafür verantwortlich macht: In den meisten Fällen enden solche Theorien darin, dass man sich Gott entweder nicht gut, nicht allwissend oder nicht allmächtig vorstellen muss. Der Wunsch, hinter dem Übel einen Sinn entdecken zu können, klingt vor allem all denen zynisch im Ohr, die es durchleben müssen. Der christliche Glaube hält sich zurück mit Erklärungsversuchen. „Lösungen" auf die Fragen hat auch er nicht parat. Dennoch gibt er *Antworten* auf das Leid: Die Kirchen und ihre Glaubenden begleiten die Fragenden in ihrem Leiden und lassen sie darin nicht allein. Damit begeben sich auf Gottes Spuren. Denn was der christliche Glaube zusprechen kann, ist, dass im Leben und Sterben Jesus Christi Gott selbst die dunkelsten Ecken des menschlichen Lebens nicht fremd geblieben sind. Wenn es im Glaubensbekenntnis heißt, dass Jesus Christus „hinabgestiegen in das Reich des Todes" ist, zeigt diese Passage: Auch in der tiefsten Finsternis lässt Gott die Menschen nicht allein.

Der Hoffnungslosigkeit wird nach christlichem Verständnis nicht das letzte Wort gelassen. Ihr entgegen leben Christinnen und Christen aus der Hoffnung auf eine Zukunft, in der sich Gott umfassend Bahn breche. Auch damit wird das noch bestehende Leid nicht erklärt. Die Botschaft lautet allein: Es wird nicht mehr sein.

Vorstellungen von dieser Hoffnung durchziehen das Alte und Neue Testament: Die Propheten des Alten Testaments haben dem Leid, das sie erlebten, immer aufs Neue Bilder von einem Leben in Frieden und Gerechtigkeit entgegengehalten. In Jesu Worten und Taten wurde zeichenhaft deutlich, wie das Reich

Gottes schon in dieser Welt Gestalt gewinnt. Die Hoffnung ist also kein rein jenseitiges Geschäft, das mit dem Hier und Jetzt abgeschlossen hätte. Auch der Glaube daran, dass Gott in seinem Geist durch die christlichen Gemeinden weiterhin wirkt, schützt davor, dem Leben in der Welt nichts zuzutrauen. Zielperspektiven und damit auch schon Ideen für das Hier und Jetzt geben der Hoffnung so eindrückliche Beschreibungen, wie sie sich am Ende der Bibel in der Offenbarung des Johannes finden:

> ***Offb* 21,3** *Und er wird in ihrer Mitte wohnen, und sie werden*
> *sein Volk sein; und er, Gott, wird bei ihnen sein.* **4** *Er wird alle*
> *Tränen von ihren Augen abwischen – Der Tod wird nicht mehr*
> *sein, keine Trauer, keine Klage, keine Mühsal. Denn was frü-*
> *her war, ist vergangen.* **5** *Er, der auf dem Thron saß, sprach.*
> *Seht, ich mache alles neu …* **6** *Wer durstig ist, den werde ich*
> *umsonst aus der Quelle trinken lassen, aus der das Wasser des*
> *Lebens strömt.*

Zweifellos: Das ist eine „Alles wird gut“-Perspektive. Aus dem Munde von Menschen klingt sie immer arg romantisch und ein bisschen hohl. Ernsthaft zutrauen lässt sich so ein Ende allein Gott.

Stefanie Schardien

KATHOLISCH

Krankensalbung – praktizierte Hoffnung

Die Heilungserzählungen des Neuen Testaments rücken Krankheit und Schuld in einen großen Horizont. Heilung bedeutet diesen Erzählungen zu Folge nicht nur die Überwindung der physischen Gebrechen, sondern die Aufrichtung der ganzen Person, ihre Re-Integration in ihr soziales Umfeld, das Geschenk des Glaubens, das Vertrauen auf den Anbruch der Gottesherrschaft. Modern ausgedrückt: Das krisenhafte Element der (schweren) Krankheit, die den Kranken isoliert, die Frage nach dem „Warum?" des Leides nach sich zieht und den Tod bedrohlich vor Augen stellt, ist einbezogen und zudem in den Kontext des Glaubens gestellt. Das Sakrament der Krankensalbung, das in der katholischen Kirche gefeiert wird *(vgl. Kapitel B2)*, greift diesen Horizont der Hoffnung auf. Kirchliches Gebet um Heil für Leib und Seele und die Salbung mit dem Kranken-Öl stellen den Kranken in den Horizont des Kreuzes Jesu, der den Tod ein für allemal überwunden hat. Wer die Krankensalbung empfängt, gibt daher zugleich Zeugnis für diesen Glauben. Denn ein Sakrament ist nach katholischem Verständnis beides: Zuwendung des Heils und Zeugnis bzw. Sendung. Der Gesalbte tritt ein in die Wirklichkeit des Kreuzes Christi. In der sakramentalen Begegnung mit Christus bekennt er seinen Glauben, dass letztlich nicht einmal der Tod Gottes Macht und Liebe in Frage stellen kann, dass Gottes „Rechtfertigung" (Theodizee) am Kreuz des Sohnes, an dem er alle Schuld und alles Leid der Welt auf sich genommen hat, geschehen ist. Er bekennt den Grund seiner Hoffnung.

Himmel, Hölle, Fegefeuer

Das Hoffnungssymbol des Christentums schlechthin ist wohl der „Himmel" – die Vollendung der Welt und der Menschen, die unverstellte Schau Gottes (vgl. 1 Kor 13,12). Ihr geht nach traditioneller Eschatologie das „jüngste" Gericht (am „jüngsten", d.h. letzten Tag) voraus, das offenbart, wie es in Wahrheit, d.h. vor Gott, um den Menschen steht, welche definitive Gestalt

G

E

K

der Mensch sich in seiner Geschichte in Freiheit gegeben hat. „Hölle" bezeichnet die reale Möglichkeit endgültiger Gottferne.

DEN MASSSTAB des göttlichen Gerichts überliefert der Evangelist Matthäus (Mt 25,31–46), der den Menschensohn sagen lässt: „Was ihr für den geringsten meiner Brüder getan habt, das habt ihr mir getan" (Mt 25,40). Richter ist Christus (vgl. das große Credo: „der kommen wird, zu richten die Lebenden und die Toten"), wie er ikonographisch durch die Figur des Weltenrichters in vielen Kirchbauten dargestellt wird. Weil er zugleich derjenige ist, der am Kreuz an die Stelle der Sünder getreten ist, alle Schuld der Welt auf sich genommen und den universalen Heilswillen Gottes kundgetan hat, ist der existentielle „Ort" des Gerichts nicht Furcht, sondern Vertrauen und Hoffnung. Gerechtigkeit und Barmherzigkeit sind bei Gott keine Gegensätze.

In der frühmittelalterlichen Eschatologie kommt es zu einer Differenzierung von individuellem und universalem Gericht, womit auch die beiden Dimensionen der Schuld, die persönliche Verfehlung und die Verwobenheit aller in der Schuld, aufgegriffen werden. Außerdem wird die (ältere) Vorstellung einer postmortalen Läuterung („Purgatorium": Reinigungsort), des berühmt-berüchtigten „Fegefeuers", in der Frömmigkeit dominant. Diese „Ereignisse" und „Orte" darf man sich aber nicht einfach räumlich oder zeitlich oder gar feurig im Sinn von „heiß" vorstellen – wie ja auch „Himmel" nicht eine Ansammlung von Luft und Wolken meint. Martin Luther hatte die Fegfeuer-Lehre, die – recht (und nicht „feurig") verstanden – bis heute zur katholischen Eschatologie zählt, rundheraus abgelehnt. Sie habe, so Luther, keine hinreichende biblische Grundlage und begünstige zudem Werkgerechtigkeit und Ablassmissbrauch *(vgl. Kapitel A3)*. Gemeint ist ein Moment im

Prozess der Vollendung der menschlichen Freiheitsgeschichte, die im Tod abbricht: die Konfrontation mit der eigenen Selbst- (und nicht Gott-)Bezogenheit und mit dem Leid, das jeder Mensch anderen angetan hat, der Schmerz der Betroffenheit und Reue, den diese Konfrontation auslöst, das „Ausheilen" der geschlagenen Wunden, auf dass der Mensch Gottes Vergebung annehmen könne, wirklich „ewigkeitsfähig" werde.

DER KATHOLISCHE THEOLOGE Hans Urs von Balthasar hat den Gottesbezug des Menschen im Rahmen eschatologischer Aussagen sehr klar auf den Punkt gebracht und damit zugleich pseudoräumliche/-zeitliche Missverständnisse der „letzten Dinge" abgewehrt, als er formulierte:
„Gott ist das ‚letzte Ding' des Geschöpfs: Er ist als Gewonnener Himmel, als Verlorener Hölle, als Prüfender Gericht, als Reinigender Fegefeuer."

Die Überzeugung von der Verbundenheit der Kirche mit all ihren Gliedern auch über die Todesgrenze hinweg ermöglicht katholischem Beten nicht nur das Totengedenken, sondern auch die Fürbitte für die Toten und die Feier der Eucharistie in bestimmter (Mess-)„Intention": dass Gott sie vollende und in seine Ewigkeit führe.

Julia Knop

EVANGELISCH

Die Deutung des Leidens

Sich Leidenden zuzuwenden ist ein Gebot der Nächstenliebe. Das beste Vorbild darin ist Jesus, der sich besonders derer angenommen hat, die an Körper oder Seele litten. Die Deutung des Leidens selbst jedoch fällt nicht so leicht. In der biblischen Tradition und der Kirchengeschichte kann das Verständnis des Leidens als Zeichen oder als Strafe Gottes auf eine lange Tradition zurückblicken. Dahinter steckte die Vorstellung eines Zusammenhangs von Tun und Ergehen: Je nachdem, wie der Mensch sich in seinem Leben verhalte, sei ihm Gott gnädig oder böse. Entsprechend konnte ein Mensch, dem es gut ging, davon ausgehen, sich recht verhalten zu haben, während ein kranker Mensch nach dem Grund für Leiden in seinem Leben suchen musste.

Eine solche schlichte Vorstellung göttlicher Einwirkung auf das menschliche Leben wird theologisch kaum noch unterstützt. Mit veränderten Vorzeichen ist die Frage nach dem Sinn des Leidens für das Leben eines Menschen allerdings bis in die heutige Theologie hinein immer wieder gestellt worden. Auch wenn alle Kirchen den Wert einer schmerzlindernden Medizin heutzutage anerkennen und ihre Nutzung befürworten, unterscheiden sie sich in der theologischen Deutung des körperlichen Leidens und Schmerzes. Eine Leidensmystik, wie sie in einigen Teilen der orthodoxen und römisch-katholischen Kirche vertreten wird, geht davon aus, dass dem Schmerz eines Menschen insbesondere in seiner Sterbestunde eine besondere Rolle im Heilsplan Gottes zuerkannt werden kann. Der Schmerz gebe Anteil am Leiden Christi.

Einem solchen Verständnis folgen die evangelischen Kirchen nicht. Aus ihrer Sicht verbietet sich jede Deutung des konkreten Leidens eines Menschen aus der Außenperspektive. Dem Leiden einen bestimmten Wert zuzusprechen, kann demjenigen, der es ertragen muss, zynisch erscheinen. Die Tatsache, dass die evangelischen Kirchen dem Leiden eines Menschen keinen Sinn von außen zusprechen wollen, verunmöglicht zugleich nicht, dass Betroffene selbst dies aus der Innenperspektive tun können. In nicht wenigen Situationen berichten Menschen davon, dass ihr Leben durch Leiderfahrungen einschneidend verändert wurde und sie ihnen wertvoll geworden sind. Leiderfahrungen können ohne Zweifel zu Lernprozessen, zu geweiteten Perspektiven, neuen Prioritäten oder gefestigten Beziehungen führen. Auch die evangelischen Christinnen und Christen können aus ihrer Glaubensperspektive heraus die Betroffenen seelsorglich dabei begleiten, solche Dimensionen des Leidens zu entdecken. Die Entscheidung über die Deutung des Leidens fällt aus evangelischer Sicht aber allein der betroffene Mensch.

Ethischer Dreiklang: Freiheit, Liebe, Verantwortung

Obwohl die evangelischen Stellungnahmen zu bioethischen Fragen grundsätzlich um die mögliche Pluralität ihrer ethischen Auffassungen wissen, kommen sie doch immer wieder auf den spezifischen Dreiklang von Freiheit, Liebe und Verantwortung zurück. Die drei Begriffe bilden in ihrer wechselseitigen Bezogenheit den Rahmen, auf den evangelische Positionen zum Umgang mit dem Leben immer wieder zurückgreifen.

Die Orientierung an der *Freiheit* begründet sich aus dem Glauben an Gottes Zusage, den Menschen trotz aller Verfehlungen immer wieder auf freien Raum zu stellen und ihm die Möglichkeit zur Lebensgestaltung zu schenken. Die *Liebe* als Kriterium zwischenmenschlichen Handelns ergibt sich aus dem Glauben an Gottes unendliche Liebe zum Menschen, der es im Leben zu entsprechen und die es weiterzutragen gilt. *Verantwortung* wird im Umgang mit dem Leben als Kriterium betont, weil aus evangelischer Sicht jedem Menschen ermöglicht und zugleich zugemutet wird, vor dem Hintergrund seines Glaubens seine eigenen Entscheidungen zu treffen. Freiheit, Liebe und Verantwortung werden nun allerdings nicht einfach in ihrem Nebeneinander betrachtet, sondern in ihrer Spannung zueinander und wechselseitigen Angewiesenheit aufeinander. Betont man, etwa in Konflikten am Lebensende, ausschließlich, dass ein Mensch frei über sein Leben entscheiden dürfe, dann können z.B. die Verantwortung jedes Einzelnen vor der Gesellschaft oder auch die Liebe der Angehörigen zu dem Betroffenen missachtet werden. Umgekehrt kann manche Tat der Liebe den Betreffenden in seiner Freiheit beschneiden oder auch sehr unverantwortlich sein. Und schließlich kann die alleinige Orientierung an beispielsweise beruflicher Verantwortung lieblos sein und die Zusage der Freiheit kleinreden.

Die Orientierung an der Freiheit muss daher einerseits das Eingebundensein der Menschen in ihre vielfältigen Beziehungen und in die Gesellschaft beachten. Andererseits muss immer dort Vorsicht walten, wo Menschen aus verschiedenen Gründen, weil sie zu klein, zu alt oder unzurechnungsfähig seien, die ihnen zugesagte Freiheit genommen wird.

Gerade, wenn es um Entscheidungen geht, die das Leben in seinem Innersten treffen, wie etwa in Krankheitssituationen, dann wiegt die Verantwortung schwer. Aus evangelischer Sicht kann sie und auch die damit verbundene Möglichkeit, Schuld zu übernehmen, dem einzelnen Glaubenden trotzdem zugetraut werden. Dies ist allein möglich in der Hoffnung auf Gottes unbedingtes Ja zu jedem Menschen. Wie Dietrich Bonhoeffer vor dem Hintergrund seiner Widerstandsaktivitäten in den Fragmenten seiner „Ethik“ schreibt, übernimmt der Mensch die Verantwortung „nicht in dem frevelnden Übermut seiner Macht, sondern in der Erkenntnis, zu dieser Freiheit genötigt und auf diese Gnade angewiesen zu sein.“ Die *Heilsgewissheit* des Protestantismus wäre mithin falsch verstanden, wenn man meinte, sie führe zur übermütigen Gleichgültigkeit gegenüber dem eigenen Tun oder Lassen und dürfe – wie es Bonhoeffer bezeichnet – auf „billige Gnade“ hoffen. Das Tun orientiert sich auch aus der Sicht des Protestantismus an der Not und den Sorgen des Nächsten. Evangelische Heilsgewissheit bedeutet, dem Heilsversprechen Gottes mit Heilshoffnung antworten zu dürfen.

Die von Gott erfahrene und weitergetragene Liebe gilt Menschen in jeder Lebenslage und umso mehr in den Grenzsituationen ihres Lebens. Dies stellt auch die 2002 erschienene medizin- und bioethische „Argumentationshilfe" der Evangelischen Kirche in Deutschland unter dem Titel „Im Geist der Liebe mit dem Leben umgehen" heraus. *Liebe* als dritter zentraler Begriff einer evangelischen Ethik zeichnet sich dadurch aus, dass sie eine besondere Sensibilität für die jeweilige Situation eines Menschen entwickeln lässt und entgegen langen Überlegungsprozessen aus der Spontaneität heraus lebt. Die Liebe zum Nächsten kann darum in besonderen Konfliktfällen auch über pauschale Regeln oder über Gesetze hinaustreiben. Relevant ist dann nicht der Gehorsam für das, was „schon immer so gemacht" wurde, oder die ängstliche Abwehr alles Unvorhergesehenen. Die Liebe motiviert zu besonderen Entscheidungen und Taten, die nicht unbedingt zunächst danach fragen, was vernünftig, rechtlich erlaubt oder nützlich ist.

Damit Entscheidungen in ethischen Fragen über das Leben also nicht nur aus dem Kopf *oder* dem Bauch heraus entschieden werden, darf keines der Kriterien aus evangelischer Sicht isoliert verstanden werden. Freilich wird in unterschiedlichen Situationen mal das eine, mal das andere überwiegen. Dennoch gilt: Freiheit, Liebe und Verantwortung wollen im evangelischen Dreiklang gehört werden.

Stefanie Schardien

EPILOG

FRISCH, FROMM, FRÖHLICH, FREI – CHRISTSEIN ALS LEBENSFORM.

Hoffnungsfrohe Einwürfe einer evangelischen **und einer** *katholischen* **Christin**

Frisch

Christlicher Glaube und christliches Leben können frisch sein und frisch machen. „Können" – denn wem fallen sie nicht gleich ein, die manchmal etwas verstaubten Kirchenstrukturen oder die ewig alten Klagen über die Probleme der christlichen Gemeinden. Darum verträgt das christliche Leben auch regelmäßig einen ordentlichen Frühjahrsputz. Als Mittel dazu eignet sich der Glaube an Gott selbst: Er löst Verkrustungen, lässt Sinnperspektiven des Lebens wieder aufscheinen und sorgt mit seinem Geist für frischen Wind.

Das stimmt: Altbacken und verstaubt soll christliches Leben nicht sein, im Gegenteil. Erfahrungsgesättigt und dabei immer wieder überraschend aktuell, bietet der christliche Glaube eine tragfähige Option auch für heutige Stürme des Lebens: selbstbewusst, weil gottbewusst. Er macht zuversichtlich und gelassen. Denn „aus seiner Fülle haben wir alle empfangen: Gnade über Gnade". (Joh 1,16)

Fromm

Christsein heißt fromm sein. Das klingt in manchen Ohren immer noch ein bisschen unangenehm: Sind „fromme" Menschen nicht diejenigen, die alles einfach fraglos glauben und übernehmen? Nein, eher umgekehrt: Fromm zu sein heißt, die Botschaften des Glaubens mit dem eigenen Leben, den eigenen Hoffnungen und Zweifeln in Kontakt zu bringen: Und das kann in Gebet, im Gottesdienst oder zupackendem Engagement geschehen.

> *„Sing, bet und geh auf Gottes Wegen, ... und trau des Himmels reichem Segen, so wird er bei dir werden neu!" (Georg Neumark, Gotteslob 295,3) Ja, Christsein ist fromm: verankert in Gebet und Liturgie, der „Vertikalen", die Himmel und Erde so wunderbar und kraftvoll verbindet, in Gemeinschaft mit all den Generationen vor uns, mit ihren Worten und Erfahrungen, durch die sie uns Heutigen den Weg zum Glauben bahnten.*

Fröhlich

Christinnen und Christen dürfen fröhlich sein. Manchmal muss man das wohl in Erinnerung rufen und könnte es auch nach außen etwas deutlicher zeigen. Denn die Botschaft, die gute Nachricht, dass Gott uns vergibt, sich uns immer wieder zuwendet und Großartiges mit uns vorhat, das ist ja eigentlich nichts anderes als eine ganz besondere Form eines Liebesbriefes. Und Liebesbriefe machen ...? Richtig: Fröhlich!

> *Ja, christlicher Glaube ist fröhlich und macht fröhlich, denn der Christ weiß, dass er sich selbst und die Welt nicht selbst retten muss, geschweige denn kann. Noch in Schuld und Not darf er gewiss sein: Gottes Liebe hat das letzte Wort. So wird tragbar, was belastet, und was allzu schwer ist, darf getrost*

> *dem in die Hand gegeben werden, der alle Last der Welt auf sich genommen hat. „Seht, aus der Nacht Verheißung blüht! Die Hoffnung hebt sich wie ein Lied und jubelt: Halleluja!" (Gotteslob 249,2)*

Frei

Du bist frei. So lautet eine Grundbotschaft des christlichen Glaubens und sie stellt sich damit als Hoffnungsperspektive allen Unfreiheiten entgegen, denen Menschen in dieser Welt heute noch ausgeliefert sind. An ihnen wird deutlich: Freiheit ergibt sich eben nicht einfach von selbst. Frei zu sein ist ein Geschenk. Aus christlicher Sicht kommt dieses Geschenk von Gott selbst: Befreit von allem, was Menschen gefangen hält, sind sie befreit zu einem verantwortlichen Leben, das den Grund seiner Freiheit nicht vergisst.

> *Ja, die Grunderfahrung des Christseins ist es, von Gott her wirklich frei geworden zu sein: frei von den falschen Herrschaftsansprüchen irdischer „Mächte und Gewalten", frei auch von der Vorstellung, im Hier und Jetzt letzte Erfüllung finden zu müssen. Die einzige Herrschaft, die zählt und dabei unendlich heilvoll wirkt, ist die des barmherzigen himmlischen Vaters. Er hat uns „zur Freiheit befreit" und zur „Herrlichkeit der Kinder Gottes" (Röm 8,21).*

Stefanie Schardien *Julia Knop*

ZU DEN AUTORINNEN

JULIA KNOP (* 1977), Dr. theol., ist Wissenschaftliche Assistentin am Arbeitsbereich Dogmatik und Liturgiewissenschaft der Universität Freiburg. Sie studierte Katholische Theologie und Germanistik an den Universitäten Bonn und Münster und widmet sich aktuell einem Habilitationsprojekt (Dogmatik) an der Theologischen Fakultät der Universität Freiburg. Ihre wissenschaftlichen Publikationen richten sich auf den Bereich der Systematischen Theologie; weiterhin ist sie Autorin von Kindersachbüchern und Werkbüchern in den Bereichen Religion, Philosophie, Ethik, Erstkommunionkatechese.

STEFANIE SCHARDIEN (* 1976), Dr. theol., ist Juniorprofessorin für Systematische Theologie am Institut für Evangelische Theologie der Stiftung Universität Hildesheim. Sie studierte Evangelische Theologie an den Universitäten Heidelberg, Toronto und Bochum und absolvierte ihr Vikariat in der Evangelischen Landeskirche von Westfalen. In ihren wissenschaftlichen Publikationen befasst sie sich vor allem mit Fragen der theologischen Ethik und der Ökumene. Zudem ist sie seit mehreren Jahren Autorin von Radioandachten für „1Live“, dem Jugendsender des WDR.

AUSFÜHRLICHES INHALTSVERZEICHNIS

B GEBET UND GOTTESDIENST

1. Unser Gottesdienst

2. Die Sakramente

3. Das Kirchenjahr

C KIRCHE UND ÖKUMENE

1. Was ist Kirche? Schwierige Antworten auf eine einfache Frage